THE ESTABLISHMENT OF THE CHINESE EMPIRE

Miner Searle Bates

A Dissertation
Presented to the Faculty
Of the Graduate School of Yale University
In Candidacy for the Degree of Doctor of Philosophy
1935

章开沅文化交流基金会文库贝德士文献专辑

中华帝国的建立

章开沅 马敏 主编
贝德士 著，池桢 译，田彤 校

上海教育出版社

图书在版编目（CIP）数据

中华帝国的建立 /（美）贝德士著；池桢翻译. ——上海：上海教育出版社，2019.6
ISBN 978-7-5444-9044-3

Ⅰ.①中… Ⅱ.①贝… ②池… Ⅲ.①中国历史-研究 Ⅳ.①K207

中国版本图书馆 CIP 数据核字（2019）第 124105 号

责任编辑　庄晓明
封面设计　周亚

中华帝国的建立

章开沅　马敏　主编
[美]贝德士（Miner Searle Bates）著　池桢 译　田彤 校

出版发行	上海教育出版社有限公司	
官　　网	www.seph.com.cn	
地　　址	上海市永福路 123 号	
邮　　编	200031	
印　　刷	上海昌鑫龙印务有限公司	
开　　本	787×1092　1/16　印张 15.75	
字　　数	375 千字	
版　　次	2019 年 7 月第 1 版	
印　　次	2019 年 7 月第 1 次印刷	
书　　号	ISBN 978-7-5444-9044-3/K·0060	
定　　价	59.80 元	

如发现质量问题，读者可向本社调换　电话：021-64377165

概要

　　公元前3世纪末,在中国,骑兵得到广泛使用,通信有所提高,货币规模持续扩大。凡此,都是在技术层面有利于权力中央化的条件。正是在诸种条件下,分布在华北地区的形形色色的诸侯国,逐渐走向统一。领导这场统一运动的,是来自西北的军事强国"秦"。秦国得益于优越的地理位置;更是拥有一位致力于征战的统治者。此外,秦国在与匈奴骑兵的对抗中,获得了来自中亚的战术和装备,这让它的优势更加明显。秦国所奉行的原则,要优于那些保守、半封建的诸侯国所秉承的传统。这一点,在其横扫对手的过程中,一再得到肯定。然而,最高统治精英个人的失败,让中国历史上的第一个统一王朝"秦",最终被来自地方的仇恨所彻底埋葬。秦帝国的反叛者四分五裂;而刘邦的"(西)汉"政权,从中脱颖而出。西汉以一种较为宽松的方式,继承了秦帝国的制度。在雄才大略的西汉武帝任内(公元前140—公元前87年),新王朝在内政建设和开疆拓土两个方面,成就非凡。当时,虽然秦帝国的规制在西汉的运作中,依旧发挥着强大的作用;但与此同时,儒家学者因为鼓吹仁政思想,以及主张从通晓儒经者中拣选官员,赢得了王朝的认可。正是因为秦始皇和汉武帝的努力,中华帝国在事实上已经建立;同时,具有显著连续性、持续至辛亥革命的诸多国家要素,业已形成。

目录

概要 / 001

导论 / 001

第一章　针对史料的批评 / 005
  第一节　《史记》与《汉书》/ 006
  第二节　其他史料 / 024

第二章　中国历史上的第一个帝国 / 037
  第一节　秦国的兴起 / 038
  第二节　秦国成为一个帝国 / 050
  第三节　秦始皇的统治 / 060
  第四节　秦帝国的崩溃 / 072

第三章　汉朝的建立 / 079
  第一节　汉朝的兴起 / 080
  第二节　汉高祖 / 087
  第三节　汉惠帝与吕后 / 097
  第四节　汉文帝 / 103
  第五节　汉景帝 / 113

第四章　汉武帝的统治 / 119
  第一节　牛刀小试 / 120
  第二节　战争和扩张 / 124
  第三节　帝国权威的建立 / 134
  第四节　接纳儒学 / 144
  第五节　领袖与帝国 / 154
  第六节　经济与公共财政 / 160

第七节　公共工程与工商食官 / 167

第五章　早期中华帝国的行政 / 175

第六章　政治原则 / 189

第七章　经济因素 / 209

结语 / 220

参考文献 / 222

附录一 / 228

附录二 / 235

导论

爆发于19世纪中叶的太平天国起义,给密迪乐(Thomas Taylor Meadows,又译麦笃思)以启迪,让这一喜欢沉思的人,开始研究中国人及其变乱。他在著作中写道:"概括地讲,在差不多两千年前,当传统的封建制度被权力中央化的政府体制取而代之时,一场了不起的政治革命就在中国发生了。"①

一位知识渊博的世界史学者近来亦认为:"中国作为一个世界性的国家(world-state),从公元前221年建立伊始,直至1911年满清王朝结束,持续存在了2130年之久。罗马帝国与中国相比,只在西方存在了差不多四个世纪;而在长达1484年的时间里,苟活于近东,再后来更是沦为君士坦丁堡附近的一块飞地。作为世界性的国家,只有古埃及的历史比中国悠久。古埃及相继被希腊化、基督教化和伊斯兰化;但在此之前,它存在了三千年之久。"②

最近十年来,两位古代史专家曾论及秦汉巨变的重大意义:"那个老旧的中国已经确定不复存在;在其废墟之上,一个新的中国正在组建起来";③"就秦始皇帝而言,他结束了古代中国的历史,开启了一个全新的时代"。④这两位学者并不为人熟知,但是他们都具有缜密的思维。抛开两人对中国历史的泛泛之论不谈,他们都强调一个权力中央化的帝国的重要性。新的政治组织和行政区划,具有超乎寻常的连续性。这让我们更有兴趣去研究秦帝国最初得以建立的情况。

就其本质而言,这一巨大的变化,绝非凭借一纸命令就可以完成。变化的根源,部分地存在于该民族长期以来的历史进展中,部分地来自具体条件的非同寻常的集中出现。变化本身,是一个极其漫长的过程。从公元前221年到公元前87年,中华帝国逐渐形成,并经历了最为重要的变迁。本书的目的就是去探究公共事务在这一时期的发展变化。其着重点在制度;同时,对那个由传统、情势、个人及概念构成的不断演进的复合体,亦有所关注。本书最终希望能够讲述一个

---

① 密迪乐(Thomas Taylor Meadow):《中国人及其变乱》(*The Chinese and Their Rebellions*),伦敦及孟买(Bombay)史密斯兄弟、史密斯和泰勒出版机构(London: Smith, Elder & co.; Bombay: Smith, Taylor & co.) 1856年版,第25页。
② 汤因比(Arnold J. Toynbee):《国际事务概览》(*Survey of International Affairs*),1926年版,第227页注释2。
③ 马伯乐(Henri Maspero):《古代中国》(*La Chine antique*),巴黎博加德(de Boccard)出版机构1927年版,第425页。
④ 戴闻达(J. J. L. Duyvendak):《商君书英译》(*The Book of Lord Shang*),伦敦Arthur Probsthain出版机构1928年版,第1页。

大家都能听得懂的有关"中华帝国之建立"的故事。

迄今,尚无能达到此目标的研究。本书的研究方法是:直接使用主要史料,同时利用有关研究某一方面的富有启发性的专项研究成果。在中国历史研究这一领域,即便研究者是当代中国人,也会为语言所困。有关文本问题的作品,可谓汗牛充栋,但依旧没有什么定论。涉及度量衡、钱币、技术及人物传记的著作,很不充分。大量有关散见于典籍中的资料的现代索引,亦未见到。可靠的考古、金石学资料,少之又少。此外,新的尝试,即突破千百年来占据中国学者和历史学家头脑的业已成为惯例的研究方法及阐释方才开始。与世界史领域中已经得到很好研究的一些地区相比,横亘在中国史研究中的障碍,要更难克服一些。这些障碍,对过去和不久将来所努力、志在令人满意地揭示中国的过去的研究,都产生了影响。

中国史研究需要数以百计、涉及众多主题的严谨著作。确有尝试之作,但都不尽如人意。一方面,这些著作与所要研究的问题脱节;另一方面,整体上,它们不知所云。近年来,最有价值的进展是这样取得的:选取一定的资料,对其进行更细致的研究;同时,带着新的研究问题,把前期成果综合起来进行再考察。这让人有一种架桥的感觉:在不确定性的泥淖中,从一个相对安全的地点,走到另一个地方去。不过最近几十年来,中外学者确实是在认真地探索秦汉史。在目前的研究进展中,让人感到乐观的一点是:一些已经开展或者正在积极准备中的研究项目,或许很快将推动这一领域取得长足进步。这些项目包括:马伯乐(Henri Maspero)的包括汉朝在内的断代史研究;朝河贯一(Kan'ichi Asakawa)的《中日制度史研究》(*Institutional History of China and Japan*);美国学术团体理事会(ACLS)远东研究促进委员会在国会图书馆开展的《汉书》释译,等等。

本书的孕育,得益于司马迁的治史精神。两千年前,司马迁写道:"著其明,疑者阙之。后有君子,欲推而列之,得以览焉。"① 这些话,并非一份说教性的序言,而是对其所著历史著作中某一部分的再正常不过的注解。司马迁无意逃避困难,而是为了避免作出具有误导性的陈述。在《史记》随后的篇章中,司马迁反复申明:历史中有许多地方,不为人知,抑或模糊不清。

在本书中,紧随针对史料及辅助材料的简要考察,有如下内容:作为新帝国

---

① 见《史记·高祖功臣侯者年表》。译者注:贝德士在原文中,未提供《史记》《汉书》及其他古籍版本。译本中的古籍引文,系根据现通行版本订正。《史记》、《汉书》分别依据中华书局1959年版、1962年版。

绝对核心的秦王国;手中握有绝对权力的秦始皇在公元前221年完成对其他诸侯国的兼并,亦因"焚书"和修建长城而名噪天下;始皇帝去世后秦帝国迅速灭亡;西汉在国内的纷乱中兴起,并在汉高祖时期建立起一套经过改进的帝国体系;汉惠帝、吕后、汉文帝、汉景帝时期帝国的命运;在杰出的汉武帝统治时期,中华帝国的具有持续性的特征大都形成;以及对早期中华帝国的行政体系、政治原则和经济要素的简要补充性介绍。

作者主要的精力用于撰写一部以"中华帝国的建立"为主题的信史。此外,在一些具体的领域以及不少细节的完善上,本书亦被认为作出了不小的贡献。关于《史记》与《汉书》之关系,迄今尚无全面的分析,只有一些局限性很强的实证性研究。许多政治哲学领域的学者付出更多努力,将其研究与那个时代的事件相结合,借此阐明思想理念与政府实践。秦汉时代的公众人物的来源及其分类,也将被重新考察。针对执政时间悠长且地位重要的汉武帝的研究,将在前所未有的规模上开展。就作者本人的经验而言,最主要的困难在于:研究者希望能为每一个既宽泛又未得到充分研究的主题投入更多时间,而这殊难做到。到目前为止,为这一研究付出的努力,对作者本人而言是最为有益的;当然,作者也希望自己的研究成果,亦能裨益他人。

本书对地理方面的参考信息进行了简化,从而无需使用详细的历史地图。地名使用的是现代省份和为人熟知的河流。为避免造成混淆,公元前纪年不再标注年号。本文统一使用为人熟悉的威妥玛拼音拼写中国文字和人名,不再过多插入汉字。当然,在读者真正有需要的地方,专业术语和名称也会用汉字拼写出来。就西文出版物中有关中国省市的英文拼写而言,只是在关涉中国的邮政系统等现代事业时,才会有所不同。

在本书中,《史记》简写为"SC"(*Shih-chi*),注明章节;所使用《史记》版本为泷川(Takigawa)本。沙畹(Edouard Chavannes)的法译本《史记》(*Les mémoires historiques de Se-ma Ts'ien*)简写为MH。《汉书》据百衲本,章节标注形式一遵常例。《后汉书》亦依据百衲本,未简写名称。

第一章 针对史料的批评

第一节 《史记》与《汉书》

秦汉史料集中在《史记》和《汉书》。《汉书》是《前汉书》的简称。这两本书对中国历史的影响无法估量,为"二十四史"奠定基础,确立模式。司马迁在《史记》中撰写的中国历史,始于神话时代,终于公元前1世纪。后又有人补写了一些之后历史的内容。《史记》全书130篇,分为五个类别:"本纪";"表"(按照年代顺序编排的关乎某一王朝、贵族或高官的大事简表);"书"(按照主题撰写的论文);"世家"(涉及旧王国的统治家族、私家大族以及汉代的封王);"列传"(篇幅约占全书一半,其中有关乎蛮族国家的作品以及按人物性质,如学者、商人等,撰写的作品)。

在"本纪"部分,一半的内容都与本文所研究的从秦始皇帝直至汉武帝这一时期有关。"表"中的绝大多数内容,按月记载秦汉转型这一复杂的历史时期的史事;此外,还记录了汉代封地的名称、封王名称、重要王臣将相的封号等。"书"包含如下主题:礼、乐、律、历、天文、(汉代最高礼仪)封禅、河渠以及经济(特别是汉武帝时期国家介入税收的"平准"实践)。其中,有关河渠与经济主题的"书"跟本文直接相关。"世家"部分最为简单概括。在30篇"世家"中,差不多一半与秦汉时期有关,涉及帝王、封侯以及王侯的女眷。"列传"有70篇,差不多每一篇都涉及两个或者更多人物。在这些人物中,超过一半与秦汉两朝有关。这些传记涵盖了几乎全部秦汉时期的公众人物。跟"本纪"相比,"列传"以一种更加自由的方式处理那个时代,保存着不少回忆录、言论以及诗歌。

《汉书》探索了整个西汉的历史(公元前206年至公元25年);体例上采用

《史记》,但是剔除了"世家"。《汉书》中一半以上的编年史资料、绝大多数"表",都和秦汉时期有关。从规模上看,这与《史记》相当。《汉书》的"书"包括:历、礼乐、刑法、食货(广义上的经济)、祭祀、天文、五行、地理(包含有粗略的地名索引)、艺文(即依据皇家图书馆编订的现存文献目录)。《汉书》有70篇"列传";其中,50篇跟秦汉史有关。在这50篇秦汉"列传"里,有35篇在不同程度上与《史记》中的有关篇章相似。一般而言,《汉书》和《史记》里的"列传"在体例上几乎是相同的。不过,《汉书》的作者倾向在一部列传里放入更多人物。因为有(包含多个人物的)合传,总量只有100篇的《汉书》的容量要大于130篇的《史记》。

迄今为止,让人最为满意的《史记》是泷川龟太郎(Takigawa Kametaro,即泷川资言)博士新近(1934年)在东京完成的《史记会注考证》。①这本著作在学术上颇有权威性。中国自古以来就有这样的传统:在经史著作的原文中做夹注。至少在印刷术出现后不久,插入经史作品的夹注的字号被设定为比正文小一号、双倍行距。《史记》"三家注"就是这样与原文整合在一起的。后世学者因此不得不把自己对《史记》原文的贡献单列出来,以独立的文本出现。如今,泷川资言修正了"三家注"所带来的缺憾。最为重要的,泷川氏在其著作中,加入了从过去三个世纪中国和少部分日本学者的作品中精挑细选出来的成果。《史记会注考证》印刷精美,分为10册,每册500页左右,按照西方书籍风格装帧。全书加注标点,每卷都有西式页码。泷川氏著的附录亦甚有价值。②《史记会注考证》用中文著述。最常使用的《史记》版本,如乾隆时期的殿本,因为是中式纤薄风格,一共有20多本。

至于《汉书》,最令人满意且最常使用的版本,出自商务印书馆印行的百衲本二十四史。③这一版《汉书》,是1034—1038年间印刷、备受尊崇的北宋版《汉书》的重印。不过,《史记》至今未加入重印系列。百衲本《汉书》没有标点,加有旧注。该书为中式印刷风格,共计32册,密集印刷成140个页面。殿本《汉书》及其他常见版本,无论在文本还是版式上,都不尽如人意。它们通常印刷为较小的24册。有关《汉书》的最详尽注释,见王先谦的《汉书补注》。④

---

① 泷川龟太郎(Takigawa Kametaro,即泷川资言);《史记会注考证》(Shiki kaichu kosho)第1-10册,日本东方文化学院东京研究院(Toho Bunka Gakuin Tokyo kenkyujo)1934年版。
② 附录简洁而内容较全面,计有:司马迁传;司马迁年谱(含同时期大事记);司马迁使用的史料清单;著作名称、体例及结构;对《史记》原文的增减;中日有关《史记》的作品。其中的内容多来自其他学者。泷川资言的批评并不极端,而是深思熟虑,小心谨慎。
③ 百衲本二十四史1930年于上海问世。较早前由商务印书馆印行的《四部丛书》中亦有《汉书》。
④ 见1900年于长沙出版的《汉书补注》。

为了更好地理解本文所依据史料的来源，有必要简单谈谈司马迁及其父亲司马谈。在大约30年的时间里（公元前140年—前110年），司马谈在汉武帝麾下担任与天文及历法事务有关的中下级官员，接受过儒学及道家学说的训练，更心仪道家之论。①司马谈对自己的家世非常自豪。他的先祖中，有些人在秦汉帝国担任过颇有地位的将军或官员。他对过去的事件和思想充满兴趣，更为儿子司马迁留下一项撰写历史的未竟任务。②公元前110年，司马谈在前往备受重视且为西汉第一次举行的封禅祭祀的途中，不幸故去。是年，司马迁35（或40）周岁。司马迁在距离首都长安不远的地方出生长大。孩提时代的他熟悉乡村生活，有机会接受教育。20岁上下，司马迁开始游历大江南北。在《史记》中，因为一些相关的历史事件、情势和铭文，司马迁经常提及曾经的旅行。公元前111年，司马迁作为有一定职阶的皇室秘书，奉命出使四川及西南。③

司马谈去世后，司马迁继承父亲的职位。在公元前104年的历法改革中，司马迁为新历法的准备和颁行做了大量工作。修订、颁行历法不仅是一件实际的事务，也是一种关乎王朝合法性的宇宙—政治论表达。在当时的中国，王朝的命运被认为与宇宙的力量直接相关。④在这一时期，司马迁能够继续撰写《史记》。平日里，司马迁的工作负担不重，所做的事情也很容易与其兴趣相联。公元前99年，司马迁的好友李陵将军，在西域严峻的形势下苦战失败，最终向匈奴人投降。宫廷里养尊处优的大臣对李陵进行无理指责。司马迁对此非常愤怒，挺身极力为友人辩解。但是，汉武帝认为司马迁这是在批评负责此次作战的"贰师将军"李广利。李广利未能解救李陵，他对这次战役的指挥也饱受时人非议。但李广利备受皇帝宠信，势力庞大。结果，司马迁被诬试图欺骗皇帝。他人微言轻，更无钱财，也就无法逃脱被处以腐刑的命运。派系间的恩怨，非吾等所能预料。司马迁很快又出现在宫廷的要害部门，并且（很有可能）活到武帝一朝的结束（即公元前87年）。司马迁没有撰写公元前104年及之后的历史。一些人认为，随李陵事件而来的屈辱经历，影响了司马迁的写作，特别是改变了他对自己生活其中的那个时代的看法。即便如此，这些都根本无关紧要。⑤

没必要考虑太多《史记》所涵盖的较早历史时期的起源及性质。沙畹（Édouard

---

① 见《史记》卷130，《太史公自序》。文中直接提及司马谈的生平，及司马谈对先秦思想流派公正客观又富有批评性的评论。
② 沙畹（Édouard Chavannes）：《司马迁的〈史记〉》（Les mémoires historiques de Se-ma Ts'ien）第1册，第7—23页。
③ 见《史记·太史公自序》；沙畹：《司马迁的〈史记〉》第1册，第23—33页。
④ 见《汉书·律历志上》，《汉书·郊祀志上》；沙畹：《司马迁的〈史记〉》第1册，第34—36页。
⑤ 见《汉书·李广苏建传》；《史记》卷130，《太史公自序》；沙畹：《司马迁的〈史记〉》第1册，第36—40页。

Chavannes)曾经描述过《史记》有关较晚历史时期记载的一般特征。其言:"一个混乱的年代紧随光荣却又暴虐的秦始皇帝及无能的秦二世时期而来;汉初一百年的帝王将相。……这些,都是《史记》后半部分的主要内容。我们认识到:从本文研究的这个时代开始,中华国家有了自觉意识。我们也看到:司马迁所提供的历史细节之丰富,几近无限;他对历史事实观察的精准性,影响了以后历代中国史家。正因为此,《史记》成为世界上最为不朽的历史著作之一。但无疑,司马迁依旧保留自己的本来身份——一位编纂者。……但我们不能说司马迁在选择史料上有非同寻常的智慧。没有什么能够逃脱司马迁耐心的审查。司马迁极少谈及二手著作。……司马迁拥有太史令的职位,故而可以自由接触宫廷中的文档。他发现:从公元前213年起,所有重要事件的记录都珍藏于斯。"①

沙畹估计在《史记》有关秦汉的记录中,三成由文件、讲话、对谈等组成,属可信之作。虽然这些作品的风格缺乏个性,同时司马迁对自己的观点有所约束甚至隐而不见,但是细致的描述比比皆是,让人恍若置身于当时。《史记》中有不同甚或矛盾之处。其原因在于:书中不少部分直接引自原文件。文件有不同的来源,作者的转述亦有差异。这就表明:无论是司马迁本人,或是后来的编辑者,都没有试图去调和这一困难,亦未尝试建构一种似是而非的真实。根据其内在证据以及我们对司马迁的了解,《史记》在世界范围内,的确是一本非凡的历史著作。遗憾的是,关于《史记》的流传,还有一些很重要的问题,尚未得到解决。或许,这些问题永远都不可能获得解决。

抛开《史记》在《汉书》撰写中的作用不谈,从其问世以来,这本著作在汉代一直有一批为数不多但颇有分量的读者。司马迁把一套《史记》放在皇家图书馆;另在都城中置备了一套,供人阅读。《汉书》称司马迁去世后,《史记》逐渐不为人知;直到汉宣帝(公元前73—前49年在位)时,已被封侯的司马迁的(外)孙子杨恽,让这本著作变得声名鹊起,并为之撰写详细的解释。②后来在王莽的新朝(公元9—23年),《史记》更加受人推崇,甚至有人建议司马迁的子孙应该被授予封号,以表达对史家的敬意。③早在公元前81年,当宫廷里发生一场有关经济事务的激烈辩论时,大臣桑弘羊就引用了《史记》。④同样是在这场辩论中,《史记》以及追随它的《汉书》中所描述

---

① 沙畹:《司马迁的〈史记〉》第1册,第156-157页。
②③ 见《汉书·司马迁传》;沙畹:《司马迁的〈史记〉》第1册,第199页。
④ 伽乐(Esson McDowell Gale):《〈盐铁论〉:古代中国有关国家对工商业控制的争论》(*Discourses on Salt and Iron: A Debate on State Control of Commerce and Industry in Ancient China*, Chapters I-XIX),莱顿(Leyden)博睿(Brill)1931年版。

的复杂的经济制度、连同具体事件,都获得证实。①在公元前28年,曾发生一起充满敌意的事件。一个世纪后,当《汉书》问世时,这种敌意又出现了。②当时,皇帝的叔父到皇宫借阅非经典著作以及《史记》。主管拒绝他的请求,理由是:非经典著作与儒经相悖,批评圣人,鼓吹迷信;而《史记》中,则包含王侯不宜的权谲谋术。③在围绕儒经《春秋》展开的派系之争中,有学者在一份公元26年呈给皇帝的奏折中,严厉指责《史记》"违戾五经,谬孔子言"。④大概在公元82或83年,思想家王充依旧在使用司马迁的作品;他的引文非常接近现有的《史记》文本。这里提到的时间非常重要。其时,对《史记》的删减已完毕,《汉书》主体部分的撰写即将完成。王充视司马迁为汉朝最伟大的作家之一,甚至把他比作黄河。王充对司马迁仅有的一般性批评是:《史记》中作者自己的观点太少了。⑤试举一例。王充在《论衡·感虚篇》中提到:司马迁认为那些关于神异事件的报告,或是"虚言"。对此,王充评论道:"太史公书汉世实事之人,而云'虚言',近非实也。"⑥

另一个关乎《史记》文本的小问题就是褚少孙为原书补写的篇章。褚少孙大体在公元前1世纪的最后25年,完成了这项补写工作。其最早的作品可以追溯至公元前20年。⑦显然,褚氏增补的部分都署名标明,质量上也逊于原著,通常置于司马迁原文之后。整体而言,褚氏补写的内容,相当一般。故而,识别出这些补写的内容,并非难事;它们甚至可以暗衬出司马迁原文的准确。褚氏之外的增补可以忽略不计。较早期的注释及《汉书》出现之后,这才真正引出问题。问题集中在《史记》《汉书》两本著作的关系上。

裴骃在公元465—472年担任文书类高官,为《史记》中有难度的词语和句子作注。他广泛引用徐广的著作。徐氏的作品产生于5世纪的头25年。在8世纪刚开

---

① 伽乐(Esson McDowell Gale):《〈盐铁论〉:古代中国有关国家对工商业控制的争论(第1—19章)》(*Discourses on Salt and Iron: A Debate on State Control of Commerce and Industry in Ancient China*, Chapters I-XIX),莱顿(Leyden)博睿(Brill)1931年版,第76-77页。

② 很奇怪,泷川资言把这一事件列入东汉时期。见泷川资言:《史记会注考证》,北京文学古籍出版刊行社1955年版,第5360页(泷川氏原著第十卷《史记总论》第112页)。

③ 《汉书·宣元六王传》。沙畹也使用了这条记载,见沙畹:《司马迁的〈史记〉》第1册,第199-200页。

④ 《后汉书·郑范陈贾张列传》。

⑤ 佛尔克(Alfred Forke):《〈论衡〉上:王充的哲学论文》(*Lun-Heng: Part Ⅰ: Philosophical Essays of Wang Ch'ung*),莱比锡(Leipzig)Otto Harrassowitz出版社1907年版,"导论"(Introduction)第37页。

⑥ 英译见佛尔克:《〈论衡〉下:王充的各类文章》(*Lun-Heng: Part Ⅱ: Miscellaneous essays*),柏林Londres出版社1911年版,第177页。

⑦ 见《史记·汉兴以来将相名臣年表》。沙畹已经把他所认为的增补部分从注释中选出汇总,见沙畹:《司马迁的〈史记〉》第1册,第203-210页。

始的20多年,司马贞完成对《史记》的注解。司马氏利用并检查前辈的作品:来自东汉(公元25—220年)的一到两部书籍。其中,一本产生自5世纪晚期;还有稍早于司马贞的两份注释。司马贞在为《史记》撰写的"序言"中,称自己要在很大程度上重写《史记》,取代褚少孙的有瑕疵的补写,纠正编排上的错误,同时修订不一致之处。最终,司马贞仅对原文加注,辅以单独的介绍。跟绝大多数中国学者一样,他担心自己会损害历史文本。①公元737年,张守节为《史记》作注,侧重历史地理方面的考证。张氏使用稍早前完成的有分量的研究,这些研究如今都已散佚。②"三家注"被奉为圭臬,出现在宋代以来所有版本的《史记》中。除去其自身价值——指出文字的古音古义、确定某地具体位置、有助于解决更大的困难等,"三家注"更可以用来证明《史记》的流传。从东汉以来,《史记》每一页的名称和词语都附有详尽的注释;每一条注释都是前辈成果的延续和发展。在这种情况下,后代注释者如果不跳出如此众多的注释并加以充分讨论,任何针对文本的重要修订都不可能产生。

现在来谈谈《汉书》。本文讨论的重点在其与《史记》的关系上。众所周知,《汉书》中有关西汉前半段历史的内容依《史记》而成。这一点,已有很多探讨。范晔在为《汉书》最早的作者班彪准备的传记中(见《后汉书》卷四十上),称在公元1世纪时有方家为《史记》补写内容。在这些补写者当中,有作注的唐章怀太子李贤,有哲学家扬雄,有训诂和目录学家刘歆,当然还有褚少孙。③《汉书·艺文志》录有四部创作于《史记》之后的历史作品;其中三部确定无疑是关于西汉的,还有一部是续写。可惜,这四部著作均已佚失。④正是因为杰出的班氏家族,才有今天我们手中的历史著作。⑤

班彪有一位姑妈,通晓文献,是皇帝宠爱的妃子;他的两位叔叔乃饱学之士;其父贵为太守。班彪出生成长在这样一个家庭,有绝佳的机会接触史学。我们对他的生活和思想,知道的并不多。不过,根据班彪关于汉代天命的作品及《汉书》,我们可以很清楚地得知他的立场:汉代正统儒学的拥趸。班彪是思想家王充的老师。得知《汉书》主体部分中哪些是班彪的作品,并非难事。在五篇章节中,有他的名字或者其

---

① 在所有流行版本的《史记》的开篇,都可以看到司马贞撰写的短序。
② 关于《史记》三家注,见沙畹:《司马迁的〈史记〉》第1册,第210-217页。
③ 见《后汉书·班彪列传上》。《后汉书》的作者是范晔,完成于公元424年,讲述了公元25—220年间东汉王朝的历史。
④ 《汉书·艺文志》。
⑤ 参见罗振英(Lo Tchen-ying):《中国史学的形式和方法:一个史学家族及其作品》(*Les formes et les méthodes historiques en Chine: une famille d'historiens et son oeuvre*),巴黎Paul Geuthner出版机构1931年版;作者在第75-76页谈及《史记》的延续问题。另见孙念礼(Nancy L. Swann):《班昭:中国最早的女学者》(*Pan Chao: The Foremost Women Scholar of China*),纽约美国历史学会(American Historical Association)1932年版;作者在第17页谈及相同问题。

他清晰的标示。据此可知：班彪为《汉书》开了个头，后由儿子班固完成。①班彪在54岁时去世。②

作为班彪的儿子，班固极具天赋。他从帝都抽身出来，安静地继续父亲未竟的事业。当时，私家修史会遭人疑忌。公元58年前后，有传言说班固从党争的立场出发修改其父亲的著作，于是班固在长安被捕，班家所修史书亦被没收。因为弟弟班超（东汉经营西域的名将）的影响力以及自己的证明，班固得以脱身，更被皇帝任命为中央政府档案馆和皇家图书馆的负责人。班固于是担负起完成父亲修史大业的任务。到公元62年，在手下学者的辅助下，班固编成《汉书》的28个章节；公元76—83年，完成全书。③班固成为《汉书》最主要的作者。这在他生活的时代就为人认可。在宫廷里，班固受宠，可以从皇帝那里获得文件和珍稀书籍，可以参加朝堂上富含学养的讨论。但是在汉代，做一名历史学家，并非易事；倘若一位史学家与军方有联系，那就更是如此。正因为班固曾经是一名将军的私人秘书，而这位将军参与了谋逆，最终导致他病死囹圄。班固的死，与其他人的嫉妒及复仇心，亦有关系。其时正值公元93年，班固61周岁，《汉书》的绝大部分内容已经写就，他的诗赋及对宫廷内的学术讨论的整理都已完成。④

班固有位受人尊敬、守寡的妹妹——班昭。皇帝宣班昭入宫，令其完成并完善班家撰写的历史。班昭完成《汉书》中的"八表"和"天文志"。她的助手有马融和马续。马续因为在正文中采用双倍行距夹注，以及完成《汉书》最终的修订工作，而著称于世。虽然《汉书》的主体部分早在二十年前就已经写就，但是全书一直到公元100年左右，仍未完成。⑤有一点值得一提：即便是具有女权主义倾向的推崇班昭的学者，也不会认为《汉书》在离开班固之手后，才有了显著的改善或改变（即《汉书》在班昭手里变得完善起来）。⑥

论及《汉书》的注释，唐初学者颜师古让我们颇感惭愧。虽然颜师古也吸收前辈的成果，但是他的注释极为通彻，因而显得格外杰出。颜氏在公元640年完成对

---

① 见《后汉书·班彪列传上》。文中称其作品有"数十"（several tens）篇。不过，请比较《汉书·叙传上》。
② 班彪生于公元3年。关于其生平，见《汉书·叙传上》；《后汉书·班彪列传上》。参见罗振英：《中国史学的形式和方法：一个史学家族及其作品》，第40页及其下；孙念礼：《班昭：中国最早的女学者》，第63页。
③ 《后汉书·班彪列传上》。
④ 《汉书·叙传上》；《后汉书·班彪列传上》、《后汉书·班彪列传下》；罗振英：《中国史学的形式和方法：一个史学家族及其作品》，第43—48页；孙念礼：《班昭：中国最早的女学者》，第63—65页。
⑤ 《后汉书·列女传·曹世叔妻》；罗振英：《中国史学的形式和方法：一个史学家族及其作品》，第50—52页；孙念礼：《班昭：中国最早的女学者》，第40页及其下，第65页。
⑥ 见孙念礼：《班昭：中国最早的女学者》。

《汉书》的注释。他或直接或间接地利用20多名前代注释者的材料,付出巨大精力把这些材料整合在一起。在前代史家中,有一些人是有分量的。譬如,在《汉书》主体完成一个世纪后,应劭和荀悦是东汉知名的历史学家。大约在公元350年前后,《汉书》中开始置闰月。王先谦曾完成详尽的现代版《汉书》注释。王氏书中称引47位注释者的作品,时间晚至19世纪末。王先谦认为该书最早的印刷版来自公元994年印行的《史记》《汉书》和《后汉书》的合集。①伯希和(Paul Pelliot)指出《汉书》早年传抄过程中出现的错误,提供这样一条信息:在藏于日本的一份唐代《汉书》中,《食货志》一卷中有多达100处与常见版本不同的文字。《食货志》分为两部分;文字上的差异不是特别重要,但相异文字的数量显得有些惊人。②

和《史记》一样,《汉书》也包括很多官方文件和报告。《汉书》大量借用《史记》,这一点随后就会谈到。《汉书》还参考其他作品。《刑法志》没少使用《荀子》一书;《礼乐志》大量引用刘歆的著作,号称要纠正这位世纪之交学者的错误;《艺文志》显然基于刘歆及其父刘向为皇家图书馆编写的目录;《五行志》与《尚书·洪范篇》多有相似;还有就是董仲舒的作品。其他借用或者依赖的例子也都被标明;这些资料出自《史记》的续写者以及其著作业已散失的作者。③

《汉书》中有不少章节跟《史记》是完全相同的;还有一些跟《史记》有相同的部分和安排,文字上有少许差异。《汉武帝本纪》、4份《表》的编排、5篇《志》以及差不多一半的列传,均是如此。绝大多数研究者都假定:《汉书》直接借用《史记》的内容,稍加改动后,增加篇幅以补写内容抑或撰写为新的篇章,使之更适合《汉书》。抛开已经为人所知的《汉书》对《史记》的利用,前述观点也会在《汉书》中的"原样复制"(slavish copying)中找到支持。"原样复制"指的是:除了刻意为之的借用或者加贴标签,《汉书》会很自然地把通常出现在《史记》每卷末尾的原作者的总结和评论,据为己有。譬如,跟本文研究有重要关系的名篇《项羽本纪》(《项羽传》)、《惠帝纪》就是如此。④虽然《汉书》有足够的自由重组《史记》,甚或吹嘘一下对其的"改善",但是其文本中确实包含一些生活在较早历史时期的人物。⑤这些人物占所在篇目的分量

---

① 王先谦:《汉书补注》,"序言"。另见罗振英:《中国史学的形式和方法:一个史学家族及其作品》,第83—92页。
② 见伯希和(Paul Pelliot):《评沙畹〈魏略〉中的西域》(Reviewed Work: Les pays d'Occident d'après le Wei lio. — (T'oung Pao, Ⅱ, Ⅵ) by Ed. Chavannes),收入《法兰西远东学院学报》(Bulletin de l'École française d'Extrême-Orient)第6辑第3/4期(1906年7—12月),第366页。
③ 关于这一点,见罗振英:《中国史学的形式和方法:一个史学家族及其作品》,第75—78页。
④ 《史记·项羽本纪》;《汉书·陈胜项籍传》;《史记·吕太后本纪》;《汉书·高后纪》。
⑤ 《汉书·货殖列传》;《史记·游侠列传》。

很重,与之相关的文字应当是改编自《史记》。(不过应当指出:《汉书》这么做的理由并不充分)

我们可以知晓班彪对待《史记》的态度。他认为《史记》的续篇都远逊于原著,于是决定自己开展研究、撰写历史。班彪暗示更早期的著作方才令人满意。① 他简练地品评前代史著。班彪对司马迁的作品很是留意,尤其关注《史记》前半部分对史料的撷取。他说:自己生时并未看到130篇的《史记》(这一问题会再度出现)。不过他也强调:《史记》的价值存在于对汉兴直至武帝时期的撰述中。班彪认为虽然《史记》中的信息量很大,但是司马迁对更早时期历史的处理有些随意,也不太擅长处理原始材料。他明确表明:反对司马迁的思想立场。班彪认为:司马迁对道家思想的创始人很是尊敬,但在同时"薄五经"。此外,他还认为:司马迁在论及商人时,以富裕为荣,以贫穷为耻,轻视仁义;说到游侠时,尊崇庸俗、取得成功的人,看不起那些恪守节操者。正是因为这些观点,让司马迁遭受腐刑之辱。就此,班彪总结道:"然善述序事理,辩而不华,质而不俚,文质相称,盖良史之才也。诚令迁依五经之法言,同圣人之是非,意亦庶几矣。"② 他还一一列举司马迁在分类、体例上的不足及其他疏漏之处,并表示将在自己的著作中予以匡正。③

班固在《汉书·司马迁传》结尾写下评价。其中的批评和赞誉都来自其父亲。他补充一点:从刘向和扬雄的时代开始,④"皆称迁有良史之材"。班固的赞誉之语都指向司马迁率直的写作风格以及叙述历史事件时的诚实可靠。(这里应当考虑司马迁个人的厄运,即被人恶意中伤⑤)在《后汉书》有关班氏父子的传记中,班固被描述为像乃父那样,延续司马迁的事业。这份传记强调:在班固的作品中,西汉的历史按照历代皇帝的次序编排;整本著作集中在西汉一朝;写作遵循儒家五经特别是《春秋》之法。⑥ 这么做,当然推动了《汉书》的写作;但这是以牺牲《汉书》的基础即《史记》为代价的。前述努力甚至可被视为消除(至少是败坏)《史记》的步骤。在一些挑剔的读者眼中,《史记》是《汉书》的一个具有破坏力的竞争者。

正如我们所见,王充尊崇司马迁,也致敬其师班彪及班彪之子班固。他的证言恰可用来总结《史记》《汉书》两部史著之间的关系。王充说道:"班叔皮续《太史公书》

---

①② 《后汉书·班彪列传上》。
③ 沙畹翻译过《后汉书·班彪列传上》的部分内容,见沙畹:《司马迁的〈史记〉》第1册,第239—241页。另见罗振英:《中国史学的形式和方法:一个史学家族及其作品》,第55—57页。
④ 约公元前77—前6年;公元前53年—公元18年。
⑤ 《汉书·司马迁传》。
⑥ 《后汉书·班彪列传上》;《汉书·叙传下》。

百篇以上，记事详悉，义浅理备，观读之者以为甲，而太史公乙。子男孟坚，为尚书郎，文比叔皮"。①

一个宽泛的学术创作背景——《汉书》接受《史记》并以之为基础——得以建立起来。《汉书》为读者呈现一些公元1世纪的文献。司马迁没有完整地使用这些文献。在这些文献当中，董仲舒的作品值得一提。但是，根据现存的文本，班固的增补显得微乎其微。当然，小的增补及变化确实有不少。有关真实作者的探究以及文本的内在证据都表明：在《史记》和《汉书》重叠的部分（其涉及公元前206至前104年的历史），存有一个整合在一起的传统。

最能表明这一整合传统的，是班氏家族通过司马迁非正统抑或折中主义的写作，建构出自己的正统。班氏之章法，阐释出作品各个部分之间的关系；同时昭示史家，即便面对最个别的更改，亦要保存原始资料及作品。前面已经说过，班固强调创作应该宣扬汉代的荣光、符合儒经的标准。其父班彪曾经写下《王命论》。文中表明：西汉王朝复兴儒家圣王的传统，故而获得上天的支持。在班彪眼中，西汉的历史就是天地（人）关系的一场示范，值得研究和阐释。②这种世界观（Weltanschauung）与历史思想（Geschichtsphilosophie）的令人敬畏的融合或许会让人颤抖；但其实践，却令人安心。西汉的历史，开始于高祖刘邦。刘邦并非神圣的创建者，却如神迹一般降临人世。班氏对儒经的称引很常见；在为一些章节精心准备的导论中，尤其如此。通常情况下，这些称引、导论与作者真正要说的东西，可以分隔开来。也正是这一旨趣使然，汉文帝被描述为将很多儒学教导付诸实践。虽然，这一描述并非很有把握。司马迁更加平白、更加宏大的历史观在《汉书》中留存下来，但有了一些明显的改变。君主的个性、实践以及政策等都与正统不符。道法两家思想在君主那里最为显赫。真实的历史亦未能成为一场天人大戏。这些都凸显了学者的不情愿，就算是有强烈的动机，也不乐意去推翻一本著作或者一种传统。

但是，今天我们看到的《史记》，就是司马迁留给身后续写者（即公元前最后一个世纪的学者们）的《史记》吗？今日之《史记》，就是班氏家族据之以为自己作品的基础且是史传写作模范的那本《史记》吗？今日之《史记》，就是世世代代被称引、被评论的那本《史记》吗？这里有两个关键的时间点。第一，著名学者刘歆的时代。他是

---

① 《论衡·超奇》。英译见佛尔克：《〈论衡〉下：王充的各类文章》，第304页。这几位史家之间连续性的问题，亦见《〈论衡〉下》第279页。
② 《汉书·叙传上》。

刘向的儿子。刘向从公元前7年开始担任皇家图书馆的负责人，后因遭到怀疑而自杀。第二，班固自己——或者不如说是班固在宫中的同盟者杨雄（译者注：当为杨终）——的时代[汉章帝在位期间（公元76—88年）]①。身处今古文经学激战尤酣岁月中的刘歆有可能对《史记》加以篡改。不过，因为所谓问题涉及的是和本文领域无关的儒经，而且《史记》中与秦汉有关的篇目亦甚少，抑或根本没有受到什么影响，所以这里一笔带过。上一代的知名学者如康有为、崔适、梁启超等，都相信自己能够根据文本争议或刘歆及其盟友的宇宙论及历史理论，举出《史记》中被改动的例子。当代学者李奎耀接受他们的观点，将之吸收进自己的文章并作出很好的阐释。②

班固自己的时代对本文而言更为重要。但是，西方学者忽视了这一点；在中国，这一点显然亦未得到充分研究。出现这一情况的原因或许是：《史记》与《汉书》整体关系的问题对两本著作的绝大部分内容而言都太过重要，所以需要具有现代思维的学者进行彻底且全面的探究。就目前已有的研究而言，沙畹的天赋用到了他处；伯希和还有亚瑟·韦利（Arthur Waley）小心翼翼地触及几点（下面即将提到）；颜复礼（Fritz Jager）只是许诺对当前研究作出评论；③而马伯乐（Henri Maspero）和福兰阁（Otto Franke）实际上无甚帮助。崔适的批评最为详细、最有效果。但是，他煞费苦心积攒起来的证据、富有启发性的假设，仍旧需要得到有深度的综合研究著作的支持。④上面提到的李奎耀的简明扼要的专论，是目前可用的最有价值的短篇研究。⑤还有不少形式主义、浅薄的研究，如郑鹤声的《史汉研究》（商务印书馆1930年版）及杨启高（Yang Chi-kao，音译）的《史记通论》（上海清山阁1926年版）。这些著作对《史记》和《汉书》自身的探究非常有限。

"（杨终）受诏删太史公书为十余万言"。⑥这条记载没有提供更多关于帝令及其结果的线索。引文前的话表明：杨终作为班固的朋友，被介绍到朝廷，参与宫廷内的学术谈论，从而赢得皇帝的几分赏识。司马迁在《史记》后记（即《太史公自序》）中

---

① 杨雄不太为人所知。《后汉书》关于只有中等知名度士大夫的合传中，有杨雄的简短介绍；见《后汉书·张法滕冯度杨列传》。译者注：原注中所说杨雄，当为杨终；见《后汉书·杨李翟应霍爰徐列传》。
② 见李奎耀：《史记决疑》，《清华学报》1928年（译者注：当为1927年）第4卷第1期，第1175-1215页。文中所说内容，见是文第1181-1186页。比较崔适著、张烈点校《史记探源》（中华书局1986年版）第1章。
③ 见贾杰（F. Jager）：《〈史记〉研究现状》（Der heutige Stand der Schi-ki-Fors-chung），《亚洲专刊》（Asia Major）第9辑（1933年），第21-37页。这篇不甚出色的文章简单涉及《史记》名称、作者的时代、文本及篡改的问题。
④ 见创作于辛亥革命前的两册本《史记探源》。本文使用的是1923年北京版。
⑤ 李奎耀的文章，公平地处理了四个问题：裁剪《史记》的帝令（第1175-1181页）；刘歆（可能）的篡改；魏晋时期来自《汉书》的对《史记》的替代（第1186-1191页）；记事年限（仔细分析每个部分所言最后时间，根据此得来的文本内证据而判断出《史记》时间下限大体在公元前104年）。
⑥ 《后汉书·杨李翟应霍爰徐列传》。

说：全书526,500字。①现有版本差不多有600,000字。于是，问题大体解决。在论及褚少孙及紧随司马迁之后的续写时，已经谈到超出原文的内容。在与《汉书》进行具体比较时，这一点还会得到深入讨论。主要的困难在于对《史记》可能的删减的认知。一般认为：那条清楚无疑的删减《史记》的帝令获得执行；同时期还有其他对《史记》进行删减的努力；在有关《春秋》三传（即《左传》《公羊传》和《谷梁传》）的文本之争中，司马迁遭到占主导地位的群体的攻击；班固鼓动皇帝更加赞成自己的历史创作，即凸显汉王朝的荣光，而皇帝自己也熟悉针对《史记》的学术责难。有证据表明官方针对司马迁的敌视延续至下一代王朝。②所以，没有充足的理由去否定这一帝令，抑或假设其只是一纸空文。

另一方面，人们没有必要去接受这样一种极端且似是而非的观点：魏晋时期（公元220—265年、265—410年），通过对《汉书》的笨拙的借用以及依据被大量删减过的版本，《史记》被重构出来。如果那条删减《史记》的帝令确实付诸实施，依旧无人知晓《史记》的原文是永久抑或暂时、是部分抑或全部，消失不见。这么一来，《后汉书》中这句短短的话——"（杨终）受诏删太史公书为十余万言"——就显得有些孤证无援。通常的正史及注释者都没有提起过这句话；就算是唐章怀太子（即李贤），曾为《后汉书》写下浩繁注释，详列班彪所称从130篇《史记》原本中佚失的十篇文章的名称，亦未提及这句话。泷川资言的《史记会注考证》称张守节的《史记正义》曾重复这句话，但未作解释并说明来源。③

谈及这些注释的意涵，还应该加上泷川资言《史记会注考证》附录部分（即是书第十册《史记总论》）所提及的两件事情。④第一，根据《三国志·魏书》的记载，魏帝问及司马迁为何遭受腐刑，王肃的回答偏向司马迁而非汉武帝。王肃所答的根据是：汉武帝读到有关汉景帝和自己的本纪时勃然大怒，立刻加以销毁。此事发生在公元3世纪（当为公元前2世纪——译者注）中期，记录于3世纪结束前完成的一本著作里。其价值在于：表明后人对历史而非对汉武帝的行为，有持续不断的兴趣。⑤第二，《晋书》记载一位研究《史》《汉》两书的官员张辅，曾盛赞司马迁道：太史公以五十万

---

① 《史记·太史公自序》；《汉书·司马迁传》。
② 见李奎耀：《史记决疑》，第1175-1181页。李氏文章以不同的形式宣称了基本的事实；但与这里以及稍后的推论，无甚关系。
③ 参见《史记·太史公自序》。
④ 泷川资言：《史记会注考证》，第5361-5362页。
⑤ 《三国志·魏书·王肃传》（译注：原文误为"王萧"）。见《四部备要》本《三国志》，第21页上、下。

字,书写三千年历史;而班固讲述两个世纪的历史,用字八十万。这位官员还作出其他一些细致的比较,其中都认为司马迁胜出。有一点很清楚:张辅对所谓的删减重构版《史记》,毫不知情。①

如果删减《史记》的帝令所带来的结果对该书的传播如此重要,那么有一点就确实显得有些奇怪,即帝令所带来结果,几乎无迹可寻。还有一点,为何要把原书多达五分之四的内容删除?究竟哪些被剔除,哪些被保留?这不仅仅是清除那些让人感到不快的语句及称引的问题。如果那些与班固作品相争的内容被删除,其数量会有一半。如果那些探讨儒经背景及起源的内容被剔除,那么主体部分将被保留。如果针对史记的敌视确实存在,那么《史记》留下来的只是一些索然无趣、态度允中的碎片。在其多达五分之四的内容被束之高阁从而不为人知的情况下,为何《史记》整本书并未受到限制?这里有太多推测;这些问题表明:解释清楚究竟发生了什么,绝非易事。

针对《史记》这一中国伟大历史书籍开山之作的文本考察,绵延不绝;学者昧旦晨兴、孜孜以求,与《史记》相关、试图阐释清楚书中一切的学问,业已积累成山。但是,中国学者似乎直到最近,方才注意到《后汉书》中关于删减《史记》之帝令的记载。这么猜测是否公平?亦即,对这条记载缺乏兴趣的原因部分地在于:积年累月的称引、注疏以及所谓研究形成的内容过于庞大,让实际上有不少微小差异的文本主体几无可能发生任何"革命性的变化"。其实,《史记》学术传统中有一个薄弱点:根据较晚创作的裴骃的《史记集解》,可知从东汉到晋,只出现了一到两部有关《史记》的注释。但是,这种情况与《汉书》早期宏富注释的闪烁其词相比,并没有太大差别。这里提及的证据,虽然不够丰富,但是可以用来证明《史记》的连续性。

总之,必须承认:杨终之后,《史记》确有可能被彻底重构。如果这一重构确实发生,其当来自于《汉书》。《汉书》所使用的材料,正是原本来自于《史记》又有修改的那些篇目。部分或全部使用在杨终之前就已存在的文本进行重构,亦是可能的。虽然杨终时代的氛围确实对"削减"有利;但是,有关删削《史记》的唯一且简单的声明,仅在一本作于杨终之后三百年的书中发现过。如此看来,最激烈的批评忽视了有关连续性的证据。这些证据,存在于诸如《盐铁论》作者桓宽以及王充等汉代作家对《史记》的引用中。王充更是班氏家族的同时代人及朋友,在删减《史记》帝令的同时

---

① 《晋书·张辅传》。张辅是晋惠帝时人;晋惠帝约于公元 300 年前后在位。

完成自己的著作。为什么他们的称引和今日所见《史记》的内容如此相像？如果这些引用的内容借自《汉书》，那么几乎就是逐字逐句地借用。另外，极端的批评并没有充分考虑可能的联系性——有关这种连续性的证据可以在《史记》的注解及其所用方法中发现。这种批评亦未能充分考虑这样一种缺失，即早期学者并未表明文本传统的断裂，《史记》的传播一如平常。所谓"默证"（argumntum ab silentio）不能证明任何东西。那种精心且重要的沉默不语，是尚未得到充分探究的情势的一部分。第一流的《史记》批评家，《史记探源》作者，指出《史记》中借自《汉书》的内容非常少，也从未提及所谓的杨终对《史记》的删减。

在班固时代缺失的《史记》十篇，与借自《汉书》的内在证据之间，如果不是同时发生，那就一定是紧密相连。一般而言，这一点很早就得到广泛承认，也就无需赘言。没有理由怀疑这十篇已经丢失或者遭到禁止，有关这一点的记载确定无疑。当前版本《史记》中，有些章节看起来全部或者部分地采自《汉书》。但究竟是哪一篇丢失了，以及借自《汉书》的具体内容，人们并未就此达成共识。西方学者通常由此触及所谓的《史记》问题，涉及具体的章节，尤为谨慎。譬如，伯希和在对三个章节的质疑中，曾经评论道：《史记》问题太过困难，不可能只是作为另一项研究的副产品而存在。在进行更为深入的探索后，伯希和只要有机会就会回到这一问题上来。① 伯希和最后的声明，无疑是弟子学徒的指南。然而，相关的研究仍有待深入。

崔适在其《史记探源》中，针对这些困难，做出最仔细也是最富挑战性的研究。即便如此，没有什么独立的判断，会让人觉得崔适在揭露问题之外，更有进益；也不会有人同意：从崔氏的所谓"证据"中，会准确无误地推导出他的结论。《史记探源》基本上是针对《史记》的文本考据，着重点在于司马迁之后对原著文本的改变和增加。崔适在书中一一列举《史记》每一篇中需要进一步解释的地方。崔适在绪论部分陈述自

---

① 伯希和曾经批评道：卫礼贤（Richard Wilhelm）不是从"司马迁在 100 年前写就的作品"，而是从东汉时期一位改写《史记》的人那里，选取吕不韦的传记。见伯希和：《对卫礼贤作品〈吕氏春秋〉（Frühling und Herbst des Lü Bu We）的评论》，《通报》（T'oung-pao），第 28 辑（1936 年），"书目"（Bibliographie），第 69 页。在这篇文章的第 78 页注释 4，伯希和写道："我并不能百分百确定赋予司马迁自传（即《史记》的"太史公自序"）的那些绝对价值；但有关《史记》散失篇章的研究表明："太史公自序"的流传，依旧如初。伯希和在对王国维文集的评价中（见《通报》第 26 辑，1926 年，第 178 页），又一次说道：《史记》第 123 卷中有关张骞的故事，就是在公元 1 世纪后，从《汉书》植回的。伯希和认为：现在看到的《汉书》中的张骞故事，是混杂了真实经传的历史浪漫之产物。在另一处，他宣称："张骞的西域之旅是非常真实的"，但其中确有浪漫化的元素。见《高地亚洲》（La haute Asie）1931 年版，第 8 页。此外，伯希和也赞同亚瑟·韦利的观点，认为《史记》的"封禅书"（卷 28）采自《汉书》，见伯希和《通报》第 28 辑（1930 年）第 233 页；韦利：《东方研究院学报》（Bulletin of the School for Oriental Studies）第 6 辑（1930 年），第 3 页。上述观点根本算不上新奇。提及它们，只是为了表明优秀考据学者的批评所具有的犹疑和保守态度。这里提到的篇章，位列最受怀疑的《史记》内容。在所谓《史记》问题得到更加深入的研究之前，怎么样的小心谨慎都不为过。这一领域的首席专家们，应该增加针对为数众多且不能进行烦琐考据工作的学者的帮助。在很多研究课题上，大批学者不得不求助于《史记》和《汉书》，以获得资料。

己的结论及一般性阐释。其中的内容集中在刘歆的理论与儒经之关系上,对现有文本的关注并不多。崔适非常仔细地列出自己的结论:哪些篇章被不知名的作者注入新内容(这里无需提及褚少孙花哨却又笨拙的补写);以及哪些章节中有采自《汉书》的痕迹。①崔适的证据,特别是那些关于《史记》"借"自《汉书》的证据,通常指的是文中出现思想及语言上的生硬断裂。人们将之与《汉书》中对应的内容进行比较,就可发现:有关的文本移植并不完整。必须承认:这些"发现",根本没有什么了不起,在每一篇章中或许都有那么一两处;而且,设想究竟有多少内容在两本著作间转换——有时这些内容看起来微不足道——并非总是可能。不过,崔氏的"证据",还是相当不错的。②

崔适列出三组含有《汉书》内容的《史记》篇目:第10、12卷;第25—30卷;第96、113—116、120、122、127卷。其中,首先就是关于文帝和武帝的本纪。武帝本纪中有按照年代顺序采自《汉书·封禅书》的内容。此外,还有些"书"来自《汉书》中有着类似篇名的内容,如,律、历、天官、封禅、河渠、平准等。至于传记,有些仅涉及某个部分;关于边疆地区的五部列传——南越、东夷、朝鲜、西南夷、大宛(崔氏认为是编采自《汉书》"张骞传"和"李广利传")——亦是如此。《史记》的传记部分中亦有酷吏、佞幸、汲(黯)郑(当时)、张苍。虽然崔适没有给出具体所指,但在《汉书》中,很明显有相似的内容。

另据崔适,"妄人"(unknown hands)还对另外八个篇目,即第22—24、60、119、126—128卷,动过手脚。具体而言,其分别为:《汉兴以来将相名臣年表》,《礼书》(采自《荀子·礼论》),《乐书》(部分采自《礼记·乐记》),《三王世家》(有关汉武帝的三个儿子及其家族),《循吏列传》(有续写),《滑稽列传》(其中的一个部分),《日者列传》及《龟策列传》。③

应当根据以上列表,对《史记》注释者的说明进行核查。这些说明,和班固时代《史记》佚失的十卷内容有关。有关这十卷的记载,确实存在。譬如,在《汉书》的注释里,有引用张晏的说法。④据推测,张晏在3世纪中期指出《史记》的十篇佚文:第12—12卷(译者注:原文如此);第22—24卷;第60卷;第127—128卷;以及关于战争的一卷(其中的一个片段似乎保存在现有的《史记·乐书》中)。具体而言:

---

① 见《史记探源》,"目录"。
② 见上书第一章;此类"证据",全书可见。
③ 详见《史记探源》有关篇章。
④ 见宋景佑本《汉书》后记。

《孝景本纪》《孝武本纪》《汉兴以来将相名臣年表》《三王世家》《傅靳蒯成列传》《日者列传》《龟策列传》。①除去《孝景本纪》和《傅靳蒯成列传》，这一名单与崔适所言一致。崔适认为《孝景本纪》为司马迁原创；《傅靳蒯成列传》，也是《史记》的原作。《傅靳蒯成列传》对本文的意义不大。

有注释断言：在汉元帝（公元前48—前33年在位）和汉成帝（公元前32—前7年在位）时期，褚少孙匆忙续写了品质低劣的《武帝本纪》《三王世家》《日者列传》和《龟策列传》。但这一宣称，只是笨拙地和《汉书》保持一致。《汉书》简要指出在公元前1世纪的时候，《史记》已经失去十卷内容。上述张宴的评论或许反应其时重写这十卷内容的努力。崔适认为这些并非出自褚少孙的手笔。②在皇子李贤等人为《后汉书》所作的注释中，有与张宴所说一样的《史记》十篇，但没有更多的解释。③如此，十卷佚文与《史记》采借《汉书》这一固有问题，交错起来。当然，这一问题并未让有关的章节变得更加复杂。

在评价以上观点时，要格外小心。崔适列出有问题的篇目；同时并非要借此证明其他篇目都没有问题。相反，他在不少其他篇目中，亦发现矛盾和错舛。对此，他认为只能用故意的篡改和替代来解释。《史记》第121卷（"儒林列传"）、13卷（"太史公自序"）就是很重要的例子。但不管是有意还是无意，所有这些观点都会有一些单独的主张。一旦这些主张被确证或者被删除，相关的文本就会被视为真实可信。此外，"文本中有迥异的续写内容"之结论，对所在篇目的主体而言，并非一种损害；相反，这些内容反向证明主体文本的准确。显然，这些续写的内容是在司马迁，甚至是汉武帝去世之后完成的。它们不在本文的研究范围之内，本文作者也就没有去探究这些内容自身是否值得关注。

进一步说，显示出《史记》中有采自《汉书》的内容，并非要去谴责原书的虚假。这么做，仅仅意味着：在原著中，只有一种占主体的史学传统，而非乍看起来的两种紧密、一致的传统。事实或许是这样的：《汉书》大规模地使用《史记》；《汉书》作者既利用司马迁曾经使用过的资料，也接触其他材料及新的资料提供者。还应该承认：在《史记》成书后的一个半世纪里，确实有针对它的偏见；但在整体上，社会上知名的睿智之士，如皇家档案馆里的学者，接受这本著作，将其视为一部信史。这一时期，正是

---

① 见《汉书·司马迁传》。
② 参见崔适：《史记探源》，清宣统二年刻本。
③ 见《后汉书·班彪列传》。

各项制度延绵不绝的历史阶段。当时,就算是《史记》的批评者,也只能使用和延续这本书,对原文的改动少之又少。通常情况下,这些人对《史记》的批评,主要在于:该书不能支持他们的理论,尤其不能维护他们的党派利益。

《史记》问题的解决无法一蹴而就。相反,必须根据两套文本的整体,逐一考虑所有问题。譬如,包括崔适在内的所有研究者,都未能说明:在两本著作中的经济篇章,即《史记·平准书》和《汉书·食货志》之间,究竟有什么样的关系?如果《史记·平准书》采自《汉书》,又被修饰成早于《汉书·食货志》;那么如何解释这样的事实:后者的篇幅几乎是前者的两倍,但《食货志》中有关政治人物的文献却完全在《平准书》的范围内?文本中有可以识别的长段资料;至于其他部分,有些编排让人觉得很奇怪,甚至两书中对应的小单元亦是这样。可以很容易地认为:《汉书》中不止一条记载采用的是《史记》所遵循的呈现方式,并予以修改。譬如,《汉书·王子侯表上》似是采用《史记·建元以来王子侯者年表》;后者更可以在正文后提供比较宽泛的数据;两份年表在时间上也存在较大分歧。①

以上的探究,对本文的主体研究有什么意义?几乎可以肯定,《史记·孝文本纪》是后来重写的,其中或许包含了原著的片段。《汉书》中的类似内容,亦应受到怀疑,接受审查。就算是崔适认为《史记·孝景本纪》是原作,也应该根据原著其他部分的内容,仔细地进行查对。只有《汉书》提供关于汉武帝的完整本纪,而且很有可能不是直接依据司马迁的《孝武本纪》,因为司马迁绝无可能完成这一本纪并将之保存下来。两书中有关作品的品质看起来都不错;传记和其他章节中的不少内容,都可以很好地匹配起来。至于《史记》中的"书",有两篇——《河渠书》和《平准书》——是植入的。这些篇目,表明一种主要的(资料)渠道。《汉书》则在经济论题上,提供更多的资料。根据文本的内在证据进行判断,涉及公元前124—前110年的编年片段必定出自司马迁。②关于边疆地区的章节,相关内容必须被视为只有单一的来源;其中固有细微的不同,但这些不同让人难以相信。《滑稽列传》《日者列传》及《龟策列传》,无关紧要;其他"书"在本文的研究中,甚少用到。前述的目的,就是要避免把现有版本的《史记》不加甄别地视为原始史料;相反,在征引中,要将之与《汉书》作仔细的比对。这里并没有提及大部分传记、关于更早期人物和事件的"本纪"及"表",更未作仔细的说明。但是,对这些篇目,也应该根据前面所提及的对作者真伪的判断以及文本传播的情

---

① 沙畹注意到这一点;见氏著《司马迁的〈史记〉》第3册,第171-173页及其长注释。
② 《史记》卷30,《平准书》;沙畹:《司马迁的〈史记〉》第3册,第552-599页;《汉书》卷24下,《食货志下》。

况,加以审查。无论什么时候,使用者都不应该放松警惕。

重提史料的价值,对史料而言是公平的。随后读者们将看到:这些史料,如此全面地描画一个伟大的国家,如此诚实地呈现出不系统甚至是相互矛盾的历史细节,如此包罗万象地重现形形色色的人及其手段还有学派,如此多地混融了按照过去和今天的标准所确定的光荣与失败,以至于让研究者觉得自己如此真实生动地感触到那个鲜活的社会——即便它是那么遥远和不完美。人们如果跌入模糊不清的主观主义,那么这一影响就会变得没有什么价值。但史料自身会结合起来,也会和同时期及邻近时期的作品、考古遗存、前后历史关联起来,呈现一部明白易懂的历史剧。历史故事本身是晦暗不清、破碎有误的。随着新的研究发现、对旧数据的有意为之的重新检查,以及持续不断地把全部元素联系起来发展出新的假设,历史故事会变得愈发清晰和完满。在这一过程中,主要史料的价值在增加而非降低。这就是史料最根本价值的最好证据;它亦确证这一尝试——减少史料中的错误、增加其真实度——的有用性。

这些史料所刻画、也是它们诞生其中的时代,正是本文要研究的历史时期。在这一时期,中华民族取得相当的发展,中国人相当强烈地意识到自身还有自己过去的影响。在史料所刻画出来的这样一幅巨大且复杂的历史图景中,不可能每一个细节都得到保证。但在其中,有着复杂的关系网;通过这些关系,具体的事件、人物等可以得到检测。从历史创作的角度看,这种复杂性是那种缺少历史元素及文献的境况所无法比拟的。一切都是相对的。不过,历史学家的驻足之点,可以在伽乐(Esson McDowell Gale)及葛兰言(Marcel Granet)的话语中发现:"正是在公元前的两个世纪的时间里,那种关乎中国社会发展之境况的知识得以牢固地建立起来。上古的迷雾已经散去;难以数记、孜孜不倦的写作者和编著者们,创作出大量作品,向世人展示庞大的中华帝国。这个国家,有着积极作为、活力四射的人民,创造出让人难忘且影响亚洲的文化体系;这一切让西洋的希腊、罗马汗颜";[1]"有关秦始皇帝和汉武帝时期历史的资料既不完整亦非绝对准确。但两位帝王主政时期所发生事件的规模是如此宏大,以至于后世的批评者不畏困难,执意涉猎其中。"[2]

---

[1] 伽乐:《〈盐铁论〉:古代中国有关国家对工商业控制的争论》,第12页。
[2] 葛兰言:《中国文明:公共与私人生活》(*La civilisation chinoise: la vie publique et la vie privee*),巴黎万丽书海(La Renaissance du livre)1929年版,第6页。

第二节 其他史料

这一节的目的是提供一份加有注解的详表,其中涉及与本文研究直接相关或对研究有价值的史料。当然,这里不会把所有引用到的史料都一一列举出来。这份提纲很宽泛,也是必需的。

对本文研究帮助最大的,是沙畹翻译的《史记》(*Les mémoires historiques de Se-ma Ts'ien*)。①沙畹从《史记》130 篇中译出 47 篇,分量差不多占全书一半,计有本纪、年表、书及部分世家。在其中,三分之一与本文研究直接相关,且在《汉书》中有对应的篇章。考虑到沙畹翻译《史记》的时间及条件,他的译著堪称杰出;即便是在今天,仍旧为人所用,只需微小的完善,没有替代品。因为有仔细的注释、索引,以及等同于大部头解释性研究的介绍和附录,翻译的价值大大提高。②沙畹为帮助人们理解司马迁生活和创作的那个时代,对汉武帝时期加以简单介绍。除此之外,其作品算不上历史著作。但是,沙畹的译著为西方人打开中国史料的大门;同时,也间接地推动那些熟悉《史记》、将之视为文学的中国学者,用一种现代手段来研究《史记》。

本文当然有理由引用沙畹的《史记》译本。读者在文中看到的《史记》英译,都受到沙畹译著的影响;而且,差不多一半的译文,完全参照沙畹的法文译本完成。任何人都可以改变译文;但如果不是确定可以改善原译的话,那就没有必要这样做。不过,通过可以获得的更加完善的注解,最近中国学者的研究以及对沙畹研究的检视,现有译文中的不少地方在细节上有可能获得进一步的提高。在这一过程中,法文译本依旧不可或缺,以之确保《史记》原文不会被误解,以及在有需要的时候对法文本进行完善。仅在几处,有必要指出沙畹未得原文要领。沙畹译著的批评性"导论"里,有一个巨大的不足。具体说来,沙畹在完成翻译时,或许已经开始更全面地思考《史记》与《汉书》之间的关系。他本可以借对《史记》中较晚时期的篇章的持续分析,对有关问题作出更精准的思考和判断。可惜他在"导论"中,并未能有所作为。在沙畹之外,除去一些片段以及下面将要提及的夏德(Friedrich Hirch)所译章节,再没有《史记》和《汉书》的系统翻译。

---

① 该书共计 5 册 6 卷,1895–1905 年于巴黎出版。
② 有关内容包括:对作者的研究;汉武帝统治的时期;史料来源、方法、注释者及文本;秦汉时期的行政管理;汉武帝时期的封国及郡县;秦代铭文;历法。

与主要史料紧密关联的,是一组解释性的著作。这些著作,由相关的信息、多少经过重组的资料或者从主要史料中分类摘出的资料组成。研究上古中国的学者都很熟悉这种情况:一些看起来蕴含丰富、能满足研究各个阶段之需求的篇目,往往最终被证明不过是改头换面的基本史料而已;而且,如果有不同的内容出现,这些内容通常又因为无法回溯至较早的来源,从而受到学者的质疑,甚或变得无甚价值。就本文研究涉及的历史时期而言,在唐朝成书的《通典》、宋朝的《通志》和元代的《文献通考》中,存在着这样的情况。"三通"跨时代地谈及特定的主题,提供有关制度的解释;但没有什么个性,在未注明的情况下大量使用《史记》和《汉书》,除此就只剩下含糊不清和较晚年代的内容。东汉的卫宏,(部分地)通过汇编历史注释等资源中的内容,撰写完成关于汉代官职的《汉官旧仪》。书中最有用的部分,正来自于我们所熟悉的那些注解。① 应劭的《汉官仪》与之类似。②

还有一些从主要史料中摘出的制度或者准制度汇编;其中常规史料以外的内容大多来自编纂者,并非由选编、分类造成。此类汇编的代表作品有:宋代徐天麟的《西汉会要》③ 及著名学者王应麟的《汉制考》。④ 在当代同类型著作中,如瞿兑之《汉代风俗制度史》、⑤ 邓之诚《中国通史讲义》第一册,⑥ 有更多现代理念占据主导地位;作者在书中往往撰写有导论或者总结性的评论。但这些著作本质上仍旧是史料读物(source-books)。整体上,此类汇编主要用作粗略的索引或清单,帮助读者按照制度或者其他分类主题,寻找散落在原著中的相关内容。在程树德的《汉律考》⑦ 一书中,可以见到对此类方法的精湛应用;借此,作者试图重现汉代法律及其实践。不过,无论是这本书抑或前述所提及的著作,都未能把公元前2世纪的史实与随后三个世纪所发生的事情,区分开来。发生在较晚世纪的更加复杂的历史进展,侵蚀了对较早世纪的记录和解读。虽然这些世纪互有区别,但其间确实存在着显著的连续性。

考古科学在中国刚刚起步。已有的显著成果大多与更早的时代相关。但在另一方面,大部分为人们熟知的铭文、钱币等已获得验证,其年代确实晚于本文研究的历史时期。即便如此,仍旧有不少物质遗存,可以回溯至公元前2世纪前后;这些遗存,

---

① 见《武英殿聚珍版全书》,第252卷;重印于《四部备要》。
② 见《四库丛书》第42卷。亦见陆心源编:《十万卷楼丛书》,及《四部备要》。
③ 《武英殿聚珍版全书》收入的本子有12卷。
④ 见《玉海》第8卷。
⑤ 见1929年北京版。
⑥ 见1933年北京版及其他版本。
⑦ 见1920年南京四册本。

让艺术、科学和技术方面的文字记录更加完整。一般而言,物质遗存能确证社会发展的阶段,但无法为主要史料提供重要的修正。同时,这些遗存亦未能通过铭文、钱币及发掘现场等,提供给我们具体的数据,以巩固现有的历史作品抑或重写历史。近年来,在山东等地发现的重要墓葬,其时代可以追溯至汉代,但大多属于东汉,考古学家对其尚无充足把握。斯坦因(Aurel Stein)在位于今天新疆的汉代边防卫所遗址中所取得的发现,会让一些有价值的想法,变得更加清晰起来。斯氏的发现包括:最早可以回溯至公元前63年的秦汉货币;汉代存放箭簇的匣子;边防连队的医药箱;具有巨大历史价值的度量衡;让人颇感兴趣、年代最早在公元前98年的军事和个人文献;弓弩与皮铠甲;公元前61年官府作坊生产的盾牌,等等。①科兹洛夫(Pyotr Kozlov)在探险中,实地考察位于恰克图(Kiakahta)与乌拉巴托(Urga)之间的汉(朝)匈(奴)古战场,证实中文文献中关于匈奴的记录在公元前就已存在。"在所发现的原创物品中,有些是对那个在公元前2世纪占统治地位的王朝的直接反映"。②日本考古学家在位于朝鲜东北部的乐浪(Lo-lang)地区的汉墓中,收获确定无疑的成果,计有:印章,有汉代铭文且可追溯时间的货币,包括武器在内的铁器、铜制或铁制箭头、铁镜、丝绸、玻璃、漆器,具有文化和艺术价值的物品。③最早期的物品属于公元1世纪;不过,有一些物品的型制属于更早的时期。

目前,关于物质遗存的佳作有:劳弗尔(Berthold Laufer)的《中国汉代墓葬雕塑》(*Chinese Grave-Sculptures of the Han Period*,伦敦1911年版);费舍尔(Otto Fischer)的《中国汉代绘画》(*Die chinesische Malerei der Han-Dynastie*,柏林1931年版);霍布森与西泽灵顿(R. L. Hobson and A. L. Hetherington)合著的《汉代至明末的中国陶器艺术》(*The Art of the Chinese Potter from the Han Dynasty to the End of the Ming*,伦敦1923年版);安德森(J. C. Anderson),"动物风格的狩猎巫术"["Hunting Magic in the

---

① 见斯坦因(Marc Aurel Stein):《西域:一份有关在中亚及中国最西部探险的详细报告》(*Serindia*:*Detailed report of explorations in Central Asia and westernmost China*),(伦敦及牛津)克莱伦登(Clarendon)出版社1921年版,第1—5册;特别是第2册第617、647、659—661、720、758页及以下。另见沙畹:《斯坦因在新疆沙漠所见汉文文献》(*Les documents chinois: découverts par Aurel Stein dans les sables du Turkestan oriental*),牛津1913年版。
② 见彼得·科兹洛夫(Pyotr Kozlov):《蒙藏探险之旅中的考古发现》(*Les decouvertes archeologiques de l'expedition mongole-tibetaine*),《亚洲艺术评论》(*Revue des arts asiatiques*)第7辑(1931—1932年),第15—19页。更多信息见叶慈(W. P. Yetts):《科兹洛夫探险之发现》(*Discoveries of the Kozlov Expedition*),《伯灵顿杂志》(*Burlington Magazine*)第48期(1926年),第168—185页。在正式的俄、德文科兹洛夫报告中,甚少关于较早历史时期的内容。
③ 朝鲜总督府(Government-General of Chosen):《古乐浪地区考古研究》(*Archeological Researches on the Ancient Lo-lang District*),1925年版;京都帝国大学(Kyoto Imperial University)文学院:《考古研究报告》(*Reports Upon Archeological Research*),第11辑(1928—1930年);原田淑人(Yoshito Harada)(奉东京帝国大学文学院之命):《乐浪》(*Lo-lang*),1930年版。

Animal Style";见斯德哥尔摩《远东古物博物馆馆刊》(*Bulletin of the Museum of Far Eastern Antiquities*),第4辑(1932年),第221—317页],等等。前述书文都配有制作精美的关于武器设计的图表,亦都谈及材料及这些器物与匈奴及亚洲其他文化的关系。但这些作品只是提醒我们:哪些研究领域已经被开辟出来、存在有可以利用的丰富文献。

对中国自己搜集的考古资料,本文也只能枚举几例。在堪称标准著作的《两汉金石记》中,只有5件可以确认属于本文研究的历史时期的器物:一件青铜带扣、四枚出处不明的钱币。青铜铭文大多是形式上和礼仪性的。"中研院"1931年版五卷本《秦汉金文录》中所收录的八百件吉金上的文字即如此。本文对钱币持强烈怀疑态度。等到有经过检测、来自墓葬和其他遗存的数据之后,再去确定钱币所属的时代,这么做似乎要更安全一些。不应该太过信任来自形形色色收藏家或者手册的说法。秦代及西汉最早几任皇帝时期的货币,并没有标明年代。在漫长的时间里,我们现在所知的几种标准货币,曾经被重铸过很多次。盗铸货币在当时非常普遍。有关货币的描述让后世的工匠尝试将之重铸。早在宋代,针对钱币的古物研究就已方兴未艾。几个世纪过去了,早期钱币的影印书册亦非罕见。人们通过铜镜、青铜祭祀用具、家用器皿、墓葬品,可以了解那个时代的艺术形式、工艺以及生活方式。但是,在同时期散布于近东的可以明确年代的钱币和铭文中,尚缺乏那种广泛的确定性。这种确定性可以与其他种类的物质遗存一道,形成对历史研究最有帮助的组合。

在目前已有的大量讨论中,有关历史上度量衡的佳作尚未出现。德高(J. A. Decourdemanche)在其作品《古今货币与度量衡:印度与中国》(*Traite des monnaies, measures et poids anciens et moderns de l'Inde et de la Chine*,巴黎1913年版)中,通过(带有偏见的)选择和计算,试图简单地证明:中国的度量衡来自近东。马拉基耶夫(A. V. Marakiev)的著作《中国度量衡》(*Mery i vesy vi Kitae*)赢得伯希和的称赞。①但作者未能亲阅此书。顾炎武在其名作《日知录》②里汇集一系列重要的文本。他依此得出结论:在汉朝结束后的几个世纪里,重量单位变化如此剧烈,以至于汉代的"单位"只有对应的现代"单位"的三分之一。顾氏的结论被不少当代学者不加讨论地接受和称引。③顾炎武汇集起来的史料未能解释为什么度量衡发生如此大的波动以及这

---

① 见《通报》第29辑(1932年),第219—220页。马拉基耶夫的著作在1930年于符拉迪沃斯托克(海参崴)出版。据说,这本书的部分内容是关于历史研究的,附有高质量的俄文与中文参考书目。
② 见《日知录》第11卷最初的几页。
③ 见瞿兑之:《汉代风俗制度史》,第321页及以下;沙畹:《司马迁的〈史记〉》第3册,第539页注释4。

一波动是如何发生的;而且,这些史料自身并不一致。他的"三分之一"说,只是一个大概的平均数。方法敛(Frank H. Chalfant)利用文本证据及铭文中的"发现",得出这样的结论:当时的重量单位大体是现代单位的一半。①

《汉书·律历志》完整记录相互关联的度量衡;所有度量衡在理论上都与宇宙现象联系起来,官府为之制作出青铜或竹制标准器。②在汉代,一位男性通常被描述为七尺之躯。斯坦因发现一把有十个刻度的量尺,每一个刻度约是0.9英寸;每个刻度下还有进一步的十进制划分。斯氏的发现与中国文献及传统一致。他还找到一些木简和竹简,其长度是一尺,约等于9或9.5英寸。③这些尺、寸在对一缎丝的长度的描述中,得到进一步的检测。④艾伯哈德(W. Eberhard)在记录一件公元81年的量器时,引用古物学家罗振玉的说法。艾氏器物的长度是23.6厘米(9.29英寸)。本文很快就会提及此物。据此可计算出:中国的1亩相当于6.05英亩。艾氏将之与福兰阁的"地方亩"(当时的平均数为1中国亩相当于5.69—7.0英亩)相比。⑤这似乎意味着:"中国亩"在两千年的时间里一直保持稳定。但"亩"直接依据"尺"(约等于6000平方英尺);而现代标准的"尺"相当于14.1英寸,要比传统的9英寸长许多。⑥本文很难遵从艾氏对"亩"的简单计算。"亩"的变化是真实存在的;变化与长度的计算直接相关。

在刚刚过去的十年中,比斯坦因氏的所谓物质遗存更加精确和富有启发性的,是新近发现的标准量器实物与中国学者相关历史研究的汇合。1926年,王国维在名为《记现存历代尺度》的讲座中,提及王莽时期(公元9—23年)的一件青铜量器"斛"。刻度显示此器深1尺,跟之前所知同时期量器基本一致,仅多出9.25英寸。他还提及一件公元81年的铜尺。铜尺为居住在山东曲阜孔府的孔子后人所有,长度为九英寸又二十四分之七。⑦

最近,考古学家马衡在题名为《隋书律历志十五等尺》的小册子里为我们提供更

---

① 见方法敛:《秦代标准度量衡》(Standard Weights and Measures of the Ch'in Dynasty),《皇家亚洲文会北华支会会刊》(Journal of the North China Branch of the Royal Asiatic Society),第35辑(1903年),第21-25页。
② 《汉书·律历志上》。
③ 见斯坦因:《西域》第2册,第660页,注释9。
④ 同上,第661页。
⑤ 艾伯哈德(Wolfram Eberhard):《论汉代农业》(Zur Landwritschaft der Han-Zeit),(柏林)《东方论坛》(Mitteilungen des Seminars für orientalische Sprachen)第36辑(1932年),第98页。
⑥ 关于现代尺、寸等,可参见任何《中国年鉴》。本文没有考虑当下将其转换更简单的米制的努力。
⑦ 讲稿由恒慕义(Arthur William Hummel Sr.)翻译为英文出版;见《皇家亚洲文会北华支会会刊》第59辑(1928年),第112-113页。

多细节。1924年冯玉祥在北京发动政变;随后有人在紫禁城内寻得一件青铜量器。马衡亲自测量这一器物的容量,发现其与公元81年的标准一致,即一尺为0.231米。根据铜斛上的铭文,其容量为1620立方英寸。①这样一来,斛要比文献所说的与之大体一致的"石"小很多。整体上,马氏著作已获得明确证实。

  本文出现的度量衡单元如下:1尺(10寸)相当于9英寸。1里(1800尺)相当于四分之一英里多一些而非通常认为的三分之一英里。1亩或可相当于八分之一而非六分之一英亩。1顷(100亩)大体相当于12英亩。1斛粮食有时被认为相当于1"石"粮;但在王莽时期,其相当于1620立方英寸。换言之,其相当于四分之三立方英尺,或五分之三美制蒲式耳。通常情况下,"石"是粮食和重量单位,与现代的"石"(读作dan四声;英文为picul)相当。1"石"相当于133英磅。若按照顾炎武的说法,或者认为其与1斛相当,1"石"在本文研究的时期就只有45英磅重。1"石"古时等于120斤,而非现代的100斤。若没有什么变化,1斤相当于1.11磅;在现实中,1斤大概是三分之一或五分之二磅。1斤有16两("盎司"),约相当于英美制的三分之一或五分之二。1两等于24铢;铢多用在称量小额货币。在实际应用中,1铢相当于四分之一英制常衡盎司,和25美分相差不远。

  本文参考为数不少的研究,涉及交通、法律、经济、政治理论、国家组织等诸多主题。大多数研究,要么对现代学术无所裨益;要么对本文研究的特定时期而言太过简略。它们不过是用后来的百科全书式的语言概述史料中为人熟知的一些内容。只有寥寥几本真正有贡献的著作值得一提。在倭讷(E. T. C. Werner)为斯宾塞(Herbert Spencer)巨著撰写的看起来奇奇怪怪的大杂烩中,有着来自中国巨著的英文注解;它只能用作主题清单,无法单独使用之。②朱希祖在丰富文本的基础上,就铁器在江南地区的早期发展,做出不错的讨论。③万国鼎在《中国田制史》中,对中国农业问题的考察可谓勤奋有加、富有智慧。万氏研究采用的方法论,则可以更进一步。④虽然马伯乐的文章《中国汉代的个人生活》(*La vie privée en Chine à l'époque des Han*)所用资料大多来自汉以后的几个世纪,还是能够反映当时的社会条件和人们的日常生活。⑤

---

① 这本中文小册子由福开森(J. C. Ferguson)翻译成英文并出版;见 *The Fifteen different Classes of Measures as Given in the Lü Li Chih of the Sui Dynasty History*,北京1932年版。特别见译本第3—5页、11—12页。文中其他有价值的论点与本文关系不大。
② 见斯宾塞(Herbert Spencer):《叙述社会学:中国篇》(*Descriptive Sociology: The Chinese*),伦敦1910年版。
③ 见朱希祖:《中国铁制兵器先行于南方考》,《清华学报》第5卷第1期(1928年),第1475—1487页。
④ 该书第1册在1934年于南京出版;书中第69—143页涉及整个汉代。
⑤ 见《亚洲艺术评论》第7辑,第185—201页。

除了主要的史料,本文还经常引用以下三本著作。《商君书》被用来揭示秦国的性质和政策。该书是法家及信奉法家思想的政治人物的最具代表性的作品,深刻影响法家学派的发展。法家的思想者和政治人物对本文研究的时代而言,非常重要。《商君书》也是法家著作中编辑得最好的一本书;它与韩非子作品中的很多部分紧密相关。韩非子是法家学派的集大成者,也是最有影响力的法家思想者。戴闻达(J. J. L. Duyvendak)把《商君书》出色地译为英文(伦敦1928年版),附上高质量的介绍、注释及文本分析。①

公元前81年,也就是汉武帝去世后第六年,西汉宫廷里发生了一场辩论。这场辩论对本文的研究有非同一般的价值。这场辩论,完整体现儒法两家在标志着前朝特点的重要国家实践如政府专营、经济运作等方面的分歧。桑弘羊是武帝时期最主要的经济管理者,秉持法家的观点。儒者的争论则基于一个时代的实际经验。伽乐已经令人满意地把这场辩论中一多半重要的内容译为英文,并加以编辑。其译作名为:《〈盐铁论〉:古代中国有关国家对工商业控制的争论(第1—19章)》(*Discourses*

---

① 本文对《商君书》(特别是其第二章及以下)的使用非常频繁。故而这里做补充注释。戴闻达译本的第四章,"商君书的文本"(The Text of the Book of Lord Shang),特别是其中的第141-159页,处理的是该书真伪的问题。这一部分最后两页内容摘录于此,从中可见译者查验原著真伪的结果。戴氏的查验中有对质词(particles,一译小品词)使用的精巧分析,堪比高本汉(Bernhard Karlgren)的研究。高本汉的研究在确定同时期中文文献的年代上,尤为重要。在发现了这些质词的《商子》(即《商君书》)的篇章中,语法的近似性对公元前3世纪的特定文本而言,是完整的(保留意见请参阅一览表所加的注释)。在其他公元前3世纪的文本中,尚未见到《商君书》和《韩非子》之间的那种强烈的相似性……文献分析完全确证了这一印象:在于译文所加的注释中,有29处不得不去参考《韩非子》,寻找相同或者相似的表达;毫无疑问,这种情况还会增多。或许可以这样猜测:两本著作继承了相同的法家学派的遗产。所以,对此也不必大惊小怪。我还12次参考了《管子》一书……现有版本的《商君书》是不同风格段落的汇集。有些段落要更加古老一些;在其中,或许包含有已经散佚的原书片段。整体上,较晚出现的段落始于公元前3世纪。有些篇目,如第26章,看起来出现在公元前3世纪的最后二十五年。在这一点上我不愿意得太过教条主义。我承认存在这样的可能性:虽然第17篇使用了具有公元前3世纪特点的质词,但它仍应该被视为是晚出的,因为它比当时的文本要冗长啰唆许多。其他一些段落也是有价值的;原因在于:它们要么让我们接触到(我所认为的)法家的原始思想,要么体现了该学派的后期发展。应当指出:在《韩非子》中,有几处曾提到"公孙鞅"(商鞅)之法。马伯乐对《商君书》提出了最激烈的批评,见其著《古代中国》(*La Chine antique*)第520-521页。在其批评中,马氏没有解释这样的观点:由一位不知名的作者在公元前3世纪编纂的《商君书》已佚。他认为目前所见《商君书》是六朝时期(公元220—587年)的"伪作"。虽然马伯乐堪称权威,但是他的极端批评并未得到现代学者的赞同。来自马氏反对者的最新声明是韦利(A. Waley)在其著作《道与其力》(*The Way and Its Power*)中发出的(见该书第85页)。韦利称赞了戴闻达的工作,认为《商君书》成书于公元前3世纪末。梁启超写道:《商君书》并非商鞅所作,而是战国末年法家学者编辑而成;这就是说,《商君书》在公元前3世纪成书(见梁启超《先秦政治思想史》第112页)。几乎所有发出评论的人,都强调了归于商鞅名下的思想的重要性,特别是其对理解法家学派的非凡意义。吴国桢的观点最为直接:"在所有中国古代的理论家中,商鞅的思想最为系统;就对法家理论的鼓吹而言,商鞅最为正统。"氏著《中国古代政治理论》(*Ancient Chinese Political Theories*),第151页。本文使用《商君书》,目的有二。第一,用之阐释秦国的诸原则;这些原则经过几代人的发展,在中国成为至高无上的。第二,将之特别用于展现那些流行于秦国政治人物和大一统时期法家思想信奉者当中的思想。《商君书》并未打算重建有关商鞅时代(公元前4世纪)的史实,即便是将之与其他资料结合起来会有很好的结果;毋宁说,它向我们呈现了公元前3世纪的政治家和思想者是如何看待秦国的诸多手段的。如果《商君书》并非历史本身,那么它就是重要人物头脑中所理解的历史。至于《商君书》的成书年代,本文遵循迄今为止有关法家著作最全面研究的结论:该书成书于公元前3世纪后期,书中或有更早期版本的片段。如果最终的考据表明书中一些文本形成于更晚的时期,这些文本应被视为秦始皇帝之后而非之前法家学者的作品。

on Salt and Iron：*A Debate on State Control of Commerce and Industry in Ancient China*，莱顿（Leyden）博睿（Brill）1931 年版）。①

在公元 82—83 年，极具怀疑精神的"杂家"王充完成了自己的著作《论衡》，为世人提供很多有用且具启发性的观点。《论衡》中满是对学派、理论及有关人物的讨论，这些都来自于本文研究的时代。王充甚少明指某一史实或某一事件，但他的写作的确照亮历史的书页。佛尔克加有注释的英译已能为人所用。译本分为两册：《〈论衡〉上：王充的哲学论文》（*Lun - Heng；Part I：Philosophical Essays of Wang Ch'ung*，莱比锡 1907 年版）；《〈论衡〉下：王充的各类文章》（*Lun - Heng；Part II：Miscellaneous essays*，柏林 1911 年版）。

本文并不直接探讨一般意义上的哲学。但中国不同于世界其他地方，政治思想在这里是宽泛意义上的哲学的一个有机组成部分。最好的关于政治思想者的研究，往往出现在讨论一般哲学的著作中。胡适的《中国哲学史大纲·上》有些许价值。该书是胡氏对自己较早创作的"古代中国逻辑方法之发展"（The development of the logical method in ancient China）的扩充（原著在 1922 年于上海出版）。胡氏在其《大纲》中同时做出太多"爆炸性"的文本考据，结果就是让其书看起来冗长且分散。②至于西方学者的著作，最有用的解读来自佛尔克的《中国古代哲学史》（*Geschichte der alten chinesischen Philosophie*，汉堡 1927 年版）、《中国中古哲学史》（*Geschichte der mittelalterlichen chinesischen Philosophie*，汉堡 1934 版）。③佛尔克在文本上很保守，批评不足。但是，他带着德意志式的关怀，涉足整个思想领域。虽然绝大多数西方学者创作的概要性作品都可以忽略不计，但涂驰（G. Tucci）的《中国古代哲学史》（*Storia della Filosofa Cinese Antica*，博洛尼亚 1921 年版）是可采用的。作者在书中选用了一些不太为西方学者所知的中文文献。④佛尔克的《中国人对世界的认识》（*The World-Conception of the Chinese*，伦敦 1925 年版）一书，就是一部中国宇宙观的解释性词典。书中所言中国的宇宙观，持续不断地影响着中国人的思想及其历史写作。葛兰言所著《中国思维》（*La Pensée chinoise*，巴黎 1934 年版）关注的是上古中国，对研究对象作出原创性的分析。该书第四章"学派一览"（Sectes et Ecoles）的一些部分，对本文

---

① 译者注：《盐铁论》第 20-28 章的内容亦由伽乐译出，刊载于 1934 年出版的第 65 辑《皇家亚洲文会北华支会会刊》（*Journal of the North China Branch of the Royal Asiatic Society*）第 73-110 页。
② 见上海 1919 年版及随后的再版；特别见其关于墨子、荀子、法家和公元前 3 世纪思潮的章节。
③ 在其《中国古代哲学史》中，见关于管仲、荀子、墨翟、商鞅、韩非子、吕不韦的章节；在其《中国中古哲学史》中，见关于淮南子和董仲舒的章节。
④ 譬如，在该书第 170-178 页，有《〈韩非子〉选译》（Traduzione de Han Fei-tze）。

有参考价值。

就中国政治思想而言,涉猎甚广的梁启超的著作《先秦政治思想史》(上海 1923 年版)可资借鉴。在这本书中,梁氏广博的知识显得有些松散。《先秦政治思想史》已有英译本。① 书中谈及法家的部分已被译为法文;艾斯卡拉(Jean Escarra)和泽曼(Robert Germain)为之撰写导论"秦统一前的法之观念与理论"(*La conception de la loi de les théories des légistes à la veille des Ts'in*,北平 1926 年版)。许仕廉(Hsü Shih-lien)的《儒家政治哲学》(*The Political Philosophy of Confucianism*,伦敦 1932 年版)虽是一部过分系统化的社会学著作,但也提出不少还算不错的观点。德效骞(Homer Hasenpflug Dubs)翻译的《荀子》(伦敦 1927 年版)及其著作《荀子:古代儒学的塑造者》(*Hsüntze, the Moulder of Ancient Confucianism*,伦敦 1928 年版),都能为本文所鉴借。当然,对之亦有不少合适的批评。吴国桢的《中国古代政治理论》(*Ancient Chinese Political Theories*,上海 1928 年版)批判性不足;但书中有关哲学家著作的翻译还不错。吴氏对这些哲学思想的解读也富有见地。在有关道教之影响的新研究中,包含来自探索法家时的灵感。韦利的《道与其力》(*The Way and Its Power*,伦敦 1934 年版)就是此类研究的代表。胡适在其《淮南王书》(上海 1931 年版)中,对淮南子这位复杂难解的王子哲学家的作品有过深思。戴闻达在讲座《中国哲学研究》(*Etudes de philosophie chinoise*)中,很有见地地讨论荀子、商鞅和韩非子;其中,对荀子和商鞅的探讨尤为翔实。② 因为梅贻宝的译研之作《墨子的伦理及政治作品》(*Motse, The Ethical and Political Works*,伦敦 1929 年版)、《墨子:被忽视的孔子对手》(*Motse, The Neglected Rival of Confucius*,伦敦 1934 年版),关于墨子的研究已有显著的发展。

在有关汉代儒学及士人阶层的研究中,毕欧(Edouard Biot)90 年前出版的《中国公共教育史及士人之业》(*Essai sur l'histoire de l'instruction publique en Chine: et de la corporation des lettrés*),即将失去影响。毕氏著作依据的是《文献通考》。其中关于汉代的部分,要让位给那些基于原始史料的新研究了。吴康(Woo Kang)在《董仲舒天人三策》(*Les trios theories politiques du Tch'ouen Ts'ieou*)中,认真讨论了和汉代儒学某一重要元素有关的文本、学派及概念。福兰阁的研究领域与吴康相近,

---

① 见 *History of Chinese Political Thought during the Early Tsin Period*,伦敦 Kegan Paul, Trench, Trubner & Co., Ltd, 1930 版,译者为 Chen Li-ting。书中实际的内容不为其题名所限。
② 见《法国及外国哲学评论》(*Revue philosophique de la France et de l'étranger*)第 110 期(1930 年),第 372-417 页。

其关注重点在董仲舒的《春秋繁露》,详见氏著《儒学教义史与中国国家宗教》(*Studien Zur Geschichte Des Konfuzianischen Dogmas Und Der Chinesischen Staatsreligion*,汉堡1920年版)。董仲舒和汉武帝之间的三场策问已经由邵弗特(W. Seufert)译出,可参见邵氏文"有关汉代国家重组的文献"(Urkunden zur staatlichen Neuordnung unter der Han-Dynastie)。①

胡适在其显得有些莽撞的论文"儒学在汉代成为国家宗教"(The Establishment of Confucianism as a State Religion during the Han Dynasty)中,强调存在于修改过的儒学传统中的具有调和性质和明显宗教色彩的元素。②同时,施耀克(J. K. Shryock)在《孔子国家崇拜之起源与发展初探》(*The Origin and Development of the State Cult of Confucius: An Introductory Study*,纽约1932年版)中,平静地解释了大量的有关事实,其中有很多材料与汉代相关。在马伯乐的文章"《左传》的成文与时代"(La composition et la date du Tso tchouan)③和高本汉著"《周礼》及《左传》文本的早期历史"(The Early History of the Chou Li and Tso Chuan Texts)中,④学术问题与儒者的兴起,被紧密关联起来。

通常情况下,中国学者关于政治组织的评论,如易君左的《中国政治史要》(上海1929年版)太过表面化,几为文字游戏。一些文章颇有独立性,但内容不值得过多考虑,如雷海宗的探索建立皇帝制度重要意义的《皇帝制度之成立》。⑤更有价值的著作是朝河贯一(Kan'ichi Asakawa)的《日本早期制度:大化革新研究》(*The Early Institutional Life of Japan: A Study of the Reform of 645 A.D.*,东京1903年版)。该书探讨作为日本接受唐代制度之前提的那些深层思想及相关的中国政治制度。顾泰利(Telly Koo)在《西汉宪政之发展》(The Constitutional Development of the Western Han Dynasty)一文中,用很小的篇幅为读者提供关于当时政府体制的信息。但是,无论就准确性还是作者的解读而言,顾文都难以让人满意。⑥

在最新的关于秦汉时代的一般性研究中,值得一提的只有福兰阁的《中华帝国史》(*Geschichte des Chinesischen Reiches*,柏林1930年版)第1卷。书中有两百页内容和

---

① 见《东方论坛》第25辑(1922年),第1—50页。
② 见《皇家亚洲文会北华支会会刊》第60辑(1929年),第20—41页。
③ 见《比利时高等中国研究院出版之〈中国与佛教〉》(*Melanges chinoises et bouddhiques publies par l'Institun Belge des Hautes Etudes Chinoises*)第1辑(1931—1932年),第137—215页。
④ 见《远东古物博物馆馆刊》第3辑(1931年),第1—60页。
⑤ 见《清华学报》第9卷第4期(1934年),第852—871页。
⑥ 见《美国东方学会会刊》(*Journal of the American Oriental Society*)第40辑(1920年),第170—193页。

本文研究的时代直接相关。很难品评福氏的著作。一方面,作者付出原创性的努力,在新的解读中提出新的观点;另一方面,作品仓促而就,经常出现这般情况:中国内容被欧洲的类比取而代之,所谓概论不过是种随随便便之论。读罢难免感觉失望。就价值而言,书中的内容远逊于其框架。葛兰言在其《中国文明》(*La civilisation chinoise*,巴黎1929年版)中,用了一百页的篇幅描述秦汉之前的时代。这部分很有启发性,不像其他部分那样广受批评。但葛氏涂尔干式的(Durkheimist)对古代中国的重建,让人闻到了巴黎图书馆以及法式假说的刺鼻味道。不过,其著作或能撞碎传统(文献)的硬壳。在诸多中国通史中,有关秦汉时期的最出色的作品是赖德烈(K. S. Latourette)的《中国人:他们的历史,他们的文化》(*The Chinese: Their History and Culture*,纽约1934年版)。作者在书中小心翼翼地总结最好的西方研究成果。大批用中文创作的通史对理解秦汉时期的历史,没有什么帮助。当中最有价值的就是本文之前说过的汇编之作。在此类作品中,邓之诚的《中国通史讲义》(上卷,北平1933年版)因为其品质、细致的分类以及非同一般的学术性的表格应用,显得一骑绝尘。①

关于秦国及其对手在秦汉帝国之前几个世纪的历史,马伯乐的《古代中国》(*La Chine autique*,巴黎1927年版)毫无疑问是上佳之作。施契沛(Albert Tschepe)的《秦国史》(*Histoire du royaume de Ts'in*,上海1909年版)中,包含有价值的资料;但同时,作者有些无动于衷地将之与琐碎且不可靠的资料混为一谈。

戴遂良(Léon Wieger)的一般性著作既不值得完全信任,亦不应该完全被忽略。在戴氏的《历史文本》[*Texts historiques*,献县(Hsien-hsien)1929年版及其他版本]中,约有300页中、法文资料与秦汉时代有关。一些基本文献相当不错;书中提供的各类信息,总体上值得考虑。但是,戴遂良甚少告知其资料的来源,《历史文本》因此变得含混不清。戴氏在制造轰动性上有天分;《历史文本》法文版中,常可见离题神论。《中国宗教信仰与哲学观点史》(*Histoire des croyances religieuses et des opinions philosophiques en Chine*,献县1922年版及其他版本,倭讷的英译版在1927年出版)是戴氏演讲的合集,包含史料节选。作者对这些节选的翻译和解读有一定的倾向性。还没有什么书能像这本著作那样雄心勃勃,但戴著经常离题甚远。戴氏的《历代中国》(*La Chine a travers les ages*,献县1924年版及其他版本,倭讷将其译为英文)是一本关于中国历史及文明、按照主题和年代编排的小册子。书中有方便使用的传记小词

---

① 该书有了新版本,其为旧版的扩充。新版名为《中华二千年史》上册,上海1934年版。在书中每一部分,都有作者准备的超过百页的与书中内容相匹配的史料。

典以及参考书目。这本小册子能让人增长见识,但其中的信息并不可信。

一系列涉及边疆扩张及相关历史地理的研究已经完成,对秦汉历史研究贡献颇多。其中一些著作对本文很有参考价值。在高延(J. J. M. de Groot)的《有关亚洲历史的中文文献》(*Chinesische Urkunden zur Geschichte Asiens*,柏林1921、1926年版)中,有一卷涉及公元前生活在中亚地区的匈奴。一般而言,这些资料并不充足;其中罗列了一些从主要史籍不同章节摘选、与特定军事行动及地点有关的记载。① 克劳泽(F. Krause)文章《周、汉及三皇时期史料中的河流与舟战》(*Flüss und Seegefechte nach chinesischen Quellen aus der Zeit der Chou–und Han–Dynastie und der drei Reiche*)主要的关注点是:秦汉时期尚无真正的舰队作战,但已开始通过水路运兵。② 有关秦汉经营南方的讨论的结果,可以在奥洛索(L. Aurousseau)的论文《公元前三世纪汉对交趾地区的征服》(*La première conquête chinoise des pays annamites* (IIIe siècle avant notre ère))中发现。③ 夏德(F. Hirth)的《张骞:中国探索亚洲西部的先锋》(*The Story of Chang K'ien, China's Pioneer in Western Asia*)依旧有参考价值,是一篇经过编辑、翻译的《史记·大宛列传》。该文可以和植物传播专家劳弗尔的著作《中国-伊朗:中国对古伊朗文明历史的贡献》(*Sino–Iranica: Chinese Contributions to the History of Civilization in Ancient Iran*,芝加哥1919年版)一道使用。夏隆(G. Haloun)在其呕心之作《中国何时知道吐火罗人:一个印欧语系民族?》(*Seit wann kannten die Chinesen die Tocharer oder Indogermanen überhaupt?* 莱比锡1926年版)中,对许多中亚地名加以阐释。赫尔曼(A. Herrmann)《旧丝绸之路:从中国到叙利亚(一)》(*Die alten Seidenstrassen zwischen China und Syrien*,柏林1910年版)中提供的优质地图及描述,可供与夏氏著作比较。④

本文对地理名词加以简化。即便是不太了解古代中国的读者,也可以根据省和主要城市的现代名称,进行判断。当然,最有用的当数以下这些真正的历史地图集:《中国历代疆域战争合图》(武昌1930年版),将有着令人生畏的细致的传统中国拼接地图现代化;箭内亘(Yanai Wataru)的《中国历代疆域读史地图》(东京1912年版及以后版本)对了解中亚地区特别有用。顾赛芬(S. Couvreur)的《古今中国地理》(*Géographie ancienne et moderne de la Chine*,献县1917年版)中,有大幅地图和历代

---

① 有比一位接受过厦门方言训练的荷兰人用德语拼出的匈奴和突厥汉名,更加远离虔诚的吗?
② 见《东方论坛》第17辑(1915年),第61-97页。
③ 见《法兰西远东学院学报》(*Bulletin de l'Ecole Frangçaise de l'Extrem Orient*)第23辑(1923年),第137-264页。
④ 见《古代历史与地理:史料与研究》(*Quellen und Forschungen zur alten Geschichte und Geographie*)第21编。

行政区划名称的现代介绍及索引,使用起来非常方便。戴遂良《历史文本》中的地图尚可使用。福兰阁成功地为《中华帝国史》准备了中国全图,上面标有现代地名。福氏地图有分层,并用半透明材料标出周代和汉代旧都及地区的界限。

其他涉及形形色色主题的著作亦有其价值。加藤繁(Shigeru Kato)的"汉代人头税'算赋'研究"(A Study of the Suan-fu, the Poll Tax of the Han Dynasty)堪称仔细。① 丁文江(V. K. Ting)在为陈衡哲(Sophia H. C. Zen,笔名莎菲)主编的《中国文化论集》(Symposium on Chinese Culture,上海 1931 年版)撰写的导论《吾国何以得文明》(How China Acquired Her Civilization)中,大胆又富有成果地探索整个成型期(即秦汉时代)。胡养蒙在其论文《中国法律中的"名"与"分:一项哲/法学研究》(Etude philosophique et juridique de la conception de "Ming" et de "Fen" dans le droit chinois,巴黎 1932 年版)中,触及秦汉时期政治甚至经济原则中的某些重要方面。沙畹在《泰山志》(Le T'ai Chan,巴黎 1910 年版)中,从多方面探讨宗教问题,解读宗教对秦汉王权的重要性。王国良的《中国长城沿革考》(上海 1931 年版)汇集不少与长城有关的史料。虽然王氏的作品还谈不上令人满意,但是他的叙述,为长城和秦始皇帝在北部边疆的宏大历史中,找到有限但合适的位置。

对本文要从事的此类研究而言,没有足够的中文研究书目,也没有足够的中文文献书目。条列出涉及方方面面的碎片化的研究,对本文无甚帮助;更不用说再去提及北平国立图书馆和《亚洲专刊》(Asia Major)印行的日渐膨胀的书目清单。就西语文献而言,高第(Henri Cordier)之后最有用的书目,出现在克劳塞(R. Grousset)《远东史》(Histoire de l'Extreme-Orient,巴黎 1929 年版)和赖德烈《中国人:他们的历史,他们的文化》两本著作中。拙文的一个不小的弱点是:无法利用日本学者的作品。这些作品大多刊登在专业研究杂志上;有关的中文和日文目录做得很好。对这些作品无能为力的情况正在得到改善。在现有目录的帮助下,可以尝试使用更多文献。由斯卡契科夫(P. E. Skachkov)提供的一份堪称精彩的《中国书目》(Bibliografiya Kitaya,莫斯科 1932 年版),收录了研究中国及其周边地区的俄文著作及文章,出版年代下限至该书出版的时代。不过,除去一些零零散散的考古发现,本书并未含有任何与本文研究有关的内容。当然,伊万诺夫(A. Ivanov)翻译的《韩非子》片段要除外。

---

① 见《东洋文库研究部纪念文集》(Memoirs of the Research Department of the Toyo Bunko)第 1 辑(东京 1926 年版),第 61-68 页。

第二章 中国历史上的第一个帝国

中华帝国的建立

第一节　秦国的兴起

秦国注定成为一个帝国。这尽是经纶(治国理政)之事吗？在中国的历史长河中,为何在这一特定的年代而非之前或之后的世纪中,发生这一变化？为什么国家和国家集团间的大体平衡无法永久地延续下去,就像它曾经以各种形式存在一个又一个世纪？纵然秦国的位置还有政策确实展现出优势,难道其对他国施加的压力,不应该让这些国家模仿秦的手段,形成更加成功和稳定的联合体,与秦一争高低吗？

出现在当时的进程和条件破坏贵族社会的旧秩序,有利于统一。在这一环境下,统一的趋势不断增长;秦在相互竞争冲突的诸多政权中,成长为最具活力的王国。旧式的战争——其中有国君战车、精致的徽章以及并非军人的高谈阔论者——已完全被新的开疆拓土风格的战争取而代之。秦是新式战争最早且最优秀的主角。改进过的弓箭、具有军事优越性的骑兵、规范募兵制的纪律和组织、由国家精英构成的职业军官团队等,都出现在秦国。个中原因在于:秦和来自西北地区的匈奴骑兵有过长时间的接触和战争。据称在边疆地区发现的约为公元前4世纪的战斗服装和装备是伊朗风格的,更接近于帕提亚而非中国的传统。①而在同时,百分之九十的中国人生活在相对干旱和开阔的黄河盆地,很难掌握蒙古与中亚草原风格的骑兵战术。

新的战争形式不仅加快冲突的步伐,也让率先适应它的国家获益匪浅。更具广泛意义的是:新式战争会让单个国家控制大片区域;这一国家的武装力量以速度、灵活和有组织见长。随后本文将出示与下述事情有关的证据:大规模道路建设与交通

---

① 见伯希和在其《高地亚洲》中的简要声明(氏著第6-7页)。伯氏依据的是其长期积累的考古证据。

的改善,马匹对帝国的重大意义,铁器使用的增加,工商业、贸易的增长,货币在更大范围内获得使用。所有这些,都将跟同时期的惨烈战争一样,打乱旧的社会、政治及军事体制,让权威的集中更受青睐。当政府通过更好地利用河流、运河、道路、马匹等,大批量、长距离运送税粮时,统一的手段和动机就得以产生。矿业和贸易的发展,为国家征税以及管控具有经济和军事价值的资源,提供可能。朝向货币经济的进展,转移财富以支付国家公务人员及远离税源的军士的薪水,不再是件难事,同时亦能确保随处都有供给。显然,这些对中央政府而言,都是有利的。正当新的条件和手段促使战争变得更有效率时,强有力的战争部门加速着国家的所有行动。

于是乎,秦的国家组织得到进一步增强。有关支持和实施战争的政策变得更加集中。发生在技术及社会领域的变化,有助于集中资源以实施征服和统治广大地域。秦国对机遇的把握恰逢其时。当然,今天的政治人物,无法完全理解这一历史进程更加广阔的一面。我们作为现代人,因为各种各样的原因,对历史只能有一知半解。在中华帝国建立的前夜,很多事件的发生,像神迹那样迅速和确定不移。通过探索让统一变得切实可行的那些个潜在的条件,就可以理解这一点。

秦始皇帝在公元前221年建立起统一的帝国。在中国历史上,这个帝国是崭新的。这一成就背后最活跃的力量,早在战国①时期的激烈竞争中就已开始发展。一般认为战国始于公元前5世纪,终于公元前221年。实际上,大量诸侯国整合成为(战国)七雄,这一进程早在公元前5世纪就已经完成。秦国以陕南的河谷地带为根基。在相当长的时间里,秦国在黄河中下游地区的早期中华文化中,被看作"西陲"。②这个王国被层峦叠嶂的山脉保护着。在同来自西、北两个方向的蛮族的长期战争中,秦国经受住考验;这样的战争,进一步刺激其发展。秦的确是那个容纳大量"非华夏"元素的西进运动的捍卫者。正是在这些过程中,秦国的力量和领地持续地增强和扩大。到公元前4世纪,秦国成为战国诸雄中最有效率的佼佼者。

到公元前4世纪中叶,秦国已经取得的发展,对未来的帝国产生重要的影响。《史记》有言:"三年,③卫鞅④说孝公变法修刑,内务耕稼,外劝战死之赏罚。"⑤司马迁

---

① 对整个战国时期最好的解读见马伯乐的《古代中国》第3、4册。福兰阁的有关论述会让人感兴趣,但缺乏洞察力;见氏著《中华帝国史》第1册,第150—222页。
② 有关这一点,最方便使用的资料见沙畹译《司马迁的〈史记〉》第2册第1—99页;对应中文见《史记·秦本纪》。亦见马伯乐:《古代中国》,第406—426页。
③ 秦孝公三年,公元前359年。
④ 即商鞅,亦名公孙鞅、商君,代表作《商君书》,也称《商子》。
⑤ 《史记·秦本纪》;沙畹:《司马迁的〈史记〉》第2册,第64页。

在这里进一步说:"甘龙、杜挚等弗然,相与争之。卒用鞅法,百姓苦之;居三年,百姓便之。"(《史记·秦本纪》)更详细的内容可见《史记》中有关商鞅的传记。① 无疑,这条记载把秦为推行新政所花费的时间及付出的努力,过分简单化了;但至少可以表明:当时发生的变化对秦国的成长非常重要,这些变化左右随后一个半世纪的秦国与秦帝国;法家与秦国的国家原则和实际管理,紧密相关。

戴闻达在有关《商君书》的详细研究中,② 引用刘向《新语》中的一句话。这句话仅见于裴骃对《史记》的评价。其曰:"秦遂以强,六世而并诸侯,亦皆商君之谋也。……故孙卿曰'四世有胜,非幸也,数也。'"③ 孙卿即荀子,是一名对商鞅的严苛无情感到深恶痛绝的著名儒者,故而其所表达的观点让人颇感兴趣。日本学者朝河贯一这样评论商鞅的革新:"这或许应该被视为秦国法治的开始;法治的理念后来被韩非子④发扬光大。"⑤ 我们不必详究发生在秦国崛起中的诸种事件,仅仅从商鞅及其继承者所阐明的思想中,就可以再现实际工作中的秦国管理者,以及展示与实践紧密相连的法家哲学。

现在,让我们回到《史记·商君列传》(英译据戴闻达)。其言:"令民为什伍,而相牧司连坐。⑥不告奸者腰斩,告奸者与斩敌首同赏,匿奸者与降敌同罚。民有二男以上不分异者,倍其赋。⑦有军功者,各以率受上爵;为私斗者,各以轻重被刑大小。僇力本业,耕织致粟帛多者复其身。事末利⑧及怠而贫者,举以为收孥。宗室非有军功论,不得为属籍。⑨"改革的结果如下:"行之十年,秦民大说,道不拾遗,山无盗贼,家给人足。民勇于公战,怯于私斗,乡邑大治。秦民初言令不便者有来言令便者,卫鞅曰'此皆乱化之民也',尽迁之于边城。其后民莫敢议令。"⑩

---

① 见《史记·商君列传》。戴闻达在其《商君书英译》中,将之译出放入"导论"中。
② 见戴闻达:《商君书英译》,第 4 页。
③ (译者注)司马迁:《史记》,中华书局 1963 年版,第 7 册,第 2238 页注释 4。
④ 韩非(子)是公元前 3 世纪法家学派的领袖。本文第六章对之有详述。
⑤ 朝河贯一:《日本早期制度:大化革新研究》,第 185 页。
⑥ "司马迁载之成文的最古老的证词词来自韩非。韩非曾经两次提到了这一条法律:'公孙鞅之治秦也,设告相坐而责其实,连什伍而同其罪'。"见戴闻达:《商君书英译》,第 58 页;(译者注)其中所引韩非的评论见《韩非子·定法》。来自韩非的引文见《韩非子》第 4、17 章;后者在胡适堪称极端的批评中被认为是可信的,大概出现在公元前 240 年后不久。关于儒家对公元前 2 世纪的认识,比较戴闻达在其译第 57 页引用的来自《韩诗外传》第四章的一段话:"今或不然,令民相伍,有罪相伺,有刑相举,使构造怨仇,而民相残,伤和睦之心,贼仁恩,害士化,所者寡,欲败者多,于仁道泯焉。"
⑦ 这或许是对旧式父系家庭的打击,以推动人们到新的地方定居。两项有关的政策会再度出现。
⑧ 一般指工匠等;特指商人。
⑨ 一个人获得高级职位,凭借的不是血缘,而只能是军功。即便是对出身最显赫的人而言也是如此。见戴闻达:《商君书英译》,第 14—15 页。
⑩ 《史记·商君列传》;英译见戴闻达:《商君书英译》,第 16—17 页。

《史记》又曰:"令民父子兄弟同室内息者为禁。而集小都乡邑聚为县,置令、丞,凡三十一县。为田开阡陌①封疆,而赋税②平。平斗桶权衡丈尺。"(《史记·商君列传》)《史记》中的传记以商鞅被五马分尸、整个家族被灭绝的惨烈结局结束。商鞅及其家族的结局,是他倡导的残酷惩罚的一份牺牲,亦是那些憎恨其严苛的旧贵族复仇的结果。③司马迁最终这样评论商鞅:"商君,其天资刻薄人也……余尝读商君开塞耕战书,与其人行事相类。卒受恶名于秦,有以也夫!"④更青睐道家的司马谈、司马迁父子厌恶过度的立法和调控。汉代儒者对秦国首领及其政策的评价同样极为严苛。有鉴于此,《史记》对商鞅成就的认可就显得非常重要。这一认可,反过来又确证司马迁父子对待历史的公平公正。

戴闻达完成对有关传记的品评后,对商鞅变法如此评论:"我们无法不去相信这种强大且无可争议的传统;正因为它,商鞅启动这些强有力的政策,最终让秦国获得了无与伦比的成功。为了让本书更加清楚明白,我在这里概述一下商鞅的举措。据说,商鞅把秦国——一个松散的封建领地集合体——改造为一个高度权力中央化的政体。看起来,商鞅削夺贵族甚至是王室成员的特权,建立起一支等级化、由凭借军功入仕的人组成的官员队伍。严厉的惩罚被用来对付盗匪及半独立的封地之间的私斗,渗透进地方的严格的官僚组织已被建立起来。通过阻止群居,整齐划一的旧式父系家庭被打破了;通过鼓励告发罪恶,相互责任被引入社会。商鞅鼓励农桑,采取措

---

① 通常认为,这里的引文以及《商君书》中内容可被用来支持这样的说法:商鞅废除了施行十一税的井田制度。在井田制中,一块土地,像棋盘格那样被平分为九块,最中间的一块为公田。迄今,没有令人满意的关于井田制的解释,其真实情况尚不得而知。《史记》并未明言秦确实推行过井田制,并最终废除了这一制度。《汉书·食货志下》称:"秦孝公用商鞅,坏井田,开仟伯。"《汉书》是汉代学者在把前朝社会进行了理想化的重建之后完成的。董仲舒曾对汉武帝讲:过去的十一税易于缴纳;但,"至秦则不然,用商鞅之法,改帝王之制,除井田,民得卖买。"(《汉书·食货志下》)此处引文的英译见戴闻达《商君书英译》第45页。不必参考有关井田制的连篇累牍的一般性讨论,就可以合理假设:秦国更早、更确定无疑地承认土地私有。秦国承认土地私有,与商鞅有着直接关系;并较好地适应了国家明确个人责任,极力推动生产力以及对旧式群居生活全面干预的政策。但是,如果秦还有其他国家真的曾经实行过井田制或者类似的制度,如在其中群体为领主劳动,那么很难想象仅凭一条命令,就能把个人劳作与销售付诸实施。以一种古代的方式,我们把一场漫长革命的结果过度简单化和个人化了。
② 见沙畹:《司马迁的〈史记〉》,第三册,第541—542页。根据后来的用法,"赋"是人头税;据我们所知,这一传统未曾发生过断裂。"税"是生产税,通常按粮食产量的百分比征收。在汉代的大部分时间里,"税"的标准是十五分之一。尚不清楚商鞅的税法改革。看起来,"赋"是一种新的税收;至少,它采取了新的形式。评论者通常认为一定面积耕地的"税"是固定的,以避免因为收成的变化而来的波动。戴闻达认为:重点在于税赋现在都直接进入首都而非地方封侯的粮仓(《商君书英译》第47页)。从政治的角度看,确实如此。但税率的问题并未因此而获得解答;有关这些变化的证据,亦无从获得。
③ 《史记·商君列传》中说:一位王子(即公子虔)第二次触犯了法律,所以他的鼻子被割掉,以示惩罚。秦孝公死后,"公子虔之徒告商君欲反,发吏捕商君。商君亡至关下,欲舍客舍。客人不知其是商君也,曰:'商君之法,舍人无验者坐之。'商君喟然叹曰:'嗟乎,为法之敝一至此哉!'"(《史记·商君列传》英译见戴闻达译著第29页)。这听起来,就是一则小酒馆里的故事;而这小酒馆,正为商君的法令感到痛苦。戴闻达将之与《史记·秦本纪》里的内容做了对比。《秦本纪》中称王子不能遭受处罚,所以辅佐他的导师被绳以法;结果,"法大用,秦人治"。(《史记·秦本纪》)商鞅悲惨的结局,主要是那些痛恨他的王室贵族造成的。
④ 这里提到的"书"名,与现有《商君书》中的有关部分并不相同。英译见戴闻达《商君书英译》第30—31页。

施限制商业。他建立了一套新的税收;让度量衡走向标准化。土地改革业已付诸实施。"①

有了这些一般性的认识,本文斗胆依据《商君书》,偶尔亦参考《韩非子》,再次把秦代法家的一些特定主张及其应用,展示出来。重复之处,还请担待。首先就是关于"刑(即惩罚)赏"的问题。"刑赏"被用作推动人们为君主做事的杠杆。"以刑治,以赏战。求过不求善。"(《商君书·靳令》)②严苛被证明为正确。人的本性向往秩序井然,但环境带来混乱不堪。所以在使用惩罚时,轻微的过失应当被视为严重的犯罪。如果轻微的过失因此而不会发生,那么重罪的出现也就没有了可能。"此谓'治之于其乱'也"。③

在控制的层面,"刑"(惩罚)是根本性的。《韩非子·心度》有言:"刑胜而民静,赏繁而奸生,故治民者,刑胜,治之首也,赏繁,乱之本也。"④"告讦"不仅是商鞅变法的内容之一,也是法家学派的教义之一。《商君书·赏刑》中说:"同官之人,知而讦之上者,自免于罪。"⑤告讦之法是道/法学派自治理念中不可或缺的一部分。关于这一点,《商君书·说民》有言:"国治:断家王,断官强,断君弱……有奸必告之,则民断于心。上令而民知所以应,器成于家而行于官,则事断于家。"⑥

儒家强调尊古的重要意义;商鞅对之持反对态度,明言应该直截了当且符合实际地处理眼前的问题。换言之,要么是法家的现实主义,要么是儒者鄙夷有加的邪恶的投机主义。《商君书》这样说:"今世主皆欲治民,而助之以乱;非乐以为乱也,安其故而不窥于时也。是上法古而得其塞,下修今而不时移,而不明世俗之变,不察治民之情,故多赏以致刑,轻刑以去赏。"(《壹言》)⑦"故以爱王天下者,并刑;力征诸侯者,退德。圣人不法古,不修今。法古则后于时,修今则塞于势。"(《开塞》)⑧值得一提的

---

① 戴闻达:《商君书英译》,第39-40页。
② 用"赏"(特别是享有一定特权的爵位)来鼓舞人们的士气。这一点,可与战争及爵位一并讨论之。请注意这里《商君书》对儒家观点——发现并奖励仁人——的不同理解。有关英译见戴闻达《商君书英译》第252页。对比《商君书·禁使》中的说法:"故遗贤去智,治之数也。"(英译见戴著第322页)也就是说,治国依赖的是严密的控制而非儒者鼓吹的人民与官员的所谓道德与智慧。
③ 《商君书·说民》;英译见戴闻达:《商君书英译》,第209页。紧随引文的内容是:"故重轻,则刑去事成,国强;重重而轻轻,则刑至而事生,国削。"
④ 英译见戴闻达,《商君书英译》第230页,注释5。对比《商君书·壹言》:"故上之于民也,先刑而后赏。"(英译见戴著第238页)亦请注意《韩非子·内储说上》中的说法:"公孙鞅之法也重轻罪。……夫小过不生,大罪不至,是人无罪而乱不生也。"(英译见戴著第231页注释2)
⑤ 英译见戴闻达:《商君书英译》,第279页。
⑥ 同上,第212—213页。
⑦ 同上,第237—238页。
⑧ 同上,第227—228页。

是,这段话显示出新型国家与老旧贵族体制之间的斗争,暗示了仅仅不再动辄诉诸古代是不够的,而是必须要有一个确定无疑、高瞻远瞩的目标,即未来必定完胜人们沉溺其中的今天。

新王国的力量取决于农、战两大根基。《商君书·算地》中说:"故圣人之为国也,入令民以属农,出令民以计战。夫农民之所苦;而战,民之所危也。犯其所苦,行其所危者,计也。故民生则计利,死则虑名。名利之所出,不可不审也。利出于地,则民尽力;名出于战,则民致死。"①

秦国的管理者很清楚地讲明阻挡推行变法的障碍之所在:"百姓曰:……仓虚,主卑,家贫,然则不如索官!""亲戚交游合,则更虑矣。豪杰务学诗书,"②" 随从外权;要靡事商贾,为技艺:皆以避农战。民以此为教,则粟焉得无少,而兵焉得无弱也!"③(《商君书·农战》)

对所谓根本(即"耕战")的严重关切,意义巨大。《商君书·慎法》言:"国之所以重,主之所以尊者,力也。耕战二者,力本。而世主莫能致力者,何也?使民之所苦者无耕,危者无战。"④

《商君书》有力地阐释了国家重视军功的思想。在《画策》篇中,我们可以读到:"不胜而王,不败而亡者,自古及今,未尝有也……圣王见王之致于兵也,故举国而责之于兵……奚以知民之见用者也?民之见战也,如饿狼之见肉,则民用矣。"⑤这样的国家与那些柔弱的文化之地——或可称为儒之国——形成鲜明对比。《说民》篇有言:"国以难攻,起一取十;国以易攻,起十亡百。国好力,曰:'以难攻';国好言,曰:'以易攻'。民易为言,难为用。国法作民之所难,兵用民之所易,而以力攻者,起一得十。国法作民之所易,兵用民之所难,而以言攻者,出十亡百。"⑥

把对利益的关注诉诸教育;此举必定让儒者愤怒异常。《商君书·赏刑》篇说:"夫故当壮者务于战,老弱者务于守;死者不悔,生者务劝。此臣之所谓壹教也。民之欲富贵也,共阖棺而后止。而富贵之门,必出于兵。是故民闻战而相贺也;起居饮食所歌谣者,战也。

---

① 英译见戴闻达:《商君书英译》,第219页。请注意这里关于动机的深层心理认识;其与众多有关治国之法的中国政治思想无甚区别。当然,就其所采用的具体的概念而言,这些思想各有不同。
② "诗"(《诗经》)、"书"(《尚书》)是儒家经典。在当时,这些经典构成了上古先王仁政之诉求的基础。
③ 英译见戴闻达:《商君书英译》,第188页。法家学者断言:儒家对家庭及个人治理的强调,来自于其在政府中推行毫无价值的家庭及团体利益之努力。随后将提及法家对之的解决方案。
④ 英译见戴著第325页。
⑤ 同上,第286页。
⑥ 同上,第207—208页。

此臣之所谓'明教之犹,至于无教也。'"①这里有着政策制定者为秦国的无休止战争找到的理论依据。在旧式的历史作品中,秦国的征战大多被刻画为毫无意义、不断上演的杀戮。

《商君书》认为在政治人物有关战争的思想中,所谓动机是环环相扣的。《画策》篇有言:"凡战者,民之所恶也;能使民乐战者,王。"(《画策》)②"所谓壹赏者,利禄官爵,抟出于兵,无有异施也。"(《赏刑》)③更简洁地说:"富贵之门,要在战而已矣。"(《赏刑》)④更进一步,团队责任,与刑赏一道被利用起来。譬如,"其战也,五人束簿为伍;一人死,而到其四人。(贝德士:后面这句话很难懂)能人得一首,则复。"(《境内》)⑤这里我们将看到秦国用来奖励军功的封爵制度。

秦始皇帝之前有十八等爵制。⑥《韩非子·定法》记载:"商君之法曰:'斩一首者爵一级,欲为官者为五十石之官;⑦斩二首者爵二级,欲为官者为百石之官。'"⑧秦军对每一个军事单元应该完成的"斩首"额度,都做出相关规定。军官能完成定额,就可以按部就班地升职,直至成为高级将领;普通士兵的地位,也会因为完成额度而获得提升。⑨具有独立思想的韩非子认可秦的制度,同时批评这种招募军官的方式。韩非子的批评听起来并不尖刻:"官爵之迁与斩首之功相称也。今有法曰:斩首者令为医匠,则屋不成而病不已。夫匠者,手巧也;而医者,齐药也;而以斩首之功为之,则不当其能。今治官者,智能也;今斩首者,勇力之所加也。以勇力之所加,而治智能之官,是以斩首之功为医匠也。"⑩

顺带而言,这一复杂的定额、奖励和惩罚机制,并不能用来应对秦国的一些战役。在这些战役中,秦军"斩首"的数量令人吃惊,更让现代研究者感到困惑。譬如长平一役,据称秦军"斩首"四十万。⑪"四十万"这一数字,或是为了某种需要。

行赏之时,勿忘常"刑"。《商君书·境内》称:"其战,百将屯长必得斩首;得三十

---

① 英译见戴著,第283页。
② 同上,第286页。
③ 同上,第275页。对比《商君书·错法》中的说法:"爵禄者,兵之实也。是故人君之出爵禄也,道明,道明,则国日强;道幽,则国日削。故爵禄之所道,存亡之机也。"(英译见戴著第239页)
④ 见戴闻达:《商君书英译》,第282页。
⑤ 同上,第295—296页。
⑥ 详见《汉书·百官公卿表》。沙畹尝试翻译并解释这些爵位,见氏著:《司马迁的〈史记〉》第2册,第528—529页。亦见戴著第62—63页。
⑦ 无疑这是月收入(原文如此——译者注)。一石现在约等于133磅;但在秦汉时期,一石大概只有现在的三分之一。当时的粮食或为粟。
⑧ 参见戴闻达:《商君书英译》,第61页。
⑨ 戴闻达:《商君书英译》,第296页。
⑩ 《韩非子·定法》;戴闻达在其译著中引用之,见《商君书英译》第64页。
⑪ 《史记·秦本纪》;亦见沙畹:《司马迁的〈史记〉》第2册,第91页。

三首以上,盈论,百将屯长赐爵一级。千石之令,短兵百人……六百之令,短兵六十人。国尉,短兵千人。大将,短兵四千人。战及死事,而到短兵"。①两则关于军事程序的评论可以帮助我们理解秦国军功爵制度的性质。一则曰:"四境之内,丈夫女子皆有名于上,生者著,死者削。其有爵者乞无爵者以为庶子,级乞一人。其无役事也,其庶子役其大夫,月六日;其役事也,随而养之。"(《商君书·境内》)②另一则出现在同一篇中的"以战故,暴首三"之后;言曰:"其县四尉,訾由丞尉,能得甲首一者,赏爵一级,益田一顷,益宅九亩。级除庶子一人,乃得入兵官之吏。"③遗憾的是,迄今没有什么让人满意的信息,据之可以揭示这些实践对社会的影响。这些实践暗示出在秦国的权力中央化、王者面前人人平等一般原则之外,存在一些军事上的例外。

秦国的官员和理论家对军事权力和粮食生产太过热心,以至于对文化以及典型的中国学者间持续不断的讨论,没说什么好话。戴闻达在其名为《中国哲学研究》的论文中,指出:"法家让分封时代在中国成为过去,开启了一个崭新的年代。秦这样一个边陲之国能引领潮流,绝非偶然。法家学派比其他任何一个学派都更加认可对(儒家所倡导的)文化的反动。据说荀子曾经参观了秦国,并谈了自己对这个国家的认识。他认为:秦国缺少文人、礼仪不足、贵贱不分;整体上,秦的文明程度不高。"④

商鞅所代表的法家群体最出色的言论,出现在反对(儒家)文化的长篇大论里。人们由此可以清楚地看到他们的立场。《商君书·算地》篇云:"夫治国舍势而任谈说,则身劳而功寡。故事诗书谈说之士,则民游而轻其上;事处士,则民远而非其上;事勇士,则民竞而轻其禁;技艺之士用则民剽而易徙;商贾之士佚且利,则民缘而议其上。故五民加于国用,则田荒而兵弱。谈说之士,资在于口;处士,资在于意;勇士,资在于气;技艺之士,资在于手;商贾之士,资在于身。故天下一宅,而圜身资民;资重于身,而偏托势于外。挟重资,归偏家,尧舜之所难也。"⑤⑥

---

① 英译见戴闻达:《商君书英译》,第296页。
② 同上,第295页。
③ 同上,第299—300页。
④ 荀子是公元前3世纪时期的儒家巨擘。戴闻达的这篇文章刊于《法国及外国哲学评论》,第110期(1930年);引文见第414页。
⑤ 英译见戴闻达:《商君书英译》,第219—220页。尧、舜是儒家神话里的英雄王者。这里可以看出:法家从管理的角度出发,对人员和财产的稳定性以及控制与税收,予以关注。
⑥ 对比《商君书·农战》中的内容:"今世主皆忧其国之危而兵之弱也,而强听说者。说者成伍,烦言饰辞,而无实用。主好其辩;不求其实。说者得意,道路曲ära,辈辈成群。民见其可以取王公大人也,而皆学焉。夫人聚党与,说议于国,纷纷焉,小民乐之,大人说之。故其民农者寡,而游食者众;众则农者怠,农者怠则土地荒。学者成俗,则民合农,从事于谈说,高言伪议,舍农游食,以言相高也。故民离上而不臣者,成群。此贫国弱兵之教也。夫国庸民以言,则民不畜于农。故惟明君知好言之不可以强兵辟土也。惟圣人之治国,作壹,抟之于农而已矣。"英译见戴第195—196页。《农战》篇还这样说:"国危主忧,说者成伍,无益于安危也。……是以明君修政作壹,去无用,止畜学事淫之民,壹之农。"英译见戴著第194页。这就是秦始皇帝时期"焚书坑儒"的背景。

商鞅(一派)对儒家文化的反对是确定无疑的。《商君书·农战》篇说:"诗、书、礼、乐、善、修、仁、廉、辩、慧,国有十者,上无使守战。"①"十者"败国:"国用诗书礼乐孝弟善修治者,敌至必削国,不至必贫国。"(《商君书·去强》)②在《商君书》《韩非子》中,读者可以发现各种"蚤"(或"虱"),即法家对儒士蔑称。譬如,《商君书·靳令》篇中有"六虱":"六虱:曰礼乐,曰诗书,曰修善,曰孝弟,曰诚信,曰贞廉,曰仁义,曰非兵,曰羞战。"③只有作为国之根本的农耕方才有益国家:"今一人耕,而百人食之,此其为螟螣蚼蠋亦大矣。虽有诗书,乡一束,家一员,独无益于治也,非所以反之之术也。"(《商君书·农战》)④

在《商君书》中,对战争的强调,还没有不理智到忽视经济利益的程度。这一学派考虑了对资源的充分利用。《来民》篇说:"今秦之地,方千里者五,而谷土不能处什二,田数不满百万,其薮泽溪谷名山大川之材物货宝,又不尽为用。"⑤在法家学者那里,经常会有涉及国家管理的"统计"和"计算"。

在长达几个世纪的时间里,秦乐于让人民在新土地上定居。《商君书》保存一则有关此政策的记录。《来民》篇中记载:"今王发明惠,诸侯之士来归义者,今使复之三世,无知军事。秦四境之内,陵阪丘隰不起十年征,著于律也,足以食作夫百万。"⑥政治家很清楚自己的负担是什么;需要新的人口,手中有不太尽如人意但仍旧需要被利用起来的土地。政治家清楚地说道:"臣之所谓兵者,非谓悉兴尽起也;论境内所能给军卒车骑,令故秦兵,新民给刍食。"(《来民》)⑦

《韩非子》和《商君书》中的一条原则,预示着后来的实践——出售官职爵位等以交换粮食。⑧这条原则是:"民有馀粮,使民以粟出官爵。"⑨没有哪一位思想者会带着这样一种善意写下:"富者废之以爵,不淫。"(《商君书·壹言》)汉武帝时,这一政策达至巅峰。

对帝国的行为,会有这样的预期:秦代法家的思想和实践,将得以延续。

---

① 英译见戴闻达:《商君书英译》,第 190 页。
② 同上,第 200 页。
③ 同上,第 256 页。另见《韩非子》第 20 卷(当含"忠孝""人主""饬令""心度""制分"等篇;未见相关内容。——译者注)。
④ 同上,第 191 页。
⑤ 同上,第 366 页。
⑥ 同上,第 269 页。
⑦ 同上,第 270—271 页。
⑧ 在西汉文帝(公元前 179—前 157 年在位)时期,送粟到边境以支持抗击匈奴战役的人,可被授予第十八等直至第三等爵位。在取得成功的秦国中也可以找到这样的例子。譬如在公元前 243 年,某一等级的爵位卖出了 1000 石粮食的价格。沙畹认为这是资料中有关爵位市场的最早记录。见沙畹:《司马迁的〈史记〉》第 3 册,第 543 页;第 2 册,第 103 页。
⑨ 《商君书·靳令》(英译见戴闻达《商君书英译》第 253 页);另见:《韩非子·饬令》。

《韩非子》中记载:商鞅教导秦孝公要"燔诗书"(《和氏》)。①确实没必要过分看重这句话,从而相信对儒家著作的反复诅咒显示出的正是那种隐隐的敌视。李斯在秦国王廷成功地为非秦国人士提供辩护时(即《谏逐客令》),不也是在重复商鞅式的功利主义论调吗?正所谓:"故明主者用非其有,使非其民。"(《商君书·错法》)②在秦始皇帝治下,儒生备受煎熬;即便到汉武帝的时代,还会抱怨自己未得到合适的认可。故而《商君书·开塞》有言:"上贤者,以赢相出也;而立君者,使贤无用也。"③

有资料表明:在汉武帝时期,朝廷对地方有每年一度的报告和审计。不过这不是什么新点子。据《商君书·禁使》:"夫吏专制决事于千里之外,十二月而计书以定,事以一岁别计,而主以一听,见所疑焉,不可蔽,员不足。"④

《商君书》最出彩的地方出现在最后一章《定分》中。是篇勾勒出秦国造就其理想公民的策略。戴闻达承认《定分》写得高超精练,确实是原著的一部分;但不认为这一篇是最早完成的章节。⑤篇中有言:"今先圣人为书,而传之后世,必师受之,乃知所谓之名;不师受之,而人以其心意议之,至死不能知其名与其意。故圣人必为法令置官也,置吏也,为天下师,所以定名分也。名分定,则大诈贞信,民皆愿愨,而各自治也。故夫名分定,势治之道也;名分不定,势乱之道也。故势治者不可乱,势乱者不可治。夫势乱而治之愈乱,势治而治之则治。故圣王治治不治乱……民不尽智……故圣人为法,必使之明白易知。名正,愚智遍能知之。为置法官,置主法之吏,以为天下师,令万民无陷于险危……为置法官吏为之师以道之知。万民皆知所避就;避祸就福,而皆以自治也。故明主因治而治之,故天下大治也。"⑥

秦国的信条和实践就是权力的高度中央化。《商君书·画策》篇说:"所谓强者,使勇力不得不为己用。其志足,天下益之;不足,天下说之。"⑦一个人在秦国要想身处高位,必须要有功劳和成就。于是《错法》篇言:"是以明君之使其臣也,用必出于其劳,赏必加于其功。"⑧高度的责任感在治国理政中占据首位;法律和秩序则为最基

---

① 英译见戴闻达:《商君书英译》,第125页。
② 同上,第240—241页。
③ 同上,第225—226页。
④ 同上,第320页。
⑤ 同上,第159页。
⑥ 英译见戴闻达:《商君书英译》,第334—335页。文中可以见到对正确使用特定学派标志性术语的强调;这些术语为法家常用。见本文第6章。"焚书坑儒"后,秦始皇帝把李斯的主张付诸实施,规定那些愿意学习法规律令人可"以吏为师";见《史记·秦始皇本纪》;沙畹:《司马迁的〈史记〉》第2册,第173—174页。
⑦ 同上,第292页。
⑧ 同上,第239—240页。

本的要求。"故有明主忠臣产于今世,而能领其国者,不可以须臾忘于法。破胜党任,节去言谈,任法而治矣。"(《商君书·慎法》)①法律可以确保理想国家的秩序井然。"故明主察法。境内之民,无辟淫之心,游处之士,迫于战阵,万民疾于耕农。"(《商君书·弱民》)②为人熟知的法家对儒士的指责再度出现,依旧坚持认为儒者无法直接影响政治。"所谓壹教者,博闻辩慧,信廉礼乐,修行群党,任誉清浊,不可以富贵,不可以评刑,不可独立私议以陈其上。"(《商君书·赏刑》)③

法律的不偏不倚被用来管理有/无血亲的人口,服务具有绝对统治权的君主。"所谓壹刑者,刑无等级。自卿相将军以至大夫庶人,有不从王令,犯国禁,乱上制者,罪死不赦。……忠臣孝子有过,必以其数断。④守法守职之吏,有不行王法者,罪死不赦,刑及三族。"(《商君书·赏刑》)⑤享有特权的贵族绝无可能成为君主领导的统一之路上的障碍。《史记·商君列传》曰:"宗室非有军功论,不得为属籍。明尊卑爵秩等级,各以差次名田宅,臣妾衣服以家次。有功者显荣,无功者虽富无所芬华。"⑥法家自己对管理政策的阐述最为清晰。《商君书·赏刑》有言:"无贵贱,尸袭其官长之官爵田禄。"⑦此外,为了管理的方便,秦国规定全国必须保持整齐划一。"百县之治一形,则迁者不饰,代者不敢更其制,过而废者不能匿其举。"(《商君书·垦令》)⑧

秦国的成功,是该国理念及制度之有效性的明证。在这一点上,最让人感兴趣的评论来自韩非子。韩非子曾经争论道:必须通过一定的"术"(如富有智慧地控制和处理官员),以补充法律和权力,从而实现最高级的政治成功。韩非子洞见到这一点:即便是万分得意的秦国,亦未能做到最充分地利用自己的力量。《韩非子·定法》篇说:"商君虽十饰其法,人臣反用其资。故乘强秦之资,数十年而不至于帝王者,法不勤饰于官,主无术于上之患也。"⑨不过,即便是曾经批评秦国文化落后的大儒荀子,也认识到秦在当时是管理最为成功的政权。⑩现代学者朝河贯一曾就法家理论与秦国成功之关系,写下:"正是在这所谓的最黑暗的历史时期,借一位志在让秦国变得无比

---

① 英译见戴闻达:《商君书英译》,第324页。
② 同上,第309页。
③ 同上,第282页。
④ 对法律的遵从比儒者的忠孝之德更加重要。
⑤ 英译见戴闻达:《商君书英译》,第278—279页。
⑥ 同上,第63页。
⑦ 同上,第279页。
⑧ 同上,第182页。
⑨ 同上,第96页。
⑩ 见《荀子·强国》。亦见雷海宗:《皇帝制度之成立》,第862页。作者手头的一本节选本中未见这里引用的内容;德效骞的译本中亦未见。

强大的哲学家之手,完全摆脱人为因素、神圣不可侵犯的法律,以及法律之前人人平等之理念,史无前例地在中国建立起来。这一理念不是一场梦幻。通过公元前4及3世纪的政治家韩非、申不害、商鞅、李斯等,这一理念活跃于政治领域。秦国最富有活力地实践了这一理念。在很大程度上,秦国的成功来自这一理念。从此,老(子)-韩(非)哲学最根本的信条,在秦以后所有王朝中都被付诸实施。当然,这样的实践并非总能成功。"①

秦,就是这样成为整个华夏的统治者。在精研权力之术的君主坚强领导下,经过一个多世纪的努力,一个深陷困苦和战争的边陲之国——秦——建立起一整套缜密严格的国家制度。

---

① 朝河贯一:《日本早期制度:大化革新研究》,第172页。

 中华帝国的建立

第二节 秦国成为一个帝国

要想理解秦国及秦始皇帝随后取得的成功的意义,就应该将之置于动态的历史场景中。秦始皇帝的母亲是一名商人的妾。他的父亲是一位籍籍无名的王子,被送往赵国为"质子"(即人质)。但是嬴政(即秦王政、秦始皇帝)足够幸运,让自己获得了机遇。这一机遇的出现,既得益于巨商吕不韦①对自己财富的精巧又有风险的经营,亦和嬴政的母亲紧密相关。正是因为嬴政母亲曾为吕不韦小妾的传闻,后世敌视秦国的学者总是对秦始皇帝是否为(吕不韦的)私生子,说长道短。吕不韦对秦国宫廷进行通盘的精心策划,然后给秦王送去足以让自己的"质子"朋友,即嬴政的父亲,回国成为太子的礼物。这名质子很快成为秦庄襄王(公元前250—247年在位);吕不韦则顺理成章地出任丞相。嬴政13岁即位;吕不韦为摄政王,受封君、"食十万户"(《史记·吕不韦列传》)。比吕不韦更加出名的李斯,担任秦王政足可信赖的辅佐。②

当时秦国的疆域包括陕西、山西以及四川、湖北、河南、江苏、浙江和福建的一部分;对沿海地带"越人",则刚开始实施并不直接的管理。整体上,富有效率的秦国位于长江黄河之间土地的西侧,同时向东延伸至中部的海岸。秦国的对手,地处我们熟知的中国腹地的东北部(即黄河以北以及淮河流域)。此外还有楚国,其剩余的领土在长江流域,从汉口伸展至江苏。

秦王政刚刚即位,山西太原就爆发叛乱。叛乱很快被平息。公元前245年、前244年,秦国持续在河南用兵。但是歉收和大饥荒接踵而至,军队被迫解散;蝗灾和鼠疫让局势雪上加霜。捐粮千石即可授爵。公元前242年,秦国在豫东的战役再度打响,东郡得以建立。面对秦军,在最后一次具有历史意义的"合纵"中组建的五国联军,分崩瓦解。秦于是攻克魏国,③平定有些失控的东郡。但在同时,因为领兵的富有才华的将军的去世,秦军在冀南的军事行动,被迫停止。④

秦王政时年19岁。他有一个弟弟。这位王弟年长到足以发动叛乱,蓄势待发。公元前239年,王弟在率军攻打赵国时,发动叛乱。⑤叛将很快就兵败而亡。暴力在所

---

① 关于嬴政(秦始皇帝)的出生,见:《史记·吕不韦列传》。
② 关于李斯,见《史记·李斯列传》;沙畹:《司马迁的〈史记〉》第2册,第100-102页。
③ 魏占据黄河北岸。
④ 见《史记·秦始皇本纪》;沙畹:《司马迁的〈史记〉》,第2册,第102-105页。
⑤ 赵国坐拥山西大部及河北的一部分。

难免——王弟手下的军吏全部被处死,曝尸闹市。这场叛乱预示嬴政亲政的到来。第二年,秦王政成年,"王冠,带剑"。秦王面临着更加严重的叛乱。①

秦王政要对抗的是嫪毐。②嫪毐是吕不韦的手下,实乃卑鄙小人。嫪毐扮作太监,吕不韦将之献给太后。嫪毐大肆收礼,宫中事无大小,悉由其决断。他拥有数千奴隶,千名部下,更把两郡据为封地,控制整个王室及其重要财产。嫪毐意识到将有危险降临,于是起身反叛。为调动各地守卫部队,他伪造秦王和太后的印玺,甚至动用骑兵以及追随自己的蛮族首领。③始皇帝令相国(吕不韦的副手)和一名亲王领军平叛。首都一役,嫪毐叛乱被平定。④嫪毐及其随从(其中至少有四名高官),尽遭车裂、枭首,这些人的宗族下属等一并被清除。罪行较轻的参与者被罚做三年苦力,⑤其爵位被褫夺,悉数发配蜀地;四千户人家被罚居湖北。⑥这一事件很好地阐释了秦国的形势和策略:权力高度中央化,同时存在着诸如佞臣当道、(少数人策划的)宫廷阴谋等危险;身居高位者,可以拥有巨大的权力与财富;出现危机时,秦国中央行动坚决、赏罚分明。

吕不韦受嫪毐事件的牵连,不得不辞去相国之位。据称秦王政本来要处死吕不韦,但考虑到父亲曾授予这位老相国巨大的荣耀,以及对吕氏豢养的巧舌如簧之徒有所忌惮,故而最终有所犹豫。⑦于是秦王把吕不韦送回位于其河南老家的庞大封地。随后几年,吕不韦接见很多声名显赫但又危险的人物。在收到一封来自王庭的提及其过去所谓荣耀的来信后,吕氏及其家人奉命迁往蜀地。入蜀途中,吕不韦内心充满恐惧,服毒自尽。⑧

吕不韦的野心,经过精心算计,志在一跃而成。正是这样的野心,推动他——一名商人——设计操纵强秦的王位继承,控制秦国国事。无论上台前抑或上台后,吕不韦与秦王政母亲之间的关系,都让人心生疑窦。还有,他在野心驱使下利用了嫪毐,等等。这一切都反映出吕不韦的性格,暗示出他的能力。现有的史料没有告诉我们太多吕不韦的成就。我们只能猜测:一个有能力操纵强者、智者和显赫高贵之人的

---

① 关于叛乱,见《史记·秦始皇本纪》;沙畹:《司马迁的〈史记〉》第2册,第106页。
② 关于嫪毐生平,见《史记·吕不韦列传》;沙畹:《司马迁的〈史记〉》第2册,第108—112页。
③ 沙畹猜测这些蛮族首领作为人质或王子的管家,居住在秦国王城中。见沙畹:《司马迁的〈史记〉》第2册,第110页,注释1。
④ 相国与亲王是同级的。宫廷内的太监也都参与战斗。战斗显然很激烈。秦王下令:生擒嫪毐者,赐钱百万;杀死嫪毐者,奖金五十万。
⑤ "鬼薪",即为宗庙砍柴三年。这应该是很古老的罪名,用于指称惩罚性的公共工作。
⑥ 三年后,即公元前235年,这些人返回故地。见《史记·秦始皇本纪》;沙畹:《司马迁的〈史记〉》第2册,第117页。
⑦ 这是一个在反对儒士的记载里很快就会得到充分解释的题目吗?
⑧ 关于吕不韦的最后岁月,见《史记·吕不韦列传》。

人,绝不可能是政坛上的傻瓜或弱者。在中国历史上,佞臣多短寿。吕不韦在文人学士圈子中的地位值得一提。他收留了三千舍人;借此,让自己胜过其他富商巨贾一筹。在吕氏宾客当中,不少是四海为家的学者、辩论家和政治人物。在吕不韦的带领下,门人宾客一道汇编各种文章,最终成就《吕氏春秋》。① 吕不韦将此书的编纂宗旨确定为:"以为备天地万物古今之事"(《史记·吕不韦列传》)。此言可以作为这本包罗万象、编排无序的知识大集合的合适的副标题。司马迁在为吕不韦准备的传记中曾说:"布(《吕氏春秋》)咸阳市门,悬千金其上,延诸侯游士宾客有能增损一字者予千金。"(《史记·吕不韦列传》)

吕不韦的葬礼是秘密举行的。即便如此,那些参与吊唁的宾客等人,依旧难逃惩罚。吕氏家人遭驱逐,其麾下职阶在五百石②以下的秦国人被流放至边地。推测这些人的爵位并未被剥夺;那些职阶在六百石及以上的在被流放的同时,爵位亦遭褫夺。这为后来处理类似案件确定先例:"自今以来,操国事不道如嫪毐、不韦者籍其门,视此。"③ 至此,这一大事件尚未完全结束。秦王政又处死其母与嫪毐所生的两个孩子,并送她去隐居。④ 但是,一位来自齐国(即儒学重镇山东)的谋士警告秦王:放逐生母,会让其他国君挑战秦的权威。秦王政于是接回母亲。⑤

吕不韦事件间接地带来了"逐客令"。"逐客令"反映出秦国本地人对外来人才的妒忌。当时秦国展开大规模调查,旨在驱逐所有非秦国人士。李斯为外来人才做出堪称经典的辩护,"逐客令"随即被搁置。他的《谏逐客书》被广泛收录在各类中国文集里,有多种译本。⑥ 李斯向秦王建议先攻下韩国,⑦ 以震慑其他政权。秦王政将此

---

① 《吕氏春秋》的德语译本见卫礼贤(Richard Wilhelm):《吕氏春秋》(*Frühling und Herbst des Lü Bu We*),耶拿(Jena)Diederichs 出版机构 1928 年版。
② 这是年薪。
③ 《史记·秦始皇本纪》;沙畹:《司马迁的〈史记〉》第 2 册,第 116-117 页。
④ 见《史记·吕不韦列传》。
⑤ 《史记·秦始皇本纪》;沙畹:《司马迁的〈史记〉》第 2 册,第 112-113 页。
⑥ 同上。李斯并非秦国人,所以他是"逐客令"打击的主要对象之一。这一点,并不会降低其政治抗争的价值。如果秦国真的要成为一个帝国,它就不能允许地方主义去限制自己对人才的选择,也不会让地方主义挑起具有潜在危险性的相互憎恨。秦始皇帝和李斯身殁后,这一问题灾难性地再度发生。见:《史记·李斯列传》。李斯是这样争论的:秦国前代君主从来自其他政权的官员和将军那里获益匪浅,后者对秦王的帮助持续不断;这些君王还有官员及将军一道谱写了一段史诗,称颂秦国富有活力,快速扩张;产自秦国以外地区的有价值的产品和珍宝被带到秦国(这些产品和珍宝被李斯一一列举出来);但是,如今在用人的问题上,秦国却不这样做了,而是重物轻人。李斯于是说:"此非所以跨海内制诸侯之术也……今逐客以资敌国,损民以益雠,内自虚而外树怨于诸侯,求国无危,不可得也。"(《史记·李斯列传》)听到这些,秦王政收回"逐客令",让李斯官复原位。《史记集解》援引《新序》称:李斯是在接到驱逐令,动身离开秦国的路上,给秦王呈上这份谏议的。关于《谏逐客书》的译文,最新且令人满意的作品来自马古烈(Georges Margouliès),《中国古文选编》(*Le kou-wen chinois: Recueil de textes*),巴黎保罗·盖特纳东方书馆(Librairie Orientaliste Paul Geuthner),第 44-49 页。
⑦ 韩国领土主要位于今天的河南省。

重任交予李斯。与此同时,焦虑不安的韩王正在和韩非密谋如何削弱秦国。于是乎,李斯和韩非这两位著名人物彼此对立起来。身处高位的风险在尉缭身上体现得最为生动。尉缭来自魏国的都城大梁。他建议:通过贿赂其他政权的高官,"以乱其谋"(《史记·秦始皇本纪》)。尉缭估算说:"不过亡三十万金,则诸侯可尽。"(《秦始皇本纪》)①秦王政被其说服,让尉缭享受跟自己一样的礼遇,甚至穿衣饮食都与自己保持一致。尉缭对此感到有些害怕。秦王挽留他,任命他为最高军事长官(即国尉)。②

公元前236年,秦军再战豫北。因为一些无法解释的原因,所有军队并归一位大将军(即王翦)领导。王翦从每十名下级军官和普通士兵中挑选出二人,组成一支由自己亲自统率的部队。这件事显示出:不管原则到底怎样,其在秦军战事中并非完全不可改变。虽然胜利的过程不总是一帆风顺,但是土地接二连三地落入秦国手中。公元前234年,秦国的大将军杀死赵国将领,"斩首十万",于是秦"王之河南"(《史记·秦始皇本纪》)。至此,秦军持续越过黄河,进入今天的河北省,在对赵国的战争中屡战屡胜。③

韩非作为本国特使出使秦国。李斯出于忌妒,经过精心谋划,囚禁韩非。作为学者和政治家的韩非,很快病死囹圄。韩王绝望之余,请求成为秦国的臣属。公元前230年,秦国给出答案:秦将活捉韩王,将韩地变为秦国的一座以开封为中心的新郡。

秦国付出具有决定意义的努力。这个国家有史以来第一次要求所有男性国民"书年"(即登记年龄)。④秦国大规模征兵以攻赵。秦将尽取赵地,生擒赵王。秦王政回到自己的出生地,清洗所有曾经敌视其母亲的人。即便这样,在贬损始皇帝的儒者那里,他所做的依旧称不上"孝亲"之举。随着来自秦国的威胁日渐临近,剩余诸侯国的君主深陷绝望。燕国⑤太子丹唆使荆轲⑥刺杀秦王政。这在中国历史上,是非常之举的经典案例。因为秦王政的恶名,所以"荆轲刺秦王"经常出现在中国文学作品中。荆轲的学识和侠义,加之他与燕国王室的私人之交,刺秦之举成为对那个冷酷无情的征服者的一场复仇。

---

① 这一数字不可信;它也显示出秦汉时期"金"到底价值几何的问题。见本文第7章及以下。
② 《史记·秦始皇本纪》;沙畹:《司马迁的〈史记〉》第2册,第114-115页。
③ 同上,第115-117页。
④ 尚不清楚,这一政策适用于整个秦国,抑或专用于新征服的地区。详情见《史记·秦始皇本纪》;沙畹:《司马迁的〈史记〉》第2册,第117-119页。
⑤ 燕国拥有河北东部和东三省的南部。
⑥ 见《史记·刺客列传》。

中华帝国的建立

"荆轲刺秦"故事的细节极为丰富。秦国曾出千金,买逃亡燕国的原秦国大将军的项上人头。于是刺客荆轲带上这颗人头还有军事地图(图上标明燕国愿意献给秦国的土地),前去拜见秦王。只要秦国能让燕国保有其宗庙,①秦国就可以像统治自己的国土那样,管理燕国奉献的土地并征税。荆轲入宫,抓住接近秦王政的机会。但秦王的警觉和秦国太医掷出的药箱,挫败荆轲挥匕刺杀嬴政的企图。因为秦国禁止上朝官员携带武器,且带有武器的侍卫只有接到正式命令时才可靠近秦王,秦王政被自己的绝对权力所累。在出现刺杀这种紧急情况时,秦王能依靠的只有自己。于是出现这样一幅奇怪的画面:孔武有力的秦王从刺客手中挣脱,袖子被撕裂;秦王政与刺客围着柱子团团转,直到官员们提醒他从剑鞘中拔出一把有些过于沉重的宝剑。荆轲的生命走到了尽头。后来,荆轲的一位以音乐著称、有着波希米亚风格的朋友(即高渐离),再次毫无结果地尝试用含铅的乐器(即"筑")击杀秦王政。②这一记载充满着戏剧性。不过历史学家坚持认为这些或与荆轲刺杀秦王的记录有矛盾。历史学家听到的故事,来自于一个和解救秦王的太医有交往的家庭。这名太医因为及时舍身救秦王,获得重金赏赐。③

对燕国的讨伐断断续续长达四年。燕王在辽东苟延残喘后,于公元前222年,将土地送给秦国。秦国在北方直至沿海的地带,再无对手。雄踞山东、曾经令人敬畏的齐国,门户大开,危险重重。公元前225年,秦国实施诡计,挖开黄河倒灌大梁,从而灭掉魏国。在齐国之外,现在只剩下楚国(官称为"荆")。④荆楚依旧是秦国强劲的对手。

公元前224年,楚王在豫南被俘。楚将项燕⑤是一位强有力的领袖,足以让一位封君成为新的楚王。⑥但仅过一年,楚国的两位首领——昌平君(楚王)、项燕——兵败被杀。秦兵于是控制住长江以南地区;更是征服越人之地(在今浙江),置会稽郡。⑦此举证明之前秦国对中部海滨之地的控制只是名义上的。燕国最终在秦国的东

---

① 宗庙不仅仅是世袭地位的象征;它至少在形式上是统治权力的根本所在。
② 《史记·刺客列传》。王充在其《论衡·书虚》中,质疑了高渐离击伤秦王致其死亡的说法。《史记》中的记载也有所保留。《论衡·书虚》的英译见佛尔克:《〈论衡〉下:王充的各类文章》,第260页。
③ 显然,王充对荆轲刺秦王的记述,依据的是《史记》。他主要是想否定荆轲刺秦王时击中铜柱的故事。见《论衡·儒增》;英译见佛尔克:《〈论衡〉上:王充的哲学论文》,第503页注释2。
④ 秦王政的父亲名"楚",故避讳,称楚为荆。
⑤ 项燕是项梁的父亲、项羽的祖父。项羽是项梁的侄子。五十年后,项羽也成为一代领袖。
⑥ 这名封君就是昌平君。作为封君,他在反对嫪毐的斗争中,很好地保护了年幼的秦王政。据说他是楚人;但当时他为秦国做事。昌平君可能不太受宠。见《史记·秦始皇本纪》;沙畹:《司马迁的〈史记〉》第2册,第121-122页。
⑦ 关于公元前226—前222年的征战,见《史记·秦始皇本纪》;沙畹:《司马迁的〈史记〉》第2册,第120-122页。

征中覆亡。秦国的诸多军事行动,几乎同时完成。于是新晋的秦帝国,在全国范围内举行欢宴,庆祝一举征服韩、赵、魏、燕、楚。

齐国依旧存在。它的反应有些迟钝,毫无计划地把军队派往自己的西部边境,并且与秦国断交。朝气蓬勃的秦军从西北部突入齐国,俘获齐王,"秦王初并天下"。① 最后一任秦王(即嬴政)长达 26 年的持续征战,让秦国几个世纪的辛苦劳累,最终取得圆满成功。对秦国及其君主而言,公元前 221 年是全新的开始;对旧王室及其追随者而言,一场决定性的革命在这一年发生了。这些变化的意义,在随后十年发生的事件中,清楚地体现出来,更是在随后整整一个世纪中展现得淋漓尽致。

极富特色的是:始皇帝上位伊始,就着手更改帝号。他在一篇指摘那些被自己一一消灭的敌对君主的奸诈恶行的文告中,告诉身边的大臣,一同讨论帝号:"六王咸伏其辜,天下大定。今名号不更,无以称成功,传后世。其议帝号。"(《史记·秦始皇本纪》)包括李斯(时任廷尉,即最高司法长官)在内的高级官员一致认为:旧式的天子无法把统一的制度加诸各国。这些人用那必定让坟墓中的商鞅与韩非感到热血沸腾的话,说道:"今陛下兴义兵,诛残贼,平定天下,海内为郡县,法令由一统,自上古以来未尝有,五帝②所不及。"(《秦始皇本纪》)于是他们恭顺地建议道:"王为'泰皇'。命为'制',令为'诏',天子自称曰'朕'。"(《秦始皇本纪》)嬴政去掉了"泰皇"中的"泰",加入"帝",把起源于神秘黄金年代的"三皇五帝"合二为一,自称"皇帝"。"皇帝"这一名称,连同"制""诏"还有"朕",一直沿用至辛亥革命。为凸显嬴政是首任皇帝,"始"字加在其名号前,称"始皇帝"。为表明始皇帝会把自己统治甚久的秦国的传统继续发扬光大,"秦"也经常附于"始皇帝"前。于是有了一个稍显笨拙的名称——秦始皇帝。③

始皇帝废除庙号的做法不为传统所容。确定庙号,涉及皇帝的嗣子及臣民对其的讽议和评价。但无论如何,始皇帝和他的继承者(即秦二世)免去被人评价的烦恼。始皇帝的做法是:"朕为始皇帝。后世以计数,二世三世至于万世,传之无穷。"

有一点我们很清楚:根据用来标记新开始的中国宇宙学,④秦帝国需要修改历

---

① 《史记·秦始皇本纪》;沙畹:《司马迁的〈史记〉》第 2 册,第 122—123 页。
② "五帝"是虚构出来的神秘古代的君主。
③ 有关内容见《史记·秦始皇本纪》;沙畹:《司马迁的〈史记〉》第 2 册,第 123—128 页。
④ 譬如,秦朝奉行水德,以继周朝的火德;服色尚黑;数字以六为纪,等等。所有这些概念,在一个详尽精巧的体系中相互关联,自成体系。汉代思想对有关历史记载的影响,是非常复杂的;参见佛尔克(Alfred Forke):《中国人对世界的认识:他们对天文、宇宙、物理及哲学的思考》(*The World-Conception of the Chinese: Their Astronomical, Cosmological and Physico-Philosophical Speculations*),伦敦 Arthur Probsthain 出版机构 1925 年版(相关内容书中随处可见)。

中华帝国的建立

法——即把新年开始的月份从第 11 个月改变至第 10 个月。新的"秦历"被推行至整个帝国。之前,秦国遵行的是周朝的做法,即把(11 个月中的)第一个月作为新年的开始。①

在统一这一年,秦国要做出一些具有极端重要性的决定。朝中高官们提出一个具有首要性的问题,即皇子们应该被分封至燕、齐、楚等国,以确保当地的安定。按照传统,这是周代早期诸王付诸实施的令人起敬的做法;但是到秦统一之时,这种做法已经逊色不少。始皇帝咨询群臣,群臣认为传统的做法依旧有其优势。但是,李斯勇敢地说出法家对此的认识:"周文武所封子弟同姓甚众,然后属疏远,相攻击如仇雠,诸侯更相诛伐,周天子弗能禁止。今海内赖陛下神灵一统,皆为郡县,诸子功臣以公赋税重赏赐之,甚足易制。天下无异意,则安宁之术也。置诸侯不便。"(《史记·秦始皇本纪》)②始皇帝以那些不合格君主为参照,答复如下:"天下共苦战斗不休,以有侯王。赖宗庙,天下初定,又复立国,是树兵也,而求其宁息,岂不难哉!廷尉议是。"③

为何这些官员在此时提出修改那个把秦国带向成功的制度?他们——正如其所暗示的——缺乏那种把权力中央化的体制扩展至远方的想象力和意志力吗?或者说,他们希望通过与封君建立起联系以让自己受宠吗?他们这么做,或许是因为:权力的严格集中让这些官员受到了限制,也激怒了他们。当时,最能影响始皇帝的官员,显然是级别并非最高的李斯。有一点格外引人注目:李斯是唯一一个和始皇帝站在一起的人;而其他主要官员,都在计划改变现有体制或者认可这种变化。最终的决定事关重大。如果始皇帝和李斯相互间有不同的想法,我们看到的,或许就不是在全国范围内推行、益处多多、整齐划一的地方行政管理,而是深陷倦怠无趣的整整一代人。

对欧洲和日本封建制度有详细研究者会指出:在早期的"统一"中,中国并非毫无损失。中国在法律和制度层面缺少那种封建式的成就;即便是早期中国社会中的封建因素,也不是完整和稳定的。除去汉代曾有过的短暂且不全面的实验,自秦始皇以

---

① 有关内容见《史记·秦始皇本纪》;沙畹:《司马迁的〈史记〉》第 2 册,第 128-130 页。
② 这里的英译采自朝河贯一的《日本早期制度:大化革新研究》(第 186 页)。朝河贯一的译文胜过沙畹(见《司马迁的〈史记〉》第 2 册,第 130-132 页)。不过,一些重要句子——减少常规的行政区划、对皇子功臣的奖赏等——或许是例外。(沙畹的法译从略)因为用词至简、不用时态的中文原文给了译者很多空间,沙畹可以为自己使用现在完成时进行辩护。特别是考虑到这一点——当时大部分划行政区域和奖励工作都已完成时,尤其如此。在随后的段落,朝河贯一的解释更多关注的是行政区域划分工作的正式完成。朝河贯一谈及"公共税收"("公赋税")及控制权势之人,这无疑是正确的;而沙畹把"公"理解"公爵"(dukes)以及认为当时的一般性控制是软弱的,则具有误导性。
③ 沙畹的译文见《司马迁的〈史记〉》第 2 册,第 132 页。

下,有关封建契约主义的社会规范未能在中国建立起来。中华帝国的统治者从来都是反对"封建主义"的。①秦帝国取得伟大成就,但这些成就也暗示出危险和(对权力的)滥用。关于这一点,朝河贯一说:"法律之前人人平等,这一原则本身就是诸侯竞争所带来的结果之一。但是其最终导致法的绝对专制(或言绝对专制的法)。这一切,都发生在秦始皇于公元前221年统一中国之后。"②

出现在秦帝国的爵位没有误导性。传统的十八等爵位继续得到使用,同时增加两个或更多的爵位。新增爵位与旧贵族的显要保持一致。有两个新爵位使用"侯"的名称,即"关内侯""彻侯"。没有任何爵位会赋予接受者分封制下的权力。譬如高级爵位"关内侯"(直译为关隘之内)意味着受封者必须身处首都范围内。葛兰言(Granet Marcel)评论道:"真正的贵族由公职人员群体构成……新贵族依靠的不是其出身,而是业已取得的业绩和财富。"③

新形势的积极一面,完美地体现在涵盖全国的郡(县)制度上。当时,秦朝在全国设立36个郡;后来边疆地区被征服后,这一数字增加到40。④秦帝国建立之初,大体拥有今天我们熟悉的18个省中的10个。显然,平均而论,秦朝的郡相当于今天的省的四分之一。本文第5章将讨论地方行政管理。这里仅说明:每一个郡都有一位最高长官——"郡守"。⑤一般而言,郡守主要掌管民事。郡内有军事长官——"郡尉",掌握军队。郡内的最高监察官员是"监",⑥其有权展开监督和调查(尚不清楚有关权力的具体情况)。通常认为在郡的层面,权力是分化或者集体性质的。但是对秦帝国而言,在郡守及其下属"令"(州或者县的长官)⑦之外,几乎看不到其他官员的记载。汉代的情况亦是这样,且更加清楚,因为有关的记载更加丰满完整。郡守及其下属看起来要比郡尉、御史("监")等要更重要一些。在郡治的问题上,秦国的经验又一次成为标杆。⑧正如我们所见,随着秦国军事征服的步伐,郡县制度很自然地一步步扩展至全国。但这一制度最终的建立,系精心为之,此举恰是在边地放弃分封或半分封制

---

① 这里的"封建主义"当指分封制。——译者注。
② 见朝河贯一:《日本早期制度:大化革新研究》,第181-183页。
③ 葛兰言:《中国文明》,第116-117页。
④ 详情见《史记·秦始皇本纪》中的注释(《史记集解》);沙畹:《司马迁的〈史记〉》第2册,第123-132页注释1。
⑤ 从功能上看,郡守相当于现代的省长,跟中央联系紧密。
⑥ 或称"御史"。我们的史料中甚少提及这一职位;"御史"级别不在郡守和郡尉之上,就是一名监察官员而已。
⑦ 《史记·秦始皇本纪》;沙畹:《司马迁的〈史记〉》第2册,第132-133页。
⑧ 顾炎武在其《日知录》中指出:秦国的经验来自燕、赵在其与蛮族接壤的边境地区设置郡(见卷22"郡县")。葛兰言准确无误地指出:"郡在公元前350年成为定制。但在实际中,赋予王侯特权依旧长期存在(譬如公元前286年)。最常见的做法是:任命一位听话的侯爵担任新近征服的土地的最高长官……秦始皇帝平定长信侯嫪毐叛乱之后,不再任命王侯到新征服的地区,而是在当地设立郡县。"见氏著《中国文明》,第16页。

中华帝国的建立

的对应之物。

（始皇帝）"收天下兵，聚之咸阳。"（《史记·秦始皇本纪》）这么做的意图非常明显；但是有关的细节，我们不得而知。史家提及：秦国把这些被没收的武器融化，制成钟镶和12金人（据后来的记载：每座重1000石、高50英尺），置于皇宫。这样的记录让事件的关键点变得有些模糊不清。或许可以这样推测：制作钟镶和12金人的政治目的要大于艺术目的，其意在表明：金属（武器）在皇帝手中；皇帝可以随意变换其性状。

始皇帝把法律、法规等统一起来。在他看来，在这个多元多样的帝国内，任何对纲纪的破坏都绝非小事。①度量衡也一样被统一起来。当然，围绕着统一度量衡之举的理论和传说等，反倒让真实的变化变得模糊起来。不过，有关的记载看起来成书较早。即便是贬损秦国的人，也称赞对度量衡的简化，能让商业及对实物交易的管理受益匪浅。甚至有关道路的统一规格，都已制定出来（即"车同轨"）。此举对商业车辆、政府驿传、军事运输还有一般意义上的旅行，都极有价值。旧时车辆无法通过边境时，车辆反复碾压，在黄土地区留下深深车辙，道路最终会低于地表不少；这让人联想起各不相同的铁道轨距。统一的道路规格的制定，与即将被提及的驰道建设，不无关系。②

秦帝国也做到了"书同文"。《说文解字》的作者许慎为自己的著作写过一篇序言。③《说文解字》成书于公元2世纪，是一部了不起的词典，也是语源学佳作。许慎的《说文解字》序，给我们提供远比司马迁《秦始皇本纪》《李斯列传》④丰富得多的关于"书同文"的细节。许慎对秦朝废除异形文字，表示满意；对其精心选择更加清楚、简单的文字，也表示认可。新文字被帝国政府采纳，并获得支持。新文字是对旧文字的简化，被称为"小篆"。小篆从智慧和多种可能性中诞生；所以它可以被不断地加以进一步的简化，直至今天。这些早期的标准化努力所带来的文化后果，对中华民族的形成最为有利；中国对新加入民族及周边国家的影响力，也从中获益不少。当然，这些发展在本质上是社会性的；功劳不应只归于单一的行政行为。如此看来，秦政府确实及时伸出援手，以解决重要的问题。

正如人们所期望的，文字形式的变革和书写技术的改进紧密相关。在秦朝，毛笔

---

① 本文随后要应用的两条碑刻铭文，会提供有关这种破坏的线索。
② 《史记》简明扼要地记载了各项统一举措。见《史记·秦始皇本纪》；沙畹：《司马迁的〈史记〉》第2册，第134-135页。
③ 这篇序言至今仍是语源学研究的根基。
④ 参见沙畹：《司马迁的〈史记〉》第2册，第136页。

被采用,并获得发展,最终胜过其他所有书写工具。据称是蒙恬发明适于书写的毛笔(《史记·蒙恬列传》)。蒙恬是始皇帝麾下的大将军,因为在西北边疆抗击匈奴而著称于世。本文使用的史料中,没有关于毛笔的记载。考古发现表明:毛笔可能出现在不同的时期。如果没有广泛且普遍的(使用毛笔的)传统,有些情况就会显得有些不可思议。譬如,后起的汉朝的书吏们,把他们这一行业在文字及书写工具上的进展,归功于反文化的前朝的首领。书吏出于自身的利益,本应该去憎恨那个"焚书坑儒"的秦帝国。

新帝国的首都必须变得更加富裕和精致,以便在加强社会管理与展现帝国荣耀方面更好地发挥作用。《史记》说:来自帝国各个部分的12万户富豪之家,被迁往帝都咸阳居住。①此举对旧政权财富及特权的中心必定产生的影响是什么?对此后帝国的心脏所必需的持续不断的供给、财宝以及来来往往的旅人而言,这又意味着什么?《史记·秦始皇本纪》这样描述秦都:"诸庙及章台、上林皆在渭南。秦每破诸侯,写放其宫室,作之咸阳北阪上,南临渭,自雍门以东至泾、渭,殿屋复道周阁相属。②所得诸侯美人钟鼓,以充入之。"③《汉书》亦曾谈到秦国的公共建筑;其言:"起咸阳而西至雍,离宫三百……阿房之殿,殿高数十仞,东西五里,南北千步。"(卷51"贾邹枚路传")④

秦朝实施中国历史上第一次大规模的道路建设。《史记·蒙恬列传》载:"使蒙恬通道,自九原抵甘泉,堑山堙谷,千八百里。"这条道路与皇家驰道相连。司马迁本人亦曾利用这条道路,参观了秦朝修建的长城亭障(《史记·蒙恬列传》)。另一条重要的道路通往东北,以通直、工程浩大而著名。⑤《汉书》描述秦朝所修道路的壮观之处:"为驰道于天下,东穷燕齐,南极吴楚,江湖之上,濒海之观毕至。道广五十步,三丈而树,厚筑其外,隐以金椎,树以青松。"(《贾邹枚路传》)秦朝的进步涵盖全国,精心的准备早已完成。汉代继承前朝的运输和驿站体系,这也是秦帝国进步的明证。所有这些都指向秦朝的道路(建设)。秦帝国的努力甚至推进到南中国的崇山峻岭,这一点在提及秦国征服华南地区的征战时会稍加叙述。⑥

---

① 《史记·秦始皇本纪》;沙畹:《司马迁的〈史记〉》第2册,第137页。
② "关中计宫三百,关外四百馀"(《史记·秦始皇本纪》);参见沙畹:《司马迁的〈史记〉》第2册,第176页。
③ 参见沙畹:《司马迁的〈史记〉》,第2册,第138—139页。
④ 来自一份(约在公元前170年前后)呈给汉文帝的奏折。《史记·秦始皇本纪》亦言:"咸阳之旁二百里内宫观二百七十";参见沙畹:《司马迁的〈史记〉》第2册,第178页。
⑤ 《史记·秦始皇本纪》;沙畹:《司马迁的〈史记〉》,第2册,第174页。
⑥ 邓之诚提及一条发现于《淮南子》的文献(见氏著《中国通史讲义》第1册第10页;参见《汉书》第34卷。其称:在南中国,始皇帝的军队三年不战斗,全力投入修道路、沟渠及补给运输线。译者注:这里所说的源自《淮南子》的文献,或出自《人间训》:"三年不解甲驰弩,使临禄无以转饷。又以卒凿渠而通粮道。"

中华帝国的建立

第三节 秦始皇的统治

始皇帝在任内,有几个年头主要的工作是巡视全国。对史料的思考,必须要对始皇帝的巡游有所解读。公元前219年,始皇帝第一次巡视山东,"上邹峄山,立石"(《史记·秦始皇本纪》)。中国的碑刻文集收录有关的铭文,沙畹将之翻译出来。①始皇帝"与鲁诸儒生议(鲁地以儒学著名。这么做与后来对儒经和儒士的禁绝形成鲜明的对比),刻石颂秦德,议封禅望祭山川之事。"(《史记·秦始皇本纪》)②历史记录有些让人生疑:当始皇帝到达神圣的泰山,准备行封禅大礼时,暴风雨不期而至。③不少现代学者认为:西汉武帝是第一个制定并实施封禅礼的。当然,汉武帝宣称自己只是恢复这一具有历史意义的古典礼仪。一名当代中国史家称:无论对秦还是汉而言,在泰山这一圣地,以一种无比精巧、无比神圣的方式与自然之力亲近,是显示和确认海内一统的重要一步。泰山位于曾是秦国最后对手的齐鲁之地,是儒学的中心。④

司马迁记录了始皇帝的泰山刻石。⑤铭文不仅内容吸引人,更是始皇帝与儒家学者合作的明证。其言:"皇帝临位,作制明法……治道运行,诸产得宜,皆有法式。皇帝……夙兴夜寐,建设长利,专隆教诲……贵贱分明,男女礼顺。"(《史记·秦始皇本纪》)强调法治,是秦帝国的特色;重视礼教,乃儒家之风。

始皇帝北上来到山东的海滨,又南下登琅琊。在那里,他下令迁入三万户居民、免除其十二年的赋税,全力修建琅琊台。此外,始皇帝在琅琊立碑,歌颂秦朝功德。碑文曰:"……以明人事,合同父子。圣智仁义,显白道理。东抚东土,以省卒士……皇帝之功,劝劳本事。上农除末,黔首是富……器械一量,同书文字。日月所照,舟舆所载……应时动事,是维皇帝。匡饬异俗,陵水经地。忧恤黔首,朝夕不懈。除疑定法,咸知所辟。方伯分职,诸治经易。举错必当,莫不如画……尊卑贵贱,不逾次行。琅琊不容,皆务贞良……兴利致福……黔首安宁,不用兵革。六亲相保,终无寇贼。驩欣奉教,尽知法式……诸侯各守其封域,或朝或否,相侵暴乱,残伐不止……古之五帝三王,知教不同,法度不明……实不称名,故不久长。"⑥

---

① 沙畹:《司马迁的〈史记〉》第3册,第551-553页。碑文强调了和平胜过混乱,等等。
② 同上,第413-519页。《史记》中的内容《封禅书》显然采自《汉书·郊祀志》。
③ 或许汉代文献试图显示出:来自宇宙的力量,拒绝了始皇帝——一名来自西陲的残酷无情的征服者。
④ 雷海宗:《皇帝制度之成立》,《清华学报》第9卷第4期(1934年),第852页及以下。
⑤ 《史记·秦始皇本纪》;沙畹:《司马迁的〈史记〉》第2册,第140-142页。
⑥ 同上,第143-144页(碑文见第145-151页)。

碑文中再度出现儒家的论调——家庭和睦、仁慈正义、恪守理智、关注人民、尊卑有序、重视德行，等等。不过，也有不少内容涉及坚守法律和秩序、平定旧诸侯间的战争、新的地方政治体系、君主的绝对权威、不容邪恶，等等。当然，碑文也不忘记称赞秦朝统一文字、发展交通的成就；还特别强调：无论是传说、过去抑或现实中的君主，都无法取得秦国的成功。

在碑上韵文当中，有一份声明提及陪伴始皇帝出行的高官的名字。首先是两位"侯"（列侯），高居顶端；其下是两位在统一战争最后阶段声名显赫的将军；接着是两位丞相；还有地位非同一般的李斯，以及其他一些人物。显然，几乎整个朝廷和全部高级官员名字都出现在石碑上。秦始皇帝和高官一道，构成了一座流动的都城。将军和李斯的位置，格外引人注目。

这一年的大巡视，仅仅是个开始。始皇帝继续沿淮河向西南前行，经洞庭湖抵达长江，进入湖南。一场暴风，打乱他的计划。愤怒的始皇帝觉得湘山应该对暴风负起责任，于是命令三千刑徒砍尽湘山上的树木。始皇帝更下令把湘山漆成赭色；而赭色正是被判刑的罪犯所穿囚服的颜色。①

次年（即公元前218年），始皇帝再度东巡。途经豫东时，他侥幸再次逃过刺杀。刺客是张良——被征服的六国分封贵族利益的一名代表，②也是西汉初年的名臣。张良在狙击始皇帝时，误将准备好的120石重的大铁锤投向副车。张良家世显赫，包括其父亲在内的五代先人曾效力于韩国国君，出任国相；其家拥有多达三百名的奴隶。秦军灭韩国时，张良的弟弟被杀，曝尸战场。于是他散尽家产，代表韩国，向秦王复仇。这次的刺杀，是他的第一次努力。受到袭击的始皇帝下令在全国展开为期十天的大搜捕，张良隐姓藏匿。

始皇帝继续巡视，来到鲁北的海岸，在芝罘刻石。③碑文带着新近获得的优越感，强调法制和纲纪。其曰："烹灭强暴，振救黔首……普施明法，经纬天下，永为仪则……圣法初兴……菑害绝息，永偃戎兵……黔首改化，远迩同度，临古绝尤。"（《史记·秦始皇本纪》）虽然缺乏合适的史料支撑，但是现代学者常说：正是在公元前216

---

① 《史记·秦始皇本纪》；沙畹：《司马迁的〈史记〉》第2册，第154—156页。《史记》云："（始皇帝）浮江，至湘山祠。逢大风，几不得渡。上问博士：'湘君神？'博士曰：'闻之，尧女，舜之妻，而葬此。'"这里，沙畹准确地评论道：这是南传至湖南的北方神话。
② 关于张良（即张子房、留侯），见《史记·留侯列传》；《汉书》卷60《张陈王周传》。另见《史记·秦始皇本纪》；沙畹：《司马迁的〈史记〉》第2册，第157页。
③ 《史记·秦始皇本纪》；沙畹：《司马迁的〈史记〉》第2册，第157—162页。

年,农民成为拥有土地的人,不再是被迫为领主劳动的佃农。①在《史记·秦始皇本纪》里,只有关于某些改革的微弱线索。公元前215年,始皇帝在距离天津不远的地方(即碣石)刻石立碑。碑文曰:"地势既定,黎庶无繇……男乐其畴……惠被诸产,久并来田,莫不安所。"(《史记·秦始皇本纪》)这里并未提及决定性的变革。一般意义上的秩序、管理上的小小提高,这些往往是官方颂词的主题。至于为何给每里居民六石粮食、两只羊,没有人告诉我们原因;或许这些只是意味着庆祝皇上恩赏的欢宴而已。这条记载太过细碎。②

上引碑文中有两条非常有趣的记载。一条是有关秦国征服的非法家式的陈述,带有道家的意味。其曰:"皇帝奋威,德并诸侯,初一泰平。"(《史记·秦始皇本纪》)另一条则是关于打破封建割裂、破除小政权固有的贸易及交通障碍的记载——"堕坏城郭,决通川防,夷去险阻。"(《史记·秦始皇本纪》)③

公元前216年,发生在都城里的一件事情,暴露出始皇帝的习惯以及他所面临的风险。当时,他与四名武士在咸阳城微服私访(这种情况非常罕见),遇到强盗,武士们成功地保护了皇帝。事实或许是有人要刺杀始皇帝;《史记》谈及张良在豫东试图暗杀秦始皇时,就用了"盗"(robbers)一词。此事非同小可,始皇帝下令在"关中"(秦国故地)展开长达20天的大搜捕。④

公元前215年,始皇帝派遣蒙恬率领30万大军北上戍边,从此展开在西北抗击匈奴⑤的战争。秦军尽取河套(黄河南岸)之地;次年,始皇帝巡视至此,设置34个县。皇帝决定沿黄河修建长城,并命令蒙恬攻下河套最北端的黄河北岸地,建设堡垒以防止蛮族部落入侵。刑徒被迁往这些新建立的州县。⑥据《史记》,蒙恬显然没有离开边地,直至始皇帝身殁。《史记·蒙恬列传》告诉读者:蒙恬与30万大军,在边疆征战劳作10个春秋。⑦王国良在书中认为:秦重建和完善燕赵旧长城;新修的长城主要位于陕西和甘肃东部;此外还有一些不能归类为长城的防护性建筑链。⑧

---

① 譬如葛兰言:《中国文明》,第203页。
② 《史记·秦始皇本纪》;沙畹:《司马迁的〈史记〉》第2册,第163-167页。
③ 参见沙畹:《司马迁的〈史记〉》第2册,第166页。
④ 《史记·秦始皇本纪》;沙畹:《司马迁的〈史记〉》第2册,第163-164页。
⑤ 本文对"Huns"(匈奴)一词的使用很随意,以之取代"Hsiung-nu"(匈奴)以及没有太多区别性的"胡"(对北方蛮族的泛泛之称)。伯希和认为:"或可这样假设,这些匈奴人的名称与'大侵略'(grandes invasions)时的匈奴人是一样的,但他们并非印欧人。见氏著《高地亚洲》,第6页。
⑥ 《史记·秦始皇本纪》;沙畹:《司马迁的〈史记〉》第2册,第167-169页。
⑦ 长城于此命名。
⑧ 见王国良:《中国长城沿革考》,上海商务印书馆(1931年版),第29-33页。另见高延(de Groot):《有关亚洲历史的中文文献》(*Chinesische Urkunden zur Geschichte Asiens*),柏林与莱比锡 W. de Gruyter & co.出版机构1921年版,第1册;该书论及早期匈奴人,第33-46页研究了秦及其长城。

在同一年（公元前214年），秦王朝对经营南方的兴趣骤然提升。始皇帝"发诸尝逋亡人、赘婿、贾人"（《史记·秦始皇本纪》）前往今天的广东地区，在当地建立桂林、象和南海三郡（有注释者、舆地学者称象郡辖安南）。于是秦王朝在南方拥有了临海的宽阔地带（当时尚未对云贵地区实施有效管理）。囚徒被送去修建要塞。此类放逐在来年达至顶峰，那些行为不端的司法官员被发配至南方或者被送去修建长城。① 奥洛索在其基于各种文献完成的总结性长文中指出：秦确实开辟出从长江出发通往岭南的水路通道。②

发生在公元前213年的秦帝国与儒士之间的冲突——简称为"焚书"——在中国历史上可谓无人不知。当时，始皇帝安排一场盛宴。席间，"七十博士"（博士是朝中的荣誉官职）上前祝寿。一名礼官呈上颂文，盛赞皇帝的道德武功和无与伦比的成就——平定天下、设置郡县，等等。始皇帝听后，很是高兴。后有一名来自齐国的儒士（淳于越）登场。这名儒士谈及远古王朝的成就，即在亲属和大臣当中实施分封制；秦与之形成鲜明对比，当君主面对叛乱时，不会得到分封制下的那种来自亲属和大臣的支持。他最后做出结论：不"师古"就不可能长久；礼官的话是不负责任的，他所说的只会加重皇帝的过失。③淳于越来自齐国这个危险的儒者故乡，大胆地暗示叛乱或将发生，严厉反对秦朝的根本政策并倒向其反面，甚至指责对皇帝的称赞是阿谀奉承并直指皇帝的不足。淳于越的这番话，是礼官献给绝对君主颂歌后的让人颇感奇怪的补充说明。

不应该轻视淳于越话中的那些为人熟知的儒者的思想及其"陈词滥调"。但不管怎么说，这些话都是胆大妄为的冒险。这是有预谋的吗？我们不得而知。如果有预谋，我们也几无可能知悉。或许，淳于越是为一个群体说话；他可以仰赖支持者，抑或利用重要人物之间的分歧。但未必没有这样的可能：淳于越多少绝望地说出了支持分封制的儒士们不断累积的对自己利益的申张。淳于越坚信儒家原则的端正无误；对新帝国的人物和手段，感到怒不可遏。即便如此，淳于越的鲁莽，依旧让人觉得匪夷所思。朝河贯一在论及儒士批评秦国的激进行为时，强调他们的个人利益。这位日本学者说："儒士之所以反对（始皇帝），其中的一个原因或许是物质性而非原则性的。在战争持续了几个世纪后，统一给中国带来了和平。但令儒士感到懊恼的是：无

---

① 《史记·秦始皇本纪》；沙畹：《司马迁的〈史记〉》第2册，第167—169页。
② 奥洛索："公元前3世纪汉对交趾地区的征服"，第137—265页。
③ 《史记·秦始皇本纪》；沙畹：《司马迁的〈史记〉》第2册，第169—170页。

人理睬他们从政的要求；他们对权力和影响力的长久渴望，也被人毫不客气地置之不理。"①相比之下，汉帝国从儒士那里收获到应得的支持，因为汉家君主展示出对儒学的喜好。还有，即便是那些同情儒士甚至可以忽视其缺点的人，也会看到这样一个问题：儒士忠于那些早已绝灭的王朝。

始皇帝让群臣继续讨论淳于越的话。此时已经升任丞相的李斯发出著名的评论。他的话，是法家思想的回响。李斯认为：那些常被人提及的古代圣王所采用的治国手段，因时而异；当今皇帝所取得永恒的成就，远远超出腐儒们所能理解的范围；过去诸侯们相互冲突，现在则定于一尊，人们受益于严格的秩序。但"今诸生不师今而学古，以非当世，惑乱黔首。"（《史记·秦始皇本纪》）在李斯口中，过去不过是一盘散沙。他说："人善其所私学，以非上之所建立……私学而相与非法教，人闻令下，则各以其学议之，入则心非，出则巷议……异取以为高，率群下以造谤。如此弗禁，则主势降乎上，党与成乎下……臣请史官非秦记皆烧之。非博士官所职，天下敢有藏诗、书、百家语者，悉诣守、尉杂烧之。有敢偶语诗书者弃市。以古非今者族。吏见知不举者与同罪。令下三十日不烧，黥为城旦。②所不去者，医药卜筮种树之书。若欲有学法令，以吏为师。"（《史记·秦始皇本纪》）③

李斯的计划迅即成为法律。作为丞相，李斯格外关注那些奉行与帝国的权力中央化无法相容的原则及政治制度的文士群体，特别是他们的说教以及其可能对大众产生的影响力。李斯惧怕有组织的宣传，将《诗经》《尚书》作为反对派的权威著作予以打击。同时，因为诸子著作包含了可被用作党争工具的历史逸闻、诡辩式批评以及清晰的原则，所以李斯也把矛头对准它们。从很早开始，中国的君主就畏惧"党争"。这里的"党"，指的是占据一定职位、联系紧密的小集团；具有造反可能性的秘密结社；以及以家族为基础的地方联合。所有这些团体，对真正的政府而言，都是持续存在的障碍和危险。那些讨论《诗经》《尚书》等具有危害性著作之人，有可能被处以极刑；可怕的灭族惩罚，被用来对付那些以古代的名义攻击现政权的人。如此看来，这一著名的谕令，在本质上是对新建秩序的辩护和保护。毫无疑问，对儒士及公开讨论国事的敌意，已超出常理。丞相李斯这是在复仇。新法所要涉及的对象、有关的惩罚以及

---

① 朝河贯一：《日本早期制度：大化革新研究》，第180页注释1。
② 意为"累筑墙、砌堡垒"；一般情况下，这一劳役要持续3—4年。
③ 这里概述或者忽略了文中一些不太重要的句子。沙畹的法译，在措辞而非意义上有些不同；见沙畹：《司马迁的〈史记〉》第2册，第171—174页。短句显得有些呆板，但更能凸显文意。

例外的情况等等,都是精心算计过的。两本著作(即《诗》《书》)、一个阶层,被视为危险之物而遭严厉禁止。同时,为防止地方官员矫枉过正,技术类、实用性的书籍被特别保护起来。谕令最后要求用法家手段训练民事官员。换言之,各级官吏要让人民知晓法律。

  文人对"焚书"的憎恶延续两千年之久。作为对这种"憎恶"的回应,本文认为没有必要像一些西方学者那样,①把李斯和始皇帝变形为自由主义文化下的政治家。同时,为防止陷入那种贯穿中国全部历史作品的偏见,本文认为:结合李斯和始皇帝所面临的形势,探究他们自己的目标,或是明智之举。

  无法回答这样的问题:这条谕令究竟对中国文献的传播产生过什么样的影响?在一个书籍既稀少又昂贵的年代——当时的书籍要在纤细的竹简等物品上精心刮制而成,"焚书"当然会毁坏学术文献。早在公元前4世纪,孟子就曾讲过:许多书籍,特别是各国的官方记录,早已毁于战火。在公元前2世纪早期,不少遭始皇帝禁绝的书籍再度出现。假设在"焚书"令获得实施的短暂时期里,②重要的书籍被焚毁殆尽,那么今天我们手中的那些书又是从何而来的呢?西汉在公元前1世纪中期开始编写书录。此时尚在的图书,留存下来的希望更大一些。原因有二:这些书籍有时间上的优势;此时距离纸的发明已经不远,也就是说复制书籍会变得更加简单。不过,阅读长篇书录不是一件轻松的事儿,因为其中大多数的书已经散佚。我们不应该觉得秦朝不必对其狂暴破坏文化的举动负责;但也应该丢掉这样的认识:秦始皇"焚书"剥夺了我们可以看到的所有有关历史和文明的记录。在那篇反对书籍的谕令中,看不到什么具体的步骤。秦对政治问题的处理,从来都是果断决然的。所以,真实的情况很有可能是这样的:所谓"焚书令"在很短的时间内稍加执行,故而其对书籍的传播影响甚微。

  戴闻达引用过《韩非子》中的一句话,或可总结"焚书"之事。《韩非子·五蠹》篇说:"故明主之国……无先王之语,以吏为师。"戴闻达对此作出评论:"据司马迁,引文所出之书正是秦始皇帝极感兴趣且充分认可的作品之一。"③

  公元前212年起,始皇帝开始大兴土木。之前已简单提及有关道路和宫殿的修建。始皇帝曾经说起都城咸阳过于拥挤、先王的宫殿过于狭小,还举出儒家所欣赏的

---

① 譬如葛兰言强调了秦帝国对技术及特殊知识的兴趣;见氏著《中国文明》,第214—215页。
② 对这一时期,我们确实一无所知。当时秦的统治已经出现了裂隙,所以谕令得到有效推行的时间应当是五到六年。
③ 见戴闻达:《中国哲学研究》,第414页。

古代圣王城建的例子。他下令在渭南建造新的宫殿。新建的阿房宫的前殿,"东西五百步,南北五十丈,上可以坐万人,下可以建五丈旗。"(《史记·秦始皇本纪》)宫殿周遭是精心修建的阁道;显然还有一架飞桥,穿过渭水,"以象天极阁道绝汉抵营室也"(《秦始皇本纪》)。为修建阿房宫,征调了"隐宫徒刑者七十馀万人"(《秦始皇本纪》);这些人还被用来为始皇帝提前修建位于咸阳城外几英里的陵墓。木材从长江中游运来。三万户家庭被迁往骊山陵墓处,五万户到临洮附近的旧都。①这些人家均可免服徭役十年。通过这些记载,我们一方面可以多少了解秦帝国政府事业的规模和花费;另一方面可以知晓为何人们对秦的强迫劳役怨声载道。②

这些精巧的建筑与一种奇特的实践相关联。连接各个宫殿的复道被遮盖起来,"钟鼓美人充之"(《秦始皇本纪》);而始皇帝,隐居于此。皇帝的行踪是一个秘密,即便是身边最亲近的人也不知道他身居何处。这样一种生活方式,在寻求长生不老的过程中,被用来躲避邪灵,以修炼不死的"真人"之身。任何泄露皇帝行踪的人,其罪当诛。始皇帝曾经从山上的一座宫殿远望,看到丞相的车队人多马众,于是心有不快。丞相稍后减少随从。丞相的反应说明始皇帝的行踪已被暴露。于是,当时在他身边的人都被处死。③始皇帝长期秘密修行,有关他在这个阶段的个人信仰及实践的记载,最为清晰。他的秘密修行看起来无关紧要,也少有人理解。现在人们不认为这种修行对把握秦帝国历史的主要进程,有什么帮助。

此时的始皇帝,"听事,群臣受决事,悉于咸阳宫。"(《史记·秦始皇本纪》)于是两名博学之人("生")④——其中一人因为寻求长生不老药而地位显赫,抱怨道:"始皇为人,天性刚戾自用,起诸侯,并天下,意得欲从,以为自古莫及己。专任狱吏,狱吏得亲幸。博士虽七十人,特备员弗用。丞相诸大臣皆受成事,倚辨于上。上乐以刑杀为威,天下畏罪持禄,莫敢尽忠。上不闻过而日骄,下慑伏谩欺以取容。秦法,不得兼方不验,辄死。然候星气者至三百人,皆良士,畏忌讳谀,不敢端言其过。天下之事无大小皆决于上,上至以衡石量书,日夜有呈,不中呈不得休息。贪于权势至如此,未可为求仙药。"⑤于是二人选择逃跑。这两个人为我们绘出一幅重要的场景。这一场景

---

① 其位于咸阳稍北、靠近长城末端。译者注:据《史记·秦始皇本纪》,"五万家云阳"。
② 《史记·秦始皇本纪》;沙畹:《司马迁的〈史记〉》第2册,第174-176页。
③ 同上;同上,第176-178页。始皇帝的"真人"修行与道教有关;道教不同于作为哲学派别的道家思想。此类修行特别是其与公共事务的关系,尚未得到充分研究。
④ 随之而来的抱怨并未阐明这一类人士与一般文士之见的关系。其中似乎有让人感到困惑的利益纠葛;在"七十博士"这一群体里,或有方士和守旧士(traditionalist)。
⑤ 《史记·秦始皇本纪》;沙畹:《司马迁的〈史记〉》第2册,第178-180页。

其与之前和之后发生的事件,完美契合。其中,始皇帝勤奋又专断,对人少有信任;方士们显然在追求权力和神仙,但因为很难成功而愤恨不已;儒士的抱怨郁结于心。还有迹象表明,在官员、守旧者甚至支配着皇帝生活习惯的方士当中,出现了不满者组成的团体。

始皇帝得知这两名方士一跑了之,雷霆震怒道:"吾前收天下书不中用者尽去之。悉召文学方术士甚众,欲以兴太平,方士欲练以求奇药。今闻韩众去不报,徐市等费以巨万计,终不得药,徒奸利相告日闻。……诸生在咸阳者,吾使人廉问,或为訞言以乱黔首。"(《史记·秦始皇本纪》)"廉问"(即官方调查)开始,文士诸生等为洗白自己,经常告发别人。最终,秦下令处死460人,以儆效尤。还有更多人被发配戍边。嗣子扶苏对此表示抗议,谏言:"天下初定,远方黔首未集,诸生皆诵法孔子,今上皆重法绳之,臣恐天下不安。"(《秦始皇本纪》)始皇帝听到长子如是说,非常不喜。立刻把他送到北方边地,作蒙恬的监军。①

事件的起因在方士,始皇帝所言针对的也是方士。皇帝对"天下书不中用者"以及一些谣言的提及,听起来很像之前发生的对儒家文献的挞伐。扶苏的抗议亦可被用来解释始皇帝的举动。中国的历史学家和文人墨客一直认为始皇帝所做是对文士的屠戮,并使用一个让人起疑的名称"坑儒"。不管怎样,这一事件对儒者来说,就是一场殉道;对秦朝而言,是一种巨大的耻辱。这里的总结和讨论说明:在不满者群体中,既有方士也有儒士;始皇帝复仇,不会放过二者。但是,有关的证据罕能告诉我们更多。②

中国史家在谈及灾难时代,特别是一个王朝走向灭亡时,会把一些自然现象及故事集合起来,将之作为社会崩溃的征兆。以《史记》中关于公元前211年的一条记载为例。《秦始皇本纪》有言:"有坠星下东郡,至地为石,黔首或刻其石曰'始皇帝死而地分'。"当地官员未能找到刻石者,于是始皇帝下令处死所有石头附近居民,同时销毁坠落的陨石,这一切超出了现代知识所能理解的范围。始皇帝对此感到非常不快。他让"博士"为自己撰写"仙真人诗",并去巡游天下。巡游途中,皇帝让乐师谱曲歌唱这些诗作。后来始皇帝又看到一个征兆,故而"迁北河榆中三万家"。③

---

① 参见沙畹:《司马迁的〈史记〉》第2册,第180—182页。
② 王充曾经抱怨说:儒士在谈及此事及较早发生的对其文献的打击时,有所夸张。见《论衡·语增》。英译见佛尔克:《〈论衡〉上:王充的哲学论文》,第490页。不过他相信儒经被焚毁,一些儒士被活埋。王充的论述写于公元1世纪,要么是对司马迁《史记》中有关内容的缩写,要么就是遵奉和《史记》一样的史料来源。
③ 见《史记·秦始皇本纪》;沙畹:《司马迁的〈史记〉》第2册,第182—184页。

中华帝国的建立

公元前211年,秦始皇最后一次巡视全国。一名丞相留驻国都;另一名丞相李斯及始皇帝喜爱的少子胡亥伴游。他们向东来到长江,进入浙江,祭祀名山,在会稽刻石立碑(会稽据说是大禹的埋身之地)。碑文醒目,描述秦政府对当地越人社会风俗(如男女关系等)的改造。碑文作者在字里行间,很有趣地使用了正确的法律术语。① 这一创建社会道德的努力(即改变当地习俗),有儒家的风味。碑文曰:"(始皇帝)宣省习俗,黔首斋庄……秦圣临国,始定刑名,显陈旧章。初平法式,审别职任,以立恒常。(与邪恶的六国君主形成鲜明对比,始皇帝)运理群物,考验事实,各载其名……有子而嫁,倍死不贞。防隔内外,禁止淫泆,男女洁诚。夫为寄豭,杀之无罪,男秉义程……黔首修洁。"(《史记·秦始皇本纪》)

皇帝一行向东来到山东的海岸。方士深入大海,继续为圣上寻找不死神药。不久,始皇帝病倒。"始皇恶言死,群臣莫敢言死事。"(《史记·秦始皇本纪》)始皇帝的身体愈发糟糕,于是他下令把御玺和文书送给长子扶苏,让其回咸阳参加葬礼。始皇帝去世,但玺书被中书令赵高扣留。②

王朝危险重重。始皇帝在距离咸阳过于遥远的地方驾崩,李斯惧怕叛乱会因此发生。皇帝去世的消息被秘而不宣,只有近身太监、赵高、李斯和胡亥知道实情。③赵高、李斯和胡亥结成小集团,谎称李斯已经收到先皇让胡亥继位的遗诏;诬称扶苏和蒙恬有罪,将二人赐死。在《史记·李斯列传》中,司马迁用不小的篇幅说明:整个事情由赵高策划。赵高通过冗长的辩论,指出扶苏和蒙恬必定会任命新的军事将领而重组政府,从而说服其他人服从自己的计划。在辩论中,赵高不经意地提起:始皇帝有20多个儿子。④

密谋者加紧赶回都城咸阳,以控制住中央政府。⑤到达咸阳后,始将始皇帝去世的消息公诸于众。胡亥继位,是为二世皇帝,简称(秦)二世。始皇帝的陵墓多年前就已准备好。各种设备及仪式精巧无比,与载着始皇帝尸体、飞奔回都城的车队的粗糙简陋,形成一种奇怪的对比。(始皇陵蔚为壮观)"以水银为百川江河大海,机相灌输,上具天文,下具地理。以人鱼膏为烛,度不灭者久之。"(《史记·秦始皇本纪》)"令匠作机弩矢,有所穿近者辄射之。"(《秦始皇本纪》)大批处理过最珍贵珠宝和完成最后

---

① 碑文的全译见沙畹:《司马迁的〈史记〉》第2册,第186-189页。
② 关于赵高,见《史记·李斯列传》。
③ 赵高曾经教授胡亥写作和法令,深得其喜爱。
④ 见《史记·秦始皇本纪》《史记·李斯列传》。
⑤ 始皇帝在夏季去世。这一点,可以从每一辆马车都加载咸鱼中看出。咸鱼的强烈味道可以掩盖尸体的腐臭,由此隐藏皇帝驾崩的秘密。

秘密任务的工匠,以及始皇帝的无子嫔妃,都被封入陵墓殉葬。最后,"树草木以象山"(《秦始皇本纪》)。但即便是这座"真人"之墓,连同始皇帝的帝国,仅在几年后即遭劫掠,难逃早亡厄运。①

实际在很大程度上,秦始皇帝躲开了现代人的审视。透过层层累积的关于始皇帝的陈词滥调,他所做事情及其所维持的政府的意义逐渐显现。但是,几乎没有直接来自始皇帝本人的言语和思想;甚至没有一份出自身份可知的始皇帝身边的同情者的记录。作为秦国国王,嬴政在位26年;统一中国后,又做了11年皇帝。始皇帝的所作所为表明:他并非将军,但有着无与伦比的军事严谨性;他是勤奋的边疆巡视者,又是一名深居宫中、行踪不为人知的隐士;他是拥有实用理智的强悍的管理者,有时又像一名江湖骗子;他还是庞大帝国的组建者,但在凝聚人们的忠诚感上犯下了错误。②最引人注目的一点是:始皇帝在其任内,无事不成。③无论时机有多么好,无论始皇帝的助手有多么能干,无论反对者有多么的软弱,始皇帝作为一名带领国家走过漫长、困难时代的君主,都应该备受赞誉。在多大程度上,后来出现的动乱应当归于始皇帝的错误政策?始皇帝的可悲且不能胜任的继承者以及其他非人为因素,应该对之负多少责任?这些,都很难说清楚。不管怎样,始皇帝的成功让人印象深刻;比之绝大多数和他同时期以及随后几十年的那些无足轻重的君主,更是如此。始皇帝之后的中国,跟始皇帝之前的中国,有着显著的不同。在始皇帝之后发生的变革,大多以这样那样的方式,跟他的政策和作为关联起来。

始皇帝在一个奉行相同原则的帝国,成功推行秦的权力和制度,使之有一个符合逻辑、具有实用性的结果。仅就此而言,始皇帝的人生及其统治显得特别一致,堪称壮观。在某种意义上,秦的政策具有保守性。把这些政策应用到整个帝国时,既需要富有建设性的想象力,也需要审慎地拒绝那些被反复建议的替代性策略。④秦国的组

---

① 据一位权威不输于始皇帝的人——即未来的汉高祖刘邦,项羽在公元前206年把始皇陵劫掠一空。见《史记·高祖本纪》;沙畹:《司马迁的〈史记〉》第2册,第375页。
② 福兰阁的总结是最棒的;其言:"始皇帝本人的性格和所有那些带动历史大发展的人的性格一样;君王般的意志力;让人难以接受的冷酷无情;对自我权力的无限信任;以及选用手段时对伟大目标的自知自觉及政治上的精明。"(《中华帝国史》第1册,第251页)
③ 即便是迷信一般的放肆言行也是严肃认真的。不应该依据所谓现代标准,将之视为愚蠢。这些,看起来并未影响艰苦奋争的岁月。甚至后来始皇帝的深居简出,也是奋进的一种形式。
④ 葛兰言是秦始皇的当代崇拜者。他把帝国整个体系的运转归功于始皇帝,甚至认为始皇帝的神秘主义是对实用科学的喜爱、所谓始皇帝的迷信只是帝国宗教的一部分。葛兰言的不少评论很有启发性,是法兰西的天赋使然。其最恰当的评论如下:"始皇帝思路清晰、志存高远;很明显,他最主要的品质就是坚不可摧的理智和精神";"幸亏有了始皇帝,一个统一的中国的理想,成为一场完美的行动;中国从未有过像始皇帝那样的强势天才,勇敢地通过建立一个权利中央化的国家,把中华统一的梦想,付诸实施。"详见氏著《中国文明》,第115—125页。

织及其原则延伸扩张的合法性,以这样一种方式得到最好的证明:继秦而起的汉王朝,迟疑不决、扭扭捏捏地认识到,走和秦国相同的道路,是最好的选择。汉朝希望自己在这样做的时候,有更多的朋友而非敌人。就秦代中央政府的人事问题(主要涉及高级官员)而言,有迹象表明其日趋稳定。当然,有关的信息非常少。不少优秀的将军,居高位而善终。这一事实的出现,要归功于皇帝的赏识、任命及其对这些将军的持续不断的信任。秦帝国的民事官员的任期跟后来汉代某些时期官员的任期相比,要更长一些。不过在本文采用的史料中,只有一位官员成就非凡。

　　至少可以用三种方式,去称赞李斯。他是始皇帝麾下最能干、也是得到皇帝最多支持的大臣。他是真正的天才政治家,堪比威廉一世大帝身边的俾斯麦;在管理国家方面,他至少是始皇帝的平等伙伴。他是一个让人满意但又非同寻常的官员。李斯的显赫看起来有些过分。他是不少获得完整记录的秦帝国政策的代言人,在始皇帝去世后的权力转移中发挥重要作用。历史学家对这位秦帝国最后的丞相关注得太多,从而让其他官员变得模糊不清。第一种观点是很有可能的;第二和第三种观点是可接受的。因为中国历史作品的形式主义,要想知道什么是决定、什么是行动、皇帝自己的话是什么、哪些又是其他人的想法或意志,总显得困难重重。李斯在中央政府的时间,适值始皇帝一统中国。当时没有谁比他更加风光。史家虽然事实上非常反感李斯,但还是多少有些不情愿地把他塑造为有智慧、有独立性的人。历史对李斯称赞有加,并未强迫他成为秦帝国过失的替罪羊。李斯只是在秦王朝行将结束的时候,出任丞相。在很长时间里,他担任廷尉(即最高司法长官)。这就是说,李斯其实是中央政府而非秦国国民的首席纪律长官。但他即便是在廷尉这个相对不太显赫的位置上,依旧是重要政策的发起者和设计师。

　　《史记·李斯列传》开篇介绍说,李斯生于楚国旧地、现为秦国控制的上蔡,曾担任过郡内的低级官员。他仔细观察当时的政治图景,胸怀大志,来到秦国都城咸阳。李斯仿效当时杰出的年轻人,让自己首先成为吕不韦的舍人(即门客)。据说,他抓住人生的第一次机会,向年轻的秦王呼吁:利用"诸侯服秦,譬若郡县"的历史机遇,"成帝业,为天下一统"(《李斯列传》)。此乃"万世之一时也"(《史记·李斯列传》)。如果这条记载并非泛泛之言,那么它就告诉我们:正是李斯重新激活了秦国政策中的活力。众所周知,李斯和韩非一同在荀子门下学习。荀子是最接近法家的大儒。《史记·李斯列传》中经常提及《韩非子》(以及《商君书》)。韩非和李斯二人的名字不能分割开来,他们一道代表着那种深刻影响始皇帝的政治思想。在有关韩非的传记(即《史记·老子韩非列传》)中,李、韩的关系被数次提及;其中还特别引用始皇帝对韩非两部作品的崇敬激赏——"嗟乎,寡人得见此人与之游,死不恨矣!"(《史记·老子韩非列传》)①(韩非后来被投入狱中)始皇帝有些懊悔,试图通过李斯赦免之;但为时已晚。思想敏锐的王充这样评论道:"韩非著书,李斯采以言事;……非、斯同门。"(《论衡·案书》)②

赵高施行诡计,李斯身陷囹圄。于是李斯撰写了一份辩护,详列自己这一生的"罪责"——其中有:"卒兼六国,虏其王,立秦为天子";"北逐胡、貊,南定百越,以见秦之强";"平斗斛度量文章,布之天下,以树秦之名";"治驰道,兴游观,以见主之得意。"(《史记·李斯列传》)等等。一个人只要染指这些成就分毫,就可以扬名立万。于是苛刻的史家,把李斯视为上述伟大事业的导演者。

始皇帝与李斯合作的最重要成果就是在当时那个关键的年代,引导秦国的权力。对此,必须这样记录:中华民族定于一尊的理论构想,以如此简单直接的形式,展现出来;后世的思想者和重要的君主,再无离开这一形式的可能。与地方主义形成鲜明的对比,统一的法律与行政实践的基本原则被制定出来。这些原则体现在多个方面,包括规定、税收、文字、度量衡等。中国的领土在南北两个方向延伸,指向后世最主要的边界。边疆的拓展与内部的统一连接在一起。这种连接,提供一种国家框架——来自黄河下游谷地的传统文化,可以对各地的非华夏族群,产生更有效的影响。相同的进程,对广大区域内的经济交流,也是有益的。具体说来,本质上是开放、统一的贸易条件,大行其道。在定于一尊的条件下,秦的国土囊括不少以前的诸侯国,各个民族也都加入秦帝国;这刺激法治政府(或半法治政府)的诞生。法治政府,是旧地方贵族政治中那些个人的传统的对立面。早先的诸侯国是真实存在的,但走向失败。即便如此,所谓"周朝"的政治虚构最终被埋葬。这多少显得有些消极。秦朝为形成新的统一传统做好了准备。这一切与中国在确定的地域和社会中已经取得的经济和技术的发展,保持一致。历经变革、混乱和(来自异族的)征服,秦朝所确立的统一传统,生生不息直至今天。

---

① 对比王充的记录:(始皇帝读完韩非的文章后,感叹道:)"独不得与此人同时。"(《论衡·佚文》)英译见佛尔克:《〈论衡〉上:王充的哲学论文》,第72页。
② 英译见佛尔克:《〈论衡〉上:王充的哲学论文》,第469页。

第四节 秦帝国的崩溃

始皇帝身殁后,秦帝国败亡的速度是如此之快,以至于中国史家将其视为上天的无情判罚。保存下来的有关秦帝国崩溃的细节,大多关乎个人。故而,对有关历史的探究,很快就会转向更宏大的社会环境及其发生的变化。二世皇帝在公元前211年登基;其时,刚刚成年,完全在郎中令赵高的指导下行事。与前朝的连续性在表面上得以维持。譬如,二世皇帝像已故父皇那样巡视全国,"以示强,威服海内。"(《史记·秦始皇本纪》)献给始皇帝的庙宇成为祖庙,其他的庙宇则被毁掉。在一次由李斯伴行的东巡中,二世皇帝到达会稽,在父皇的刻石上,带着敬意补充了一些内容。①

在根基稳固、经历过杰出又严酷的始皇帝一朝的高官显贵面前,年轻的二世皇帝及其宠臣看起来有些像暴发户。他们带着恐惧和怀疑,用所知道的唯一方式,让自己变得更加安全一些。二世皇帝告诉赵高:首席部长还有将军们对自己充满敌意且十分危险。赵高趁机诬告这些人心怀嫉妒;因为自己跟这些"积功劳世"的"累世名贵人"相比"素小贱"(《史记·秦始皇本纪》)。他向二世皇帝建议:审理、处死所有"郡县守尉有罪者"(即不忠诚的民事和军事官员);以此让国家深陷恐惧之中,也就不会再有"犯上"的紧迫危险。赵高说:"今时不师文而决于武力,愿陛下遂从时毋疑,即群臣不及谋。明主收举馀民,贱者贵之,贫者富之,远者近之,则上下集而国安矣。"(《史记·秦始皇本纪》)秦二世接受这种被扭曲的法家信条及行政机构,开始清洗朝内高官和王室成员。这些人的下属亦未能幸免,甚至波及某类官员的全体。结果,"宗室振恐。群臣谏者以为诽谤,大吏持禄取容,黔首振恐。"②

秦二世对权力的滥用,让人无法忍受。他下令完成阿房宫的修建,"外抚四夷,如始皇计。"(《史记·秦始皇本纪》)五万名弓箭手被征调到首都咸阳戍卫、练习。(咸阳附近皇家公园里的)犬马禽兽的数量随之倍增。补给的问题变得尖锐起来,于是二世皇帝"下调郡县转输菽粟刍稿,皆令自赍粮食,咸阳三百里内不得食其谷。"(《史记·秦始皇本纪》)同时,秦对刑罚的使用,愈发严酷无情。③

---

① 《史记·秦始皇本纪》;沙畹:《司马迁的〈史记〉》第2册,第195-199页。
②③ 同上;同上,第200-204页。

以上就是历史学家为秦末叛乱勾勒出的背景图。陈涉,①一位来自楚地、自身无足轻重、且早已被文人宣布为一名普通人的戍卒,发动一干游众,建立"张楚"政权。与此同时,在许多地方,合法政府的官员被杀或者遭到驱逐,反叛者的首领"相立为侯王"(《史记·秦始皇本纪》)。历史作品中有时把这些叛乱称为"新人"对"旧人"(中的官员)的反抗。我们可以不失公平地推测:所谓"新人"当与某些秘密结社或帮会有联系。

我们现在的认识,来自于对秦皇宫廷的记录。一名官员从东部赶来,告诉二世皇帝叛乱的消息,但却被送到司法官员那里治罪。另有一名官员赶来,欺骗皇帝说:叛乱已被平定。叛乱者自立为赵王、魏王、齐王等。此外,当时出现两位在随后岁月中成为杰出领袖的人——"沛公"(即西汉创建者汉高祖刘邦)和项羽。秦二世二年,数十万叛军挺进国都咸阳。根据内阁的建议,二世皇帝大赦在骊山修建陵墓的囚徒,令之充实防军。这是一场绝望的努力。财长(即少府)章邯及其他将军率领的部队,在山东和安徽取得重要胜利——包括陈涉在内的"楚地盗名将已死"(《史记·秦始皇本纪》)。战争在赵地(河北)继续进行。赵高反对皇帝与群臣一道做出决定,因为这样会暴露圣上的不足。于是二世皇帝退出人们的视野,几乎所有事情,都由他和赵高在宫禁中秘密决定。②

东部叛军的数量继续增多,二世皇帝增兵平叛。在这种情况下,左右丞相(李斯为左丞相)、首席将军等,对二世皇帝依旧执行只会带来损失的有害政策,提出抗议。他们说:"关东群盗并起,秦发兵诛击,所杀亡甚众,然犹不止。盗多,皆以戍漕转作事苦,赋税大也。请且止阿房宫作者,减省四边戍转。"(《史记·秦始皇本纪》)二世皇帝的回复,傲慢张狂;指责丞相和将军,不忠于自己及始皇帝的政策。最终,以一些不相干的罪名,三位大臣遭到指控。其中两位自杀,李斯被捕入狱,受尽酷刑而死。③此事背后真正的动机,或在这里:赵高即刻被任命为丞相。④

秦二世三年(公元前207年),面对秦将章邯,楚军首领项羽步步紧逼。章邯数次退却,遭到二世皇帝的责骂。章邯清楚地认识到:赵高当政,无论自己在战场上是赢

---

① 关于陈涉,见《史记·陈涉世家》。《史记》显示:陈涉是一位农人。现在的马克思主义研究者也令人感兴趣地做出了类似的解释。吕振羽就是这样认为的。如此,陈涉领导的叛乱,在整体上就变成了佃农和受雇农民联手反抗地主所有制。见吕振羽:《秦代经济研究》,《文史》第3辑(1934年),第1—12页。但在现有文本中,到底会发现多少有关农业压迫和剥削的信息呢?
② 《史记·秦始皇本纪》;沙畹:《司马迁的〈史记〉》第2册,第204—207页。
③ 《史记·李斯列传》。
④ 《史记·秦始皇本纪》;沙畹:《司马迁的〈史记〉》第2册,第207—211页。

中华帝国的建立

是败,都是危险万分。他和同侪已无心克服失败,转而向"诸侯"投降。赵高阴谋发动政变,但尚无法确定群臣的态度。他向二世皇帝进献一头鹿,称其为"马"。借此机会,赵高对朝上官员进行测试。那些坚持认为此鹿非马的人,皆被法办。这么做,赵高既对群臣进行筛查,又对之进行恐吓。

赵高坚持认为叛军不会有什么作为,但叛军已经重建了被秦国灭亡的六国之王号。在地方上,许多下级官员加入叛军队伍。叛军越过旧的关隘,志在一举扫荡秦国政权。沛公刘邦拿下南边的重要关口后,秘密与赵高联系。赵高对二世皇帝心存畏惧,借口生病,拒不上朝。二世皇帝时而陷入狂热的迷信,时而对丞相进行严厉的谴责。赵高与其担任咸阳令的女婿及任职郎中令的弟弟,一同密谋另立子婴(二世皇帝胡亥兄长的孩子)为秦帝。他们认为:"子婴仁俭,百姓皆载其言。"(《史记·秦始皇本纪》)这一认识,恰是当时局势所需。密谋期间,赵高对自己的女婿也缺乏信任,将其母亲扣为人质。当密谋者控制内宫并开始攻击皇帝时,最后一名忠诚于秦二世、守在他身边的人对皇帝说道:我因为对即将到来的危险保持沉默,方才让自己和家人保住性命。二世皇帝开始与叛臣讨价还价,希望以降低身份换得不死。但即便是他愿意甘做平民而苟活,亦遭拒绝。最后,秦二世只能自杀,逃过"为天下"而被诛杀的结局。①

赵高把情况通报给大臣和宗室。他把新立的子婴称为"秦王"(而非皇帝),这等于确认秦帝国已经危如累卵。已经自杀的二世皇帝的葬礼,按照普通农民的规格举行。秦王子婴听说赵高已经与楚达成协议:灭秦王室、赵高称王。子婴担心赵高以斋戒之名刺杀自己,于是奋起反击,亲手杀死赵高,"三族高家以徇咸阳"(《史记·秦始皇本纪》)。

子婴仅当了46天秦王。沛公刘邦胜利到达都城附近的灞上。子婴准备好天子符玺,按照要求投降,并拟自杀殉国。但沛公率军平静入城,封好府库,随即撤出咸阳。此举后来让刘邦受益匪浅。一个多月后,项羽率领的所谓"诸侯"到达咸阳。项羽杀害子婴和秦皇室的所有成员,更是"屠咸阳,烧其宫室,②虏其子女,收其珍宝货财,诸侯共分之。"(《史记·秦始皇本纪》)③秦帝国被一分为三;项羽号称"西楚霸王",④行为做派仿佛帝国君主——"分天下,王诸侯。"(《史记·秦始皇本纪》)⑤

---

① 《史记·秦始皇本纪》;沙畹:《司马迁的〈史记〉》第2册,第211-215页。
② 后代学者并未谈及对书籍和历史记录的焚毁。
③ 刘邦后来曾当面指责项羽焚毁宫殿、侵犯始皇帝陵墓以及侵占富人钱财等。见《史记·高祖本纪》;沙畹:《司马迁的〈史记〉》第2册,第375页。
④ 所谓"霸",指的是占据绝对优势的王(roi hégémon)。
⑤ 参见沙畹:《司马迁的〈史记〉》第2册,第215-218页。

为什么在始皇帝去世后短短三年,秦帝国就崩塌了?无疑,这一伟大王朝,也有诸多让人不满的地方。但是通过帝都学者之口,我们无法对这些不满进行衡量。几十万人为各项公共工程不间断劳作;西北边疆的战事和堡垒修建少有停息;对南方的征服持续进行;浩大陵墓的修建未曾中断;为国都、军队等运送补给的任务沉重不堪……所有这些,都意味着帝国要承受的压力会持续增加。显然,在秦二世时期,帝国的情况因为统治者缺乏智慧和权威,而进一步恶化。有关的文献都强调这些负担。譬如,《汉书·食货志》记载:秦帝国为维护自己的统治,耗尽天下之财。①有抱怨说:秦帝国的统治过于严苛。在如此大规模的帝国让人民与制度都能发挥作用,绝非易事。关于这一点,王充曾引用公元前170年前后担任西汉高官的张释之说过的一句话:"秦任刀笔小吏,陵迟至于二世,天下土崩。"(《论衡·程材》)②此外,秦帝国在始皇帝治下只有十一二年,征服刚刚完成,对于稳定调整以实现常规性的和平而言,时间过于短暂。另一个加剧了对秦的敌视的因素,是地方差异;政治因素更是加强了这种差异。战国时期,楚国是秦国最后的主要对手。如今,绝大部分叛乱头领都来自楚地。有一条记录关乎项羽与章邯两军合并、向函谷关挺进,清楚地讲明这一情况。其言:"诸侯吏卒异时故繇使屯戍过秦中,秦中吏卒遇之多无状,及秦军降诸侯,诸侯吏卒乘胜多奴虏使之,轻折辱秦吏卒。"③还有一条相关的记载:"人或说项王曰:'关中阻山河四塞,地肥饶,可都以霸。'项王见秦宫室皆以烧残破,又心怀思欲东归,曰:'富贵不归故乡,如衣绣夜行,谁知之者!'说者曰:'人言楚人沐猴而冠耳,果然。'项王闻之,烹说者。"④

秦帝国实际上的崩溃,出现在二世皇帝统治的时期。这一点是有可能的:汉代对秦朝的批评,大多缘起秦的最后岁月。其时,因为君主的那些无法为之辩护的个人错误,秦朝面临的困难有所加剧;亦因为一些不光彩的行为,造成更大的困难。对那些活到汉代的人来说,秦末的情景为其熟知,关于(与秦朝)直接冲突的记忆依旧新鲜。他们写下文字,与晚辈攀谈;在这一过程中,构建出一种传统。有关制度的真实情况,

---

① 据说,秦税高达丰年产量的三分之二。
② 英译见佛尔克:《〈论衡〉下:王充的各类文章》,第63页。张释之所言出处当在《史记·张释之冯唐列传》。
③ 《史记·项羽本纪》;沙畹:《司马迁的〈史记〉》第2册,第272—273页。对比葛兰言就始皇帝的政策做出的推断。葛氏的推断或许是真实的;但,其所依赖的证据,大多是负面的。葛氏说道:"始皇帝选择秦地为首都;这一点千真万确。但是,他决不允许秦人把帝国仅仅作为自己的战利品。始皇帝有能力对旧时代臣民的狭隘的地方主义说不。"见氏著《中国文明》,第125页。
④ 《史记·项羽本纪》;沙畹:《司马迁的〈史记〉》第2册,第283页。这里所说的"冠",是中国传统文化的一个象征;儒家尤其强调这一点。古代中国北方人,把南方楚地之人视为湿热丛林里的半野蛮人;这种偏见,一直到南方有所成就后,方才被克服。

他们还说不出所以然来。秦末错置的宠幸;对声望而非现实的关注;对经验丰富、成绩斐然的官员的下作的嫉妒和恐惧;高层反复出现的背叛;令人作呕的出卖法律和政治以牟私利……这些怎能让帝国得以维系?清洗地方与中央官员,对他们的经验和忠诚,视若无睹。可是,恐怖自身又能带来什么?在绝望和敌视当中,反叛者找得到支持,把不满者和旧式地方利益集团调动起来,反对那个已是步履蹒跚、遭人痛恨的帝国政府。那些本可以拯救秦帝国的顾问们所收获的奖励,竟是死亡。相位从李斯转入赵高手中,这就是秦帝国的堕落。真正的官员被赶出朝廷,只有阿谀奉承者、受君王宠幸的懦弱者留驻禁宫。当出身卑微的宠臣可以弑立君主时,秦这个新贵帝国便再无重新振作之可能了。

贾谊的《过秦论》最接近秦帝国兴起和衰落的时间,保存至今。该论成文于公元前175—前170年间,距离秦的消亡只有一个世代。《过秦论》帮助汉代君主形成自己有关经纬国事的认识。在《史记》有关始皇帝及其继承者的本纪的末尾,司马迁大段引用《过秦论》中的内容。此外,虽然贾谊的文章本身在文字表达上有炫耀之嫌,其本质上还是引人入胜的。所以,在本文对秦帝国历史的概述行将结束时,对贾谊的《过秦论》做些许总结并摘撷其要,是再合适不过的。

贾谊说:嬴政延续了之前六代秦王的荣光。"振长策而御宇内……南取百越之地……委命下吏。"(《史记·秦始皇本纪》)始皇帝在保护北部边疆方面,成绩斐然。但是,他"废先王之道,焚百家之言,以愚黔首。堕名城,杀豪俊,收天下之兵聚之咸阳……以弱黔首之民。"(《史记·秦始皇本纪》)

相比之下,陈涉出身卑微;与其结盟者,不过是一群被流放的囚徒;其能力更在中人之下。粗糙的农具怎能与帝国锋利的金(属)兵(器)相比?但帝王就是在这些遭人嘲弄的下人手中,走向灭亡。这样的乾坤颠倒,到底是怎样发生的?原因在于:仁爱与正义未能广播天下。秦皇不知打天下与治天下并非一回事。贾谊认为:秦帝国贪婪、专权,与功臣、民众形同陌路,禁绝书籍、用法刻深,置欺骗和暴力于仁爱正义之上,更把大权独揽作为国之根基。秦之举措,是征服天下所需;但对建设和平安天下来说,宽容与公平,不可或缺。一统天下的宏业完成后,秦未能改变自己的政策,它的成功也就难以延续。贾谊曾设想:"乡使二世有庸主之行,而任忠贤……正先帝之过,裂地分民以封功臣之后,建国立君以礼天下,虚囹圄而免刑戮,除去收帑污秽之罪,使各反其乡里,发仓廪,散财币,以振孤独穷困之士,轻赋少事……"(《史记·秦始皇本纪》)如果二世皇帝真做到这些,那么秦帝国必定一切安好。可惜他反其道而行之,把人民淹没在沉重的负担和苦难中，结果"蒙罪者众，刑戮相望于道……自君卿以下至于众庶，人怀自危之心。"（《史记·秦始皇本纪》）陈涉起事，于是天下响应。贾谊最后总结道："贵为天子，富有天下，身不免于戮杀者，正倾非也。是二世之过也。"①

与堪称乌合之众、四处觅食的农民军相比，秦军在战略、补给和武器方面占尽优势。但在战场上，这些优势毫无作用。在反叛者当中，"豪俊相立"（《史记·秦始皇本纪》）。回望历史，秦国之所以能取得历史性的成功，原因不在于其君王"世世贤"，而在于"其势居然"（《史记·秦始皇本纪》）。那时候的秦国，面对敌人，"贤智并列，良将行其师，贤相通其谋"，故而经受住了对手们"同心并力"发起的挑战。（在随后的斗争中，秦的对手注定失败）因为："诸侯起于匹夫，以利合，非有素王之行也。其交未亲，其下未附，名为亡秦，其实利之也。"（《史记·秦始皇本纪》）诸侯遇到强劲的阻挡，就会踯躅难行，龟缩本土，等待秦自己走向败亡。秦末，人们畏惧严刑峻法，国都之内，已无真正的协商建议，故而"天下已乱，奸不上闻"。②

抛开偏见和对自家学派的信仰，贾谊带着思想上的敏锐，按照儒家的原则，对秦帝国的灭亡做出解读。在历史的屏风上，太多真相被如此轻易地编织在一起。我们很难从中鉴别欣赏秦朝制度的优点以及始皇帝的成就。当新王朝"汉"作为秦的略显有些犹豫的继承者，从让人摸不着头脑的混乱中崛起时，有必要再度简要地提及秦代制度和始皇帝的伟业。

福兰阁小心翼翼地写下："我们也必须假设：如果始皇帝信任儒者且根据他们的建议形成自己的政策，那么历史记录就会变得截然不同了。继秦而起的汉代的伟大帝王们做到了这些，是秦代创举的继承者和受益者。但始皇帝比他们都要伟大，他的壮举与古圣先贤的成就比肩。"③福氏也提及儒家针对始皇帝所采用手段的评价："秦朝的所作所为并未消亡，而是成为后世伟大中华国家崛起的基础。对儒家而言，只有通过统一的中华帝国不断赋予它的永不衰竭、强劲有力的工具，它才有可能在东方世界实现自己的文化使命。这是因为：在永恒的国与国之间的斗争中，所谓'德'指的是：如果不凭借强力（即强大的国家），文化就无法推展。而秦，给了中国人一个强大

---

① 《史记·秦始皇本纪》；沙畹：《司马迁的〈史记〉》第2册，第225—236页。
② 同上；同上，第219—224页。紧接着的话，带有典型的历史哲学的风格："野谚曰'前事之不忘，后事之师也'。是以君子为国，观之上古，验之当世，参以人事，察盛衰之理，审权势之宜，去就有序，变化有时，故旷日长久而社稷安矣。"（《史记·秦始皇本纪》）
③ 见福兰阁（Otto Franke）：《中华帝国史》（Geschichte des Chinesischen Reiches），柏林与莱比锡德古意特（de Gruyter）1930年版，第1册，第252页。

中华帝国的建立

的国家。"①

赖德烈(K. S. Latourette)总结始皇帝的成就,指出:"虽然历史证明他无法把自己的权力变得永恒不朽,但是他把东亚带入一个崭新的时代。他勾勒出新的组织。一直到1912年,对中国的治理,凭借的就是这个不断被加以变化的组织。除去偶尔发生、时间长短不一的失效期,这一组织把被称为中国的庞大地域牢牢地团结在一起。这是了不起的成功。"②随后赖氏强调以秦为最重要代表的那场变迁的重要性:"始皇帝家族的崩塌,让人不知所措。但始皇帝——一名伟大的组织者——及其先祖的事业,并未完全被毁灭。周代分封制,已在事实上被抹去。几年后,一名成功的将军再度统一帝国。新的皇室以一种改进过的形式,继承秦国大部分的行政机构。老式的诸侯国已经被彻底处理掉,任何复兴它们的企图都被证明是徒劳的。那个有着别样分封制的旧中国,彻底消失了。一个统一的中华帝国,业已建立起来。许多旧事物,转变融入新时代,给后者留下不灭的印记。但无论就政治组织抑或中华文明的其他方面而言,这个因始皇帝而获得存在的中国,不同于先秦时代的中国。崭新时代,确已降临。"③

---

① 见福兰阁(Otto Franke):《中华帝国史》(Geschichte des Chinesischen Reiches),柏林与莱比锡德古意特(de Gruyter)1930年版,第1册,第267页。
② 赖德烈(Kenneth Scott Latourette):《中国人:他们的历史,他们的文化》(The Chinese: Their History and Culture),纽约麦克米伦(Macmillan)1934年版,第91页。
③ 同上,第102页。

78

第三章 汉朝的建立

中华帝国的建立

第一节 汉朝的兴起

一方面,汉朝的崛起与秦末农民起义有关,故而在年代上与秦二世时期(公元前209—前207年)有重叠;另一方面,汉朝直到高祖刘邦在公元前202年完全有能力称帝时才算建立。官方记录为避免出现年代真空,故而把汉朝的建立回溯至公元前206年。幸运的是,未来的汉高祖刘邦正是在这一年被封为汉王(汉朝得名于此)。这里关注的恰是公元前209—前202年的历史。这段历史始于秦末的叛乱(此前在谈及二世皇帝的统治时已有描述),一直延续至汉王刘邦控制整个帝国。主要史料集中在《史记》中的《项羽本纪》《高祖本纪》及大体与之相当的《汉书》的《陈胜项籍传》《高帝纪》。① 这些文献涉及:秦末叛乱中第一位了不起、如帝王一般的领袖项羽;刘邦即"沛公"(在楚国相当于郡守),亦称汉王,更乃为汉高祖。

项家在楚国累世为将。秦帝国建立前夜,项羽的祖父在楚国抗秦的最后战役中被杀死。项羽的叔父项梁加入反抗秦二世的叛乱。项羽24岁从军作战;六年时间里,荣耀满身。项梁因为杀人,和项羽一道避难吴中(今苏州附近)。项梁在那里取得官位,还偷偷地训练一批年轻的追随者。陈涉掀起叛乱。项梁通过有野心的地方官员,从中找到了机会。他领导义军,让人刮目相看。项梁很快就加入更大规模的叛军。这支叛军中还有刘邦据以崛起的队伍。他的家世,让其变得更加显赫。项梁的侄子项羽是一位可资信赖的军官,很快成长为独立的将领。项梁找到了90年前被秦

---

① 在《史记》中,《项羽本纪》被置于《秦始皇本纪》之后,《高祖本纪》之前。

欺骗诱捕的楚怀王的孙子。此时的王孙不过是山间的一位牧羊人。项梁将其立为楚王。如此一来，楚地复杂的局势被廓清。带着一丝嘲讽，这一事件揭示出旧诸侯家族在叛乱中的至上地位，即叛乱者面对昔日的王侯，完全可以由着性子为所欲为。有关战斗及政治操作的细节揭示出：项羽的技巧和行动力都在上升。项梁战死后，项羽成为叛军首领。①

在成功分化章邯部队和秦军主力的过程中，项羽提及蒙恬以及其他受到秦皇怀疑的将军的悲惨遭遇，并诚恳地告诉章邯新晋"诸侯王"的计划——"约共攻秦，分王其地。"（《史记·项羽本纪》）在赢得章邯信任后，项羽坑杀20万秦国降卒，并试图通过函谷关，进入秦国故地。此时，刘邦已入关中，成为项羽的对手。②

有关青年刘邦的记载中，难免有神话。神话中的一些元素，很有可能是根据刘邦后来的作为而设计的，很好地刻画了他的性格。在文献中，刘邦被描述为待人友好、开放大度，做大事而不拘小节。刘邦的家乡在江苏西北部。他后来成为村子里的头面人物，跟当地所有官员都很熟络，亦因好酒色而出名。刘邦的傲慢无礼，竟然为他从一位有身份的访客那里赢得了支持者和妻子。他的妻子就是后来的吕后。吕氏家族在不久后变得显赫异常，但也算得上臭名昭著。后来帮助刘邦走上权力巅峰的地方官萧何，曾这样评价他："刘季固大言，少成事。"（《史记·高祖本纪》）

在担任亭长（负责搜捕盗贼的小官）时，刘邦头戴用竹皮做的帽子。后来他身居高位，依旧如此。这顶帽子，很可能就是秦末叛乱中显赫的"新人"集团的象征。在中国人的概念里，年轻与绿色草木紧密相连。刘邦的竹皮帽子在后世被尊称为"刘氏冠"。③据说，作为年轻官员的刘邦与县徒（其所在县被征调从事劳役的人）很熟悉。他曾负责护送县徒到秦始皇陵服役，但未能到达目的地。刘邦眼见已无法控制行程，便选择释放县徒。在被释放者当中，一些人成为刘邦的追随者。刘邦担任这伙人的头目，在诛杀沛地县令的事件中发挥了重要作用。他亦因此被尊为"沛公"（"公"这一名称来自楚国的制度）。④

刘邦及其队伍先后击败前来镇压的秦国官吏，并从项梁那里获得更多的队伍。他在一次战役中，曾击杀秦丞相李斯的儿子、三川郡守李由，大获全胜。而在当时，秦

---

① 详见《史记·项羽本纪》；沙畹：《司马迁的〈史记〉》第2册，第247-268页。
② 同上；同上，第268-274页。
③ 葛兰言注意到：史载刘邦"左股有七十二黑子"（氏著《中国文明》第49页；引文见《史记·高祖本纪》）。"七十二"是传统的具有重要意义的数字，在秘密结社中很常见。参见沙畹：《司马迁的〈史记〉》第2册，第325页。
④ "沛公"而非"沛令"。有关内容，见《史记·高祖本纪》；沙畹：《司马迁的〈史记〉》第2册，第324-336页。

二世和赵高正密谋迫害李由。沛公被提升为"郡长",受封侯爵,拥领大军。此时,项梁扶植的"楚王","与诸将约,先入定关中者王之。"(《史记·高祖本纪》)"楚王"手下老将安排沛公西进。他们觉得:刘邦是谨慎之人,更能赢得秦国长老的支持;相比之下,项羽不过匹夫之勇且残暴异常。于是刘邦领军到达秦地。他听从明智的建议,军事上保持克制。刘邦用金钱收买秦军官,承诺给投降的要塞以安全保护。通常情况下,他身边的谋士如张良,展现出非同寻常的智慧与克制。譬如,他们曾劝说刘邦不要在关中久留。但刘邦宽恕子婴的决定,让自己的下属颇感意外。此举,为刘邦赢得了宽容、和善的美名。

刘邦从都城撤出,还军霸上,与秦郡的"父老①豪杰"相约。他们之间的约定,是一条真正的经纶举措;其与旧政权的官员一道,通行于所有由沛公控制的地域。刘邦说:"父老苦秦苛法久矣,诽谤者族,偶语者弃市。"(《史记·高祖本纪》)有鉴于此,刘邦作为新的领袖,誓言简化繁密严苛的秦朝法律:"与父老约法三章耳:杀人者死,伤人及盗抵罪。馀悉除去秦法。"(《史记·高祖本纪》)减轻和放宽秦法②被视为汉代刑事审判(管辖)的开始。其时,政权与人民之间的直接联系,绝非小事。据称,"约法三章"后,秦人感到非常高兴,争先恐后为刘邦的部队提供补给(这可能是收税的委婉说法)。不过刘邦拒绝他们的好意,称:"仓粟多,非乏,不欲费人。"③

沛公听从建议,稳守关中。此举或许受刘邦与其他叛军首领之间协议的保护。刘邦的军队守住函谷关,以阻挡西进的项羽及其新盟友——章邯。沛公先行入关,此举激怒项羽。项羽约刘邦谈判,想在酒席上解决刘邦,但刘邦从项羽的大军中侥幸逃脱。④项羽进入秦都咸阳后,掠夺、焚毁宫室,杀害已经投降的秦王子婴。然后,退回东方。据说曾有人建议项羽以稳固的关中为基地,对抗其他诸侯。但是项羽坚持主张:人衣锦,必还乡。其所以如此,除家乡情怀以外,尚别有原因,即有些约定必须得到解决。⑤

项羽表面上尊项梁所立的傀儡楚王为"义帝",但实际上怨恨楚王派刘邦率先入关。他希望人们认清:权力,究竟在谁手里?项羽僭越,把一些将军和大臣封为侯王,

---

① 推测"父老"指的是当地的耆老士绅,见于同一《本纪》。有时与叛乱"新人"(young men)并用,以示差异。不过,据说"父老"也参加了叛乱。参阅《史记》中的《项羽本纪》《高祖本纪》,其中各处可见。
② 当然,这不会是故事的全部内容。
③ 《史记·高祖本纪》;沙畹:《司马迁的〈史记〉》第2册,第336-354页("约法三章"见第353页)。
④ 文献比较克制地记录道:"是时项羽兵四十万,号百万。沛公兵十万,号二十万。"(《史记·高祖本纪》)
⑤ 《史记·高祖本纪》;《史记·项羽本纪》;沙畹:《司马迁的〈史记〉》第2册,第354-356、273-293页。

更毫无遮拦地说:"灭秦定天下者,皆将相诸君与籍之力也。"(《史记·项羽本纪》)①他自称"西楚霸王",占据拥有九个郡的庞大土地。②项羽把刘邦分封在秦国边界以南、条件较差的鄂西川东地区,将秦国故地分给章邯还有两名早年与其有来往、后成为将领的秦朝狱官。这些就是项羽操控整个国家的实际例子。在他的规划下,16个所谓"王国"中,有6个归于之前的诸侯王或者其后人——他们大都参加过秦末的叛乱。③一些叛将获得的赏赐非常丰厚;另一些人则被剔除不奖。许多人对项羽的做法非常不满。一些人径直通过在叛乱中学到的手段,即使用武力,去纠正项羽的错误。④

公元前206年(也就是汉王元年),出现问题已被解决的假象。各路诸侯撤兵,各就其国。项羽于是驱逐义帝,后将其杀害。项羽还惩罚并处死韩王,只因其"无军功"(《史记·项羽本纪》)。此类律法与秩序的例子,很快又在齐国上演。在北方,封国间的争吵不休与对项羽的抱怨交织在一起。⑤与此同时,汉王刘邦已经来到新基地。随他而来的,还有一些让人感到迷惑不解的成员,即项羽派来的三万"护卫",以及数以万计来自楚地和各家诸侯军队的人。在陕南,刘邦待自己的队伍通过后,烧毁栈道。一则为预防被人袭击;再则向项羽表明自己无意东还。此举,也是刘邦对不断发生的官兵逃跑回家的限制。这时,后来成为汉王手下最重要将军的韩信建议道:"军吏士卒皆山东之人也,日夜跂而望归,及其锋而用之,可以有大功……不如决策东乡,争权天下。"(《史记·高祖本纪》)⑥

汉王立即大胆行动,击败秦地新王章邯。公元前206年,东进河南。史籍揭示出刘邦的政策:任何将领若带领一万人或一个郡来降,封万户侯。刘邦借此博取未来。他把秦朝皇室的苑囿园池,交给农民来耕种;同时大赦天下,带着善意安抚士兵。刘邦还下令用汉社稷(土地神与粮食神)取代秦社稷。社稷,象征着王朝的主权。几个月后,负责祭祀的官员奉命按时向"天地、四方、上帝、山川"献祭(《史记·高祖本纪》)。这是为一个新政权置办精神装备。⑦

---

① 参见沙畹:《司马迁的〈史记〉》第2册,第356页(对比第284—285页)。项羽是这样说的:"天下初发难时,假立诸侯后以伐秦。然身被坚执锐首事,暴露于野三年,灭秦定天下者,皆将相诸君与籍之力也。义帝虽无功,故当分其地而王之。"诸将皆曰:'善。'乃分天下,立诸将为侯王。"(《史记·项羽本纪》;参见同书《高祖本纪》)

② 未见注释原文——译者注。

③ 见邓之诚根据记录了过渡年份的《史记·十二诸侯年表》所进行的整理。他又依据列传,对之进行了补充。见氏著《中国通史讲义》第1册,第21—22页。

④ 《史记·项羽本纪》;《史记·高祖本纪》;沙畹:《司马迁的〈史记〉》第2册,第234—292、356—358页。

⑤ 譬如,"项羽为天下宰,不平。今尽王故王于丑地,而王其群臣诸将善地。"(《史记·项羽本纪》)参见沙畹:《司马迁的〈史记〉》第2册,第294页。

⑥ 参见《史记·项羽本纪》;沙畹:《司马迁的〈史记〉》第2册,第292—295、358—360页。

⑦ 《史记·高祖本纪》;《史记·项羽本纪》;沙畹:《司马迁的〈史记〉》第2册,第361—363、295页。

中华帝国的建立

此时,项羽在齐国遇到很大的麻烦。汉王刘邦抓住机会,借口项羽谋杀义帝,率领部队和听命于他的诸侯向东进击。虽然刘邦为这次战役投入了56万人,但是他的军队十分松散。项羽从齐地紧急回兵,其精锐部队获得决定性胜利,让汉军损兵十万。刘邦逃过一劫,但家室被项羽扣留。刘邦妻子吕雉的哥哥领有军队,刘邦得以重整旗鼓。能干的萧何从关中征发不在册的人口,充实汉军。① 反复无常的诸侯再度倒向项羽。刘邦再次大赦,竭尽全力集结资源。他筑甬道,直通黄河,夺取秦朝所建的重要粮仓"敖"。② 汉军想尽办法保护这条交通要道。在随后的战役中,为支撑庞大的军队,同时因为农村资源耗尽,双方对补给的争夺与拦截,异常激烈。③

战争被拖延至来年(公元前204年)。虽然汉军长期防御,但还是丢掉一些地方。通过历史记载,可以看到在这一过程中,既有大笔的贿赂,也有不幸拥抱惨死命运的官员。楚汉双方内部,都有不小的困难。翌年,决定性的变化发生了。与之相伴的,是被详细记录下来的富有戏剧性的事件。"仁慈的"项羽准备当众烹杀刘邦的父亲,意在迫使刘邦投降。孝顺的汉王于是回答道:我与项羽曾经"约为兄弟";我的父亲也就是你的父亲;如果你一定要杀害父亲,那就别忘了分我一杯羹! 愤怒的项羽最终接受这样的劝告:"为天下者不顾家,虽杀之无益,只益祸耳。"(《史记·项羽本纪》)久持未决的僵局让项羽决定与刘邦单独决斗。④ 带着特有的风格,刘邦对此回答道:"吾宁斗智,不能斗力。"(《史记·项羽本纪》)但是在一次安排好的会面中,刘邦历数项羽罪过;项羽报以一箭,射伤刘邦。⑤

韩信的快速出击,让整个局势发生了变化。他廓清了北方,控制了齐地,甚至准备攻击项羽的楚地。韩信婉转要求刘邦授予自己"假齐王"(代齐王)称号,以之作为继续忠诚于汉的代价。刘邦准备立即讨伐韩信。张良敦促汉王答应韩信的请求,以之鼓励他继续对抗项羽。此举事实上让韩信面对来自项羽的游说时,变得更加强硬。未来的不确定性再度凸显。刘邦的军队在安徽东北角取得重要胜利,夺走楚的粮仓。但他依旧害怕项羽,担心落入其手的家人之安全。于是双方约定:"中分天下,割鸿沟而西者为汉,鸿沟而东者为楚。"(《史记·高祖本纪》)刘邦救回自己的家人。项羽解散军队,退回东部。⑥

---

① 当时服兵役的年龄是23至56周岁。
② 敖仓在今河南荥阳,位于开封以西。
③ 详见《史记·高祖本纪》;《史记·项羽本纪》;沙畹:《司马迁的〈史记〉》第2册,第363—366、296—302页。
④ 其时,"丁壮苦军旅,老弱罢转漕。"(《史记·项羽本纪》)参见沙畹:《司马迁的〈史记〉》第2册,第308页。
⑤ 《史记·高祖本纪》;《史记·项羽本纪》;沙畹:《司马迁的〈史记〉》第2册,第366—376、302—309页。
⑥ 同上;同上;同上,第371—378、309—313页。

汉王接受宜将剩勇追穷寇的意见,并为之做好准备。公元前202年,刘邦把汉军以及来自韩信和其他支持者的部队整合起来,拉开了胜利的大幕。但是,韩信还有其他一些重要的诸侯并未信守诺言,结果汉王又一次令人遗憾地被击败。总是显得那么聪明的张良这样解释失败的原因:汉王没有做出在击败项羽之后,如何划分土地的安排。他说:"君王能与共分天下,今可立致也。即不能,事未可知也。"(《史记·项羽本纪》)于是张良提出划分土地的具体建议,刘邦可以借此"使(诸侯)各自为战,则楚易败也。"(《史记·项羽本纪》)汉王接受建议,向各路诸侯做出划分土地的承诺。人数庞大的联军①逼近只有十万人的项羽军队。楚军中出现的背叛,给汉军以帮助。刘邦取得大胜,歼灭八万楚军,尽有其地。项羽这位二十多岁就"霸有天下"的大胆之徒,走到自己人生的尽头。他的结局,与有关他的传奇,很是匹配。②之后,汉王加速北进,控制了韩信的军队。从这时起,刘邦的敌人就主要来自内部了。③

公元前202年伊始,诸侯和大臣将尚在山东的汉王刘邦团团围住,请他担任皇帝。刘邦对他们说:"寡人闻帝者贤者有也,虚言亡实之名,非所取也。今诸侯王皆推高寡人,将何以处之哉?"(《汉书·高帝纪下》)④诸侯将相让刘邦确信:他们真心拥立汉王,完全拥护汉王的政策。正是通过这些政策,即便是那些出身卑微的人,也能获得现在的地位和土地,作为对其功劳的奖赏。于是谦逊的刘邦接受他们的请求:"诸侯王幸以为便于天下之民,则可矣。"(《汉书·高帝纪下》)⑤三百名贵胄、侯王、高官,和博学的叔孙通一道,选择良辰吉日,举办正式的上尊号(帝号)仪式。刘邦称帝后,定都洛阳,各路诸侯宣布臣服于新帝。韩信被任命为楚王,此举意在让韩信离开更具威胁性的齐地。但当时的局势并不稳定。⑥

在正式讨论高祖一朝之前,拨冗思考一下之前几年展现出来的最好的东西是什么?这对我们理解一个崭新的时代是有帮助的。一名帝王,是真正的重中之重,所以

---

① 据称,仅韩信就拥兵三十万。
② 项羽来到自己难以脱身,于是充满骄傲地说:"吾起兵至今八岁矣,身七十馀战,所当者破,所击者服,未尝败北,遂霸有天下。然今卒困于此,此天之亡我,非战之罪也。今日固决死,愿为诸君决战,必三胜之,为诸君溃围,斩将,刈旗,令诸君知天亡我,非战之罪也。"(《史记·项羽本纪》)将死之时,项羽认出在攻击自己的人当中,有一位旧识,于是他说:"吾闻汉购我头千金,邑万户。"(《项羽本纪》)项羽自杀;尸体遭肢解,被人拿去领赏。参见沙畹《司马迁的〈史记〉》第2册,第317-321页。
③ 关于这场最后的战役,见《史记·高祖本纪》;《史记·项羽本纪》(译者注);沙畹:《司马迁的〈史记〉》第2册,第373-380、313-321页。
④ 对比《史记·高祖本纪》;参见沙畹:《司马迁的〈史记〉》第2册,第380页。《史记》和《汉书》在"本纪"内容上的差异,由此开始,直至武帝登基。虽然这些差异主要是形式上的且很轻微,但是它们反映了两位作者兴趣上的分歧。譬如,《汉书·高帝纪下》就包含了在南方设立的诸郡的名称。这些都不为《史记》所载。
⑤ 这种惯例性的推让,其实是要表达这样的意思:希望所有地位重要的人,一道反复请求自己称帝。
⑥ 《史记·高祖本纪》;参见沙畹:《司马迁的〈史记〉》第2册,第380-282页。

他的性格和本质,都极为重要。出现在现实和历史记录中的汉高祖刘邦,是一位了不起的人物:雄心抱负、克制力和深谋远虑,让他既不为骄傲亦不为自大所累;行事总是小心谨慎而非鲁莽冲动,历经困境而坚持不懈;对好的建议,乐意倾听,敞怀接纳;一名不擅长作战的军事家,通过知人善任,求长远之胜;面对任何一种情况,都要加以最大程度的利用;借早年的同志友情,收获即便是位高权重之人也无法获得的广受欢迎和真挚支持;深知为人者,当大度,以及有能力从混乱无序中赢得并保持忠诚。所有这些特性,对一个帝王来说,都是必需的。在一个被将军和地方首领瓜分的国家里,绝大部分赢得一席之地的人,靠的都是自己的努力;认可一人为群龙之首,对他们而言不过是权宜之计。这些人深知西汉王朝走向成功的道路会有多么的危险,可是对刘邦而言,他必须走上这条路。此外,席卷绝大部分重要地区、让无序和苦难处处可见的大规模战争,令中国精疲力竭。在这样的社会、经济形势下,有一点对新政权而言是有利的,即虽然在许多人眼中,"帝国"(empire)尚不完美,但是它一直被认为意味着和平与秩序,能够被大多数人接受。

第二节　汉高祖

军队很快就被解散了。长时间的免税优待给了诸侯的儿子们,以之作为他们时而护卫高祖的奖赏。在一片利好声中,高祖在洛阳宫中大摆筵席。席间,汉高祖请各位诸侯、将军坦诚相告:自己成功的原因是什么?项羽的失败又是为什么?有人回答:高祖和项羽一样,待人不善;但是,高祖"使人攻城略地,所降下者因以予之,与天下同利也。"(《史记·高祖本纪》)随后,刘邦盛赞了三位能力在自己之上的官员。他说:"夫运筹策帷帐之中,决胜于千里之外,吾不如子房。①镇国家,抚百姓,给馈饷,不绝粮道,吾不如萧何。②连百万之军,战必胜,攻必取,吾不如韩信。③"(《史记·高祖本纪》)最后,他做出结论:"此三人,皆人杰也,吾能用之,此吾所以取天下也。"(《史记·高祖本纪》)这一点,很快就在定都的问题上获得证明。高祖自己拟留在洛阳,这一想法与大多数出身关东的官员的想法一致。此外,洛阳也有地理之便。但最终,张良还是说服刘邦:因为军事和经济原因,西汉应该立刻起用关中之地。④这一决定带来了最重要的政治后果。张良的论争不仅听起来很是正确,更可以让刘汉王朝轻易且自然地继承秦帝国在设置、运行管理机构方面的经验。这样一来,汉就可以轻而易举地成为那一整套已有的了不起制度的实施者,从而远远胜过其他地方集团。那些地方集团只是从自己地盘的利益出发,以一种排他性的方式操纵帝国。

极富攻击性的诸侯之间的冲突很快就爆发了。燕王臧荼侵入代地(今河北西北部和山西北部)。高祖亲征,擒获臧荼。燕王一职由太尉(最高军事官员)卢绾取而代之。此外,一名曾在项羽麾下效力、后因投靠刘邦而被封侯的军官,也掀起一场叛乱。这场叛乱的原因在于:这名军官对高祖要召见自己感到害怕。⑤高祖很快就平定

---

① 子房即张良。关于张良的传记,见《史记·留侯世家》。张良据称是道家思想的信奉者;他确实像一位早期的圣人(saint)。故而,人们说他"运筹策帷帐中,决胜千里外"(《留侯世家》)。这是描述一个人完美能力的精巧语言。《留侯世家》中有几处显示出道家风格的谋士就一般政策给出的有价值的建议。张良在晚年选择退隐时,曾这样评论自己:"以三寸舌为帝者师"(《留侯世家》)。
② 关于萧何的传记,见《史记·萧相国世家》。刘邦在项羽面前苦苦挣扎时,萧何从关中为他派出援军、送上补给;此时,他已经表明自己是汉家胜利的组织者。人们认为:萧何对秦文书的利用,为汉代制度打下了基础。
③ 关于韩信的传记,见《史记·淮阴侯列传》。其中有载:"上常从容与信言诸将能不,各有差。上问曰:'如我能将几何?'信曰:'陛下不过能将十万。'上曰:'于君何如?'曰:'臣多多而益善耳'。"(《淮阴侯列传》)刘邦听到这些,哈哈大笑;韩信随之恭维一番,就此结束对话。韩信以调动军队时的快速老练著称。他与军官谈话时,经常引用《孙子兵法》。参见《汉书·韩彭英卢吴传》。对比翟林奈(Lionel Giles):《孙子兵法》(*Sun-Tzu on the Art of War*),伦敦 Luzac and Company 出版机构 1910 年版,第 143—144 页。
④ 《史记·高祖本纪》;沙畹:《司马迁的〈史记〉》第 2 册,第 382—384 页。
⑤ 所谓召见或是针对此侯爵的一个计谋。

这场叛乱。

到公元前201年,形势变得严峻起来。当时有人报告:楚王韩信意欲谋反。高祖向群臣征求建议,群臣大多建议出兵进攻韩信。高祖未加理会,采取陈平之计,即以巡游东南为名,令各路诸侯在指定地点觐见皇帝。当韩信在其地边界迎接高祖时,被一举抓获。高祖迅即大赦天下。一名谋士进而提出重组地方政权的重要举措,强调堪称"东秦"的齐国故地的战略重要性,向高祖建议:除刘姓亲属外,任何人都不得在此地封王。①

高祖的行动要比建议来得更好。他宽恕韩信,封其为淮阴侯,之后迅即把齐地分给儿子刘肥。高祖的哥哥刘喜被封为代王,镇守刚刚从北方夺回的土地。弟弟刘交受封楚王。当时楚地有所缩减,大体在淮河下游北部。堂弟刘贾为荆王,领有淮河下游南部及江南之地。新制度开始成型。新的分封,是西汉关于减少赏赐的系统考量的一部分。高祖与受封者之间,"剖符"为信。②

很快,变革就给高祖带来不小的麻烦。韩王被迁往太原地区,其封号依旧。一年后,匈奴部落进攻韩王,韩王转投匈奴并谋反。同时,西北地区也出现叛乱。于是高祖开展一场危险的战役。战斗中,他被匈奴围困。汉军因为天寒,遭受重创。③即便如此,高祖还是任命兄长刘仲为代王,增兵以恢复局势。次年,高祖最终平定曾一度向东窜入河北地区的北方残存叛军。

也是在公元前200年,高祖完成把中央政府全部迁入长安的工作。新政权于是永久驻留在前朝的关中故地。值得一提的是,西汉启用秦朝在渭河南岸的旧宫,不再修建新殿。汉已代秦。建立西汉的那个生机勃勃、以刘邦为首的团体,来自于大而无当的楚国;所以,他们并未让一切都从头开始。尚为汉王的刘邦初到咸阳时,部队中的军官为如何瓜分钱财、丝帛和宝物,争论不休。而此时的萧何,在第一时间,"尽收秦丞相府图籍文书"(《史记·高祖本纪》)。项羽焚毁秦宫后,刘邦重回咸阳。正是依靠萧何保存的故秦图籍文书,汉王领导的新政权"具知天下阨塞,户口多少,强弱之处,民所疾苦者。"(《史记·萧相国世家》)④王充敏锐地意识到这一点:"萧何入秦,收拾文书,汉所以能制九州者。"(《论衡·别通》)⑤本文在随后对官僚机制所做的分析

---

① 《史记·高祖本纪》;沙畹:《司马迁的〈史记〉》第2册,第384—387页。
② 《汉书·高帝纪下》;同上,第387—388页。
③ 亦见《史记·匈奴列传》。
④ 关于当时的整体形势,见《史记·高祖本纪》;沙畹:《司马迁的〈史记〉》第2册,第388—390页。
⑤ 英译见佛尔克:《〈论衡〉下:王充的各类文章》,第1—2页。

中,会表明:西汉事无巨细地继承了秦朝制度,甚至保持绝大部分官位名称不变。于是读者会发现这样一个矛盾:西汉皇帝继承秦的政治体制,以之为根基,发展出把权力进一步中央化的想法和愿望;而同时,事实却是新的汉帝国由形形色色、目的不一的地方与个人利益集团堆积而成。

人们可以在《汉书·诸侯王表》的"序"中,发现这样一副政治图景。当时,有一百多名功臣受封侯爵,并领有封地以之作为收入来源;占据帝国大半的九个封国(其地望与今天大体相同),只要有可能,很快就被分给了皇室亲戚,令其餍足。受封侯王的领地与帝国三面接壤,有些还与重要的蛮族相邻。封国有时延伸进入郡县境内,在那里建立数十个城中之城。天子本人直接控制着西部地区,大体占据全国四十郡中的十五个。但是,我们无法得知皇帝麾下郡地、人口及实力的具体情况;因为现有信息来自后来的地理划分。不过,八有其三的比率大体可信。地图或能显示:西汉帝国的疆域,从黄河中上游谷地一直向东南伸展至(今汉口附近的)长江地区。这么看起来,帝国仿佛一枚被各色封国从北、东、南三面半包围着的攥紧的铁拳。

出于管理地方的需要,全国划分为不同的州郡。此举如果不能让人想起来自中央政府的直接控制,那么也会给人一种整齐划一的印象。如果在皇帝控制的地域内,有很多食邑用来养活除封侯以外的公主等皇室成员,那么这些食邑,连同一百多个封侯为数众多的飞地,的确给皇帝带来不少苦恼。在现实中,皇帝决定封王甚至侯爵的来来往往。但是,对中央政府而言,如果这些王侯勾结在一起,不啻一起恐怖事件。同样是在现实中,富有活力的帝王和大臣,倾向于把国家的行政管理、法律及有关手段,推广至各个封国。但实际的权力分配因人而异,人的因素甚至比制度调整更加重要一些。①

在汉帝国,树立威望是一再诉诸的措施。这首先体现在萧何在长安建造的规模庞大的新宫殿。有鉴于新政权已经精疲力竭,未来亦不确定,刘邦反对萧何这么做。萧何以"非壮丽无以重威,且无令后世有以加也"(《史记·高祖本纪》)为由,说服刘邦。公元前198年,新殿落成。高祖在此大宴王公大臣。席间,高祖向父亲敬酒,稍显粗鲁地提醒老人家:当年您觉得我懒惰无能,不能跟哥哥刘仲相提并论;如今,您觉得我们两人中,谁是最优秀的?群臣听到后大笑,嘲弄刘仲一番。此时的刘仲,刚从

---

① 对比葛兰言富有启发性又几乎得到一致好评的陈述。他说道:"汉高祖答应其他将军都可以分得一杯羹,这才得以进入秦国腹地……最终,他拥有关中,称帝中华。秦始皇帝创建的行政原则,被高祖继承下来。那些高祖不得不封其为王的将军们不能累世居于一地。在公元前201年,高祖抓住机会,对之进行了调整。受封者所拥有的王国,不是别的,而是一种危险且不稳定的特权……此外,比之于过去,这一新的'封建',一样混乱,一样深具危害性。"氏著《中国文明》,第127页。

自己的封地，即与匈奴接壤的代国，弃职逃跑回长安，也因此被降为侯爵。第二年，高祖在长乐宫设宴。出席宴会的，有如下诸王：四名旧时勋贵，即燕王、淮南（安徽及南延至江西的一部分）王、梁（开封以东的小国）王和长沙（汉口至湘江河谷）王；以及高祖的儿子、弟弟和堂弟，即齐王、楚王和荆王。此外，当时赵地（河北南部）亦有封王。本文很快就会解释该地陷入混乱的原因。代地与赵地相同。高祖的哥哥就是因为违反规定，其代王资格被褫夺。①

高祖最后一次北征平叛时，赵地的一些重要人物阴谋刺杀皇帝。事发后，赵王被降格为侯，赵相及其同谋被"夷三族"（《史记·高祖本纪》）。②下一任赵相试图占领代地。高祖还有他的将军们耗费几个月的时间，方才平定叛军。③事后（公元前196年），高祖牺牲赵地以扩大代地，并封儿子刘恒为新代王。刘恒就是未来的汉文帝。赵地当时已被置于高祖儿子如意名下。④"非刘氏不王"的政策（《汉书·外戚恩泽侯表》），已经实现。另一项措施，则是把楚地的四户旧贵族以及统治过齐地的田氏家族，迁往首都。⑤后来，韩王信计划在长安附近叛乱，事败被"夷三族"。⑥

东部以及东南部也出了乱子。梁王被指控谋反，遭废黜，西迁蜀地；不久又被指叛乱，其人及家族遭诛灭。梁王一职由刘邦的儿子刘恢取代。高祖的另一位儿子刘友受封淮阳（在淮河上游豫东南）王。⑦公元前196年下半年，淮南王侵入周边封国，甚至杀死荆王（高祖的堂弟）。高祖亲征，击溃淮南王。高祖两岁的儿子刘长受封淮南王。⑧

一则关于高祖远征归来的生动故事，加强了他在未央宫酒宴上留给人的印象：帝国为其所有，正是因为他的努力、技能和知人善任而获得安稳。⑨高祖还在家乡沛地宴请旧识。借着酒劲儿，他领着120名当地的年轻人，击筑高唱自己创作的《大风歌》。

---

① 《史记·高祖本纪》；沙畹：《司马迁的〈史记〉》第2册，第391-393页。
② 关于其人故事，见《史记·张耳陈馀列传》。张耳是西汉时受封的首位赵王，也是当时意欲谋反的赵王张敖的父亲。
③ 事见《史记·高祖本纪》；沙畹：《司马迁的〈史记〉》第3册，第75-79页。此次征战中，也有典型的高祖式对商人的轻视；这种轻视在当时的政治首领中，并非罕见。当刘邦听说起赵磨下的将军曾为商人时，他表示自己知道这些将军想要什么。贿赂金钱给这些人，他们当中就会有人投降。
④ 《史记·高祖本纪》中未提及对如意的分封，亦未言此事在高祖九年（公元前198年）。此事在《史记·汉兴以来诸侯王年表》中可见；参见沙畹：《司马迁的〈史记〉》第3册，第106页。《汉书·高帝纪下》亦可见。
⑤ 《史记·高祖本纪》；沙畹：《司马迁的〈史记〉》第2册，第392页。
⑥ 同上；同上，第395页。
⑦ 这是一个多变的封国。刘友很快被迁至赵地。两年后，淮阳国成为一个郡；又过了六年，因为吕后的异想天开，它再度成为一个封国。
⑧ 《史记·高祖本纪》；沙畹：《司马迁的〈史记〉》第2册，第395-399页。
⑨ 关于酒宴，见《汉书·高帝纪下》；《史记·高祖本纪》；沙畹：《司马迁的〈史记〉》第2册，第392-393页。

高祖去世后,这首曲目被日常祭祀采用。① 沛地为高祖自己所有,永不赋税;与沛相邻、高祖在其中长大的丰地,亦享受同等优待。至此,一位伟大帝王在家乡小镇的 14 天欢庆,告一段落。

高祖现在认识到:向传统致敬,是明智之选。于是,他为每一位已经绝后的前代诸侯,派去 10 户人家守陵;另派 20 户人家,为秦始皇帝守陵。但是,这些努力仍未能阻止反叛。公元前 195 年,燕王被发现与之前的赵地叛乱有染。② 于是高祖用儿子刘建取而代之。当时,高祖的侄子,即被贬为侯爵的刘仲的儿子刘濞,已经取代遇害的荆王(高祖的堂弟)成为荆地首领。荆地也被重新命名为人们熟悉的江南名称"吴国"。至此,消除战时勋旧的工作,实际上已经完成。只是在南方的长沙国,有一位并非高祖年轻亲戚的封王。这名封王被视为无关紧要之人。绝大多数封国主在受封之时,尚在孩提。由此可知非常明确的一点:中央政府的政策,旨在加强控制。

清除勋旧的路线很一致:封王被指谋反或阴谋叛乱,高祖发兵平叛,随后封王被刘姓贵族取而代之。所以,有理由对几则所谓反叛的指控提出怀疑。不过,可以确信的是:"反叛者"诉诸武装行动后,高祖方才出兵。在一些事件中,叛军诉诸行动,或是出于恐惧,或是预感到来自帝国政府的打击迫在眉睫。在短短 7 年(公元前 202—前 195 年)的时间里,高祖对政坛进行彻底洗牌,并在实质上取得了一定程度的权力中央化。至于在什么时候,高祖及其近臣脑海中有了清晰的变革计划,尚不得而知。依旧存在着一些问题:年轻的封王长大后,会有什么举动?中央政府变得软弱、分化之时,会发生什么?复兴抑或重整中的个人团体会把封国体制作为分裂的基础吗?事实却是这样的:汉初高祖治下,新政权对旧式七雄分立模式的明确认可,并没有带来分裂。每一年,高祖都会采取军事行动,清除勋旧势力。他已经接近始皇帝的地位。一个真正的帝国,再度成为可能。

既然高祖的工作看起来在一定程度上是确定无疑的,那么就很适合在这里思考一下秦、汉帝国之间的关系。当然,这所谓"关系"的含义,会随着汉帝国的进展而发生变化。汉高祖从秦朝那里获得了什么?秦始皇几乎把全部先秦时代的政治制度毁灭殆尽,只是继承以王国形式出现的历史地域而已。即便是这一地域,秦朝也对之进行大规模、经常性的改动。汉帝国的外围边疆直接继承自前朝;但在三个世代里,其在长江以南地区,罕有作为。高祖从秦朝那里获得的最重要的东西,就是那个刚成立

---

① 《史记·乐书》;沙畹:《司马迁的〈史记〉》第 3 册,第 234 页。
② 高祖生病时,燕王在边境犹豫一阵后,投奔匈奴去了。见《史记·高祖本纪》;沙畹:《司马迁的〈史记〉》第 3 册,第 402 页。

不久的帝国。高祖根据自己早年的经验,与他的同盟者一道,深耕这个帝国。与同盟者军事、政治上的合作的代价,就是赋予他们称霸一方的权力。身处秦二世统治崩溃之中的那个权力中央化的帝国,遭人痛恨。故而,要做的事情就是重建帝国,让它变得更加宽容。秦都咸阳和关中之地的地理位置及其在人们心中的地位,都被有效利用起来。同样地,经过一个混乱的时期,秦的行政机构以及来自个人的直接经验,也都传输给新建立的西汉王朝。整体的结果,就是混融了一定宽松度的秦朝制度。这种宽松来自于:对前朝过于严苛的厌恶;高祖及其大臣个人的倾向性;以及(可能)来自道家原则的影响。汉初并没有真正的"封建"。不过,当新政权确实开始运转时,最初的赏赐,继续被用来确保地位重要的王侯高官给予高祖支持,以及对之进行奖励。同时,高祖亦对这个统治着庞大领土的政府的责任,进行有限度的分散。

《史记》稍显缓慢地记录道:高祖在生前最后一次亲征时,不幸被流矢击中。高祖带着宿命论的口吻,嘲笑医生对自己的治疗。刘邦病势沉重,夫人吕后问道:"陛下百岁后,萧相国既死,令谁代之?"(《史记·高祖本纪》) 高祖回答吕后的一系列追问。萧何之后,曹参担任丞相,其表现会令人满意。曹参之后是缺少判断力的王陵出任丞相。陈平的智慧可补王陵的不足,但陈平自己不能独担大任。再后则是有些迟钝、文化不高的周勃。不过,周勃可以最令人放心地确保刘氏家族的利益,亦可出任太尉(最高军事长官)。公元前195年夏,汉高祖刘邦去世。吕后秘而不宣四天,以制定自己的计划。

吕后对一位她信任的官员说:现在的那些将军们觉得自己和高祖出身相同,面对少主,必定会制造麻烦,应当被除掉。然而,隔墙有耳。有人对那位获得吕后信任的官员说:你们的计划会立刻导致来自北方的20万大军的进攻,其他行政首脑和封王也会采取行动。吕后在不祥的闲言碎语中,为高祖举行了葬礼。惠帝加冕登基。①

最后,有必要谈谈高祖刘邦身边助手及同盟者的品质。人们普遍认为:虽然在高祖任内,叛乱和冲突依旧可见,但是他在知人善任方面,确实非常成功。秦汉交替之际,人事机制完全崩溃。高祖用人,堪称典范,为我们提供了独一无二的机会,研究当时的政治首领们是如何被发现、启用的。《史记》的作者司马迁曾亲访沛地:正是从这里,走出了高祖身边的几位重要辅佐。司马迁向这些重臣的孙儿,请教发生在世纪之初的事件。另据记录,作为学者和政治人物的陆贾曾写过一本有关楚汉相争的著作

---

① 《史记·高祖本纪》;沙畹:《司马迁的〈史记〉》第2册,第400-403页。

(即《楚汉春秋》)。司马迁从中取材不少。①

高祖身边有十六位高官。他们的重要性非同一般,有关这些官员的史料丰富完整,足够后人研究。在这十六人当中,有十一人来自楚地,绝大多数是高祖的同乡;四位来自邻近的河南和鲁西南,很早就加入高祖反秦的队伍;还有一位是来自鲁地(山东)的学者。确保西汉成就的,就是这样一群来自相对落后地区、彼此熟悉的人。这一点,着实让人对之刮目相看。其时乱世,人群中有活力、聪明且勇敢的人,经过简单的挑选,就可进入高层。从较为单一的地域挑选人才,虽然这么做有家族忠诚、头脑简单之嫌,但也意味着彼此间强劲有力的合作。

在十六位名臣中,几乎所有人都出身寒微,得不到什么来自家庭的支持。他们当中有不少人担任过秦朝的下层官吏。这就意味着他们受过基本的教育,有做文员的基本能力,对秦代的纪律、组织和行事方式有一定程度的熟悉。一位当代中国学者强调:秦被推翻后造成(社会管理)经验的极度缺失;在长达六十年的混乱过后,方才出现稳定的进步;直至汉武帝(公元前 140 年即位),才再度出现了经受过良好训练的官员队伍。②这位学者的话略显夸张,但其价值在于提醒我们:我们在汉初中央政府要员身上,可以清楚地看到与人员、手段及经验的直接流转有关的那些重要因素。

萧何作为丞相,富有智慧、无比忠诚。我们已经知道他曾经充分利用秦朝的文籍图书。萧何曾任沛县小吏,高祖刘邦本人也是一名小吏。在西汉兴起的过程中,韩信是最了不起的军事天才。年轻时的韩信,既不能谋得小官,也无法成为一名成功的商贩;后仗剑追随项梁,依旧籍籍无名。在西汉帝国,韩信的野心和能力,让其不能与高祖共存。在汉初高官和将军当中,只有张良出身显赫,来自韩国的国相世家。

周勃在沛县长大,靠不时在别人的葬礼上吹箫谋生,亦曾担任过最低级的弓箭手。周勃最终官居丞相。③曹参的人生之路,经历了从沛县狱卒到相国的全过程。④在曹参及其他名臣的传记中,可以发现一系列针对作战获胜、俘虏敌人的奖励。这些正是秦朝鼓励军功政策的范例。但在行政管理上,曹参则使用道家的手段,以"清净无为"治理齐地。他晚年以无为之乐为原则,展现出来的漠不关心、放任自由,遭人诟病。樊哙是高祖手下的首席将军和高级官员。最初,他只是沛县的一名屠夫和烹制

---

① 关于陆贾,见随后内容。关于资料来源,《汉书》主要作者的权威性等,见沙畹:《司马迁的〈史记〉》第 1 册,第 157-158 页。
② 雷海宗:《皇帝制度之成立》,第 862 页。
③ 关于周勃,见《史记·绛侯周勃世家》;《汉书·张陈王周传》。
④ 关于曹参,见《史记·曹相国世家》;《汉书·萧何曹参传》。

狗肉之人。樊哙自始至终都对高祖忠诚有加。高祖将驾崩之时，听信谗言，下令处死樊哙。幸好樊哙被还以清白，得以善终。

叔孙通①是一名来自鲁地的儒者，被其他儒士视为"败类"，因为他成就于秦，随时让自己与权势融容。在秦朝，叔孙通是一名待诏博士。在秦二世时期，他故意给出与其他博士完全相反的虚假建议，以"脱于虎口"（《史记·刘敬叔孙通列传》）。叔孙通向自己的同仁坦白过这一点。秦二世对他的回答则很满意，"乃赐叔孙通帛二十匹，衣一袭，拜为博士。"（《史记·刘敬叔孙通列传》）秦亡后，叔孙通曾为项梁效力，后投奔刘邦阵营。汉王不喜欢他的儒服，于是他改穿剪裁较短的楚地风格衣服。高祖拜叔孙通为博士。叔孙通为高祖确定登基的仪式、尊号等。叔孙通为纠正皇帝本人及其麾下将军等等的粗俗行为，特意制定融合古代传统与秦朝实践的宫廷礼仪。他指挥过30名鲁地儒生开展这项工作。其中有两人拒绝合作，指摘叔孙通的行为不合古礼。叔孙通便用一种非儒家的口吻嘲笑他们说："若真鄙儒也，不知时变。"（《史记·刘敬叔孙通转》）他精心安排有关宫廷礼仪的排练。最终在公元前198年长乐宫勋贵欢宴上，这些礼仪被悉数接纳。高祖当时非常高兴，说道："吾乃今日知为皇帝之贵也"（《史记·刘敬叔孙通转》）。

灌婴来自沛县，汉王时期升任御史大夫。②张苍在秦朝是一名小官，"好书律历"（《史记·张丞相列传》）。③他曾经因为反对汉王而被抓，论法当斩。据说因其外貌，高祖免他一死。张苍担任过多个职务。特别值得一提的是，他曾出任计相（国家的首席会计师），也是丞相萧何的得力助手。陈平来自资产只有5英亩土地的贫寒人家。④在秦末叛乱发生之前，他看不到人生的出路。陈平后来官至丞相。这一成功始于他在低微的职位上，恪守公平而受人称赞。王充记录下这样一则故事："陈平未仕，割肉间里，分均若一，能为丞相之验也。夫割肉与割文，同一实也。"（《论衡·定贤》）⑤陈平也是道家思想的喜好者。

周昌和其从兄周苛在秦代，是沛县的小吏。⑥周昌从刘邦麾下的一名旗手做起，在汉王时期升任御史大夫。周苛的开局还算辉煌，但最终被项羽残害。郦食其在反秦

---

① 关于叔孙通，见《史记·刘敬叔孙通列传》；《汉书·郦陆朱刘叔孙传》。
② 关于灌婴，见《史记·樊郦滕灌列传》；《汉书·樊郦滕灌傅靳周传》。
③ 关于张苍，见《史记·张丞相列传》；《汉书·张周赵任申屠传》。
④ 关于陈平，见《史记·陈丞相世家》；《汉书·张陈王周传》。
⑤ 英译见佛尔克：《〈论衡〉下：王充的各类文章》，第151页。
⑥ 关于二人，见《史记·张丞相列传》；《汉书·张周赵任申屠传》。

运动开始时,年事已高。①史传中说他家贫好学,曾为村中的看门人。有一次沛公在进行军事转移时,有人把花甲之年的郦食其介绍给他。郦食其出身寒微,是儒家学说和礼仪的坚定倡导者。郦食其与刘邦麾下粗鲁的士兵形成了鲜明的对比。这让《史记》的作者有机会记录下高祖对儒士的厌恶:他在儒冠中撒尿,以此让儒士改掉在自己面前穿戴儒服衣冠的"毛病"。老者郦食其是一名有价值的军事及政治顾问,在汉王敌人齐国架起的沸腾大锅里从容赴死,令人肃然起敬。

彭越来自距离沛县不远的鲁西南。②他是一名渔夫,也是强盗团伙的成员。在秦末战争中,他上升得很快。彭越官至梁王,后被降级。其中原因,史料显示为:彭越确实未能及时响应高祖的征召。黥布(即英布)出生于距离沛县不远的楚地。③他曾在始皇帝陵劳作,故而对秦朝的法律和刑罚制度有些了解。也是在皇陵那里,黥布结交不少盗贼豪杰。黥布弃楚投汉;高祖去世时,为淮南王。陆贾是楚人。④史籍中不载其早年的情况。陆贾以儒者的面目出现,无论是在南越之地,还是在高祖皇庭,都是卫护中国传统文化的先锋。他在与皇帝大胆论争时,经常引用《诗经》和《尚书》,结果招致高祖的谩骂。史载,"高帝骂之曰:'乃公居马上而得之,安事诗书!'";对此,陆贾反驳道:"居马上得之,宁可以马上治之乎?"(《史记·郦生陆贾列传》)。陆贾进一步指出:秦获得天下,但很快就失去天下。高祖于是改变自己的态度,请求陆贾:"试为我著秦所以失天下,吾所以得之者何,及古成败之国。"(《史记·郦生陆贾列传》)《新语》一书由此诞生。⑤

关于高祖设置封国,需要多费笔墨。绝大多数封国在之前都有所提及。在高祖的老伙伴中,韩信因为不忠,接连失去齐和楚;彭越在高祖治内拥有梁国;黥布则在高祖一朝领治淮南。在韩、赵两地,因为由谁来受封的问题,导致冲突的发生。结果,封王最终由皇族成员取而代之。遥居北方的燕,并不忠诚。虽然继承燕王之位的是一位深得信任的汉军首领,但是他依旧让人起疑。就像韩王曾经做过的那样,燕王最终跑到匈奴那里。一位熟悉南方、在秦末战争中是高祖盟友而非伙伴的开国功臣,获封

---

① 关于郦食其,见《史记·郦生陆贾列传》;《汉书·郦陆朱刘叔孙传》。
② 关于彭越,见《史记·魏豹彭越列传》;《汉书·韩彭英卢吴传》。
③ 关于黥布,见《史记·黥布列传》;《汉书·韩彭英卢吴传》。
④ 关于陆贾,见《史记·郦生陆贾列传》;《汉书·郦陆朱刘叔孙传》。
⑤ 参见葛玛丽(A. V. Gabain):《王者之镜:陆贾〈新语〉译文》(Ein Fürstens spiegel: Das Sin-Yü des Lu Kia (Übersetzung)),《东方论坛》((柏林)Mitteilungen des Seminars für orientalischen Sprachen),第 23 辑(1930 年);佛尔克:《中国中古哲学史》(Geschichte der Mittelalterlichen Chinesischen Philosophie),汉堡 Friederichsen 出版机构 1934 年版,第 6 页及作者引用伯希和、胡适的内容。

长沙王。长沙王世系一直延续至汉文帝时期,自然而终。前文已述高祖如何与第一批刘姓封王打交道。在这批封王中,只需提及高祖的儿子齐悼惠王刘肥以及侄子吴王刘濞。两人都以重文助学而著称,为恢复和保存书籍贡献不少。此外,高祖弟弟、楚元王刘交曾在齐地接受名师申公以及荀子弟子浮丘伯的指导,学习《诗经》。① 文化,渐渐沁入西汉皇室。

有一点很重要:包括风格粗狂的将领以及奉行秦朝模式的官员在内的高祖随员,更熟悉法家的原则和手段,而非传统的政治理念。在他们的观念中,道家要更接近法家一些。在这些人当中,有的是积极作为的将军,有的是温和的文人。因为儒者的非军事特点以及文化上的形式主义,皇帝和他们之间有对立。但是,有关宽容儒者并启用之的证据,非常显著。没有任何来自后世、试图把高祖描画为圣王文圣的经院式努力。不过,像郦食其、叔孙通、陆贾这样的人,以及获得认可的儒者群体,对汉帝国第一朝(即高祖治下)真真切切地产生了影响。

---

① 关于这些封王,见《史记·齐悼惠王世家》;《汉书》之《高五王传》《荆燕吴传》《楚元王传》。(关于楚元王学《诗》,《汉书·楚元王传》言:"少时尝与鲁穆生、白生、申公俱受诗于浮丘伯。伯者,孙卿门人也。"——译者注)

第三节 汉惠帝与吕后

高祖的离世,开启本文所研究历史时期中最糟糕的一段时间。汉惠帝(公元前194—前188年在位)、吕后(公元前187—前180年执政)两朝被正式算入这段时间。吕后只有一个儿子,即嗣子惠帝。惠帝柔弱,差强人意。刘邦很长时间以来,想用赵王刘如意取代惠帝为继承人,但未能遂愿。如意是高祖宠爱的伴侣、二夫人戚氏的孩子。根据皇帝本纪及政治人物列传中诘屈聱牙、语焉不详的叙述,高祖皇帝不愿意看到因为更换储君而给王朝带来混乱。①《史记》称:"吕后为人刚毅,佐高祖定天下。"(《史记·吕太后本纪》)诛杀大臣如韩信,主要是吕后所为。吕氏家族并非吕后一人握有大权。吕后有位哥哥拥有侯爵头衔;另一位哥哥是高祖时期著名的将军,他的两个孩子也都被封侯。②

出于仇恨和恐惧,吕后立刻采取措施,控制了年轻的赵王刘如意及其母亲戚氏。戚夫人被投入监狱。赵王在宫中被严密监视。在一段时间内,他得到赵相周昌的精心保护。此外,年轻的惠帝也与他一起"起居饮食"(《史记·吕太后本纪》),令吕后难以下手。但是在公元前194年年初,惠帝外出,赵王单独待在宫中。吕后于是赶在惠帝回来前,强迫赵王喝下毒药。然后,她对戚夫人施以残虐羞辱,完成清洗。③汉惠帝对此感到十分悲伤,一病不起,卧床一年。有线索表明,惠帝生病的更重要原因在于:母亲吕后残杀赵王及戚夫人后,他每日沉溺酒色,不理政事。据说惠帝在亲睹戚夫人悲惨结局后,"使人请太后曰:'此非人所为。臣为太后子,终不能治天下'。"(《史记·吕太后本纪》)

齐悼惠王刘肥是惠帝的同父异母哥哥。他来朝参拜,惠帝自然热情,把齐王作为兄长款待。这让吕后怒火中烧。齐王涉险逃过吕后的毒杀。谋士建议他从自己庞大的封国中拨出一块土地,作为礼物献给吕后的独生女鲁元公主;如此,他就可以逃回齐国。④

惠帝在其任内,耗时四年,建造了整个长安城的围墙。据记载,期间两次在长安

---

① 父亲刘邦去世时,如意13岁。
② 《史记·吕太后本纪》;沙畹:《司马迁的〈史记〉》第2册,第406-408页。
③ 据《史记·吕太后本纪》:"太后遂断戚夫人手足,去眼,煇耳,饮瘖药,使居厕中,命曰'人彘'。居数日,乃召孝惠帝观人彘。孝惠见,问,知其戚夫人,乃大哭"。参见沙畹:《司马迁的〈史记〉》第2册,第410页。
④ 完整内容见《史记·吕太后本纪》;沙畹:《司马迁的〈史记〉》第2册,第409-412页。

中华帝国的建立

600里范围内,征调多达146,000名男女,劳作30天。城墙完工,全国每户人家,加爵一级。①从中,我们对当时的劳役制度,当有管窥。许多例子也都表明:秦代爵制在汉代继续得到使用。惠帝登基时,"赐民爵一级"(《汉书·惠帝纪》);官员则按其级别、年限分别加授一定的爵位,其中一些人可以加爵数级并获得大额提薪。后出台命令,人若犯死罪,允许其"得买爵三十级以免死罪"(《汉书·惠帝纪》)。对此,《汉书》的注释者解释道:据其他文献,每一级爵,需两千现金。惠帝末年,"令民得卖爵"(《汉书·惠帝纪》);但与此令相关的资格及相应解释,则不见于史籍。此外还规定,年龄在15—30岁的女子,若未婚配,则罚款"五算";若涉及商人和奴婢(这里无疑指的是父亲和主人),则罚款翻倍。②

惠帝时期的其他努力则带有儒家仁政的色彩。土地税恢复到较低的"十五税一"(即从每年的收成中抽取十五分之一作为赋税)。不过,早期的《汉书》注释者,无法就难以辨认的记录究竟确指什么达成共识。这些记录所言,或是自周代以来就未曾使用过的税法,抑或是对秦帝国建立以来朦胧难知的十一税的削减。但不管如何,十五税一被整个汉帝国视为正常且合理。皇帝登基时会给人民优待,如大赦天下、减轻刑罚、减少负担等。稍后,那些被精心挑选出来、有孝悌美名的人,会被赦免(或包括兵役在内的)劳役。被用来约束官员和国民的律令的严苛程度,也有了普遍的减轻。公元前191年,秦代的图书禁令(我们对其颁行后的情况一无所知),被悄无声息地取消了。各郡及侯王封地,依令为已故高祖皇帝立庙。一位公主被送往匈奴,与单于成亲。与匈奴和亲,只是汉匈关系这条漫漫长路上的第一步。这些历史碎片有其价值,惟憾其数量不足,与本文使用的主要史料相比也要稍逊一筹。此外,《史记》和《汉书》中没有相同的(关于惠帝时期的)史料,这一点让人感到迷惑不解。③

正统史家称惠帝在公元前188年驾崩,宣告这一朝的结束。事实并非如此。《史记》的记录并未随着皇帝的去世而结束。司马迁这么处理有其道理。他认识到:随着儿子(即惠帝)的离去以及没有让人满意的嗣子,吕后于是在恐惧和野心、无疑也是在吕氏家族成员相同情绪的推动下,开始组建新政府。据记载,当时有人暗示丞

---

① 见《汉书·惠帝纪》。其称惠帝三年(公元前194—前192年)调动的人数是146,000。《史记·吕太后本纪》只给出了修建城墙的时间段,即公元前192—前189年。这一时间比汉书晚了一年多。见《史记·吕太后本纪》;沙畹:《司马迁的〈史记〉》第2册,第412页。
② 见《汉书·惠帝纪》。译者注:颜师古在《汉书》——"令民得卖爵。女子年十五以上至三十不嫁,五算"——注云:"应劭曰:'……汉律人出一算,算百二十钱;为贾人与奴婢倍算。'"见班固:《汉书》第1册,中华书局1964年版,第91页。
③ 《史记》记录了王朝的故事,特别是吕后时期的主要事务。吕后的名字出现在帝王本纪名录中。本段落中的史料,见《汉书·惠帝纪》。

相:为确保吕氏家族的安全,应该任命太后的三位侄子吕台、吕产和吕禄为将军,令其掌控都城中的皇家军队。"吕氏权由此起"(《史记·吕太后本纪》)。吕后本人开始使用本为皇帝专用的制、敕、令等。吕后根本没有把新"皇帝"放在眼中。几乎没有人知道新"皇帝"的名字。他的母亲是宫中的一位"美人"。当时孝惠皇后(吕后的孙女)无子,假装怀孕,取"美人"之子为太子。①

下一步很明显:把吕氏族人推上封王的位置。一位丞相提起已故高祖和他信任的功臣一道反对设立非刘姓封王。另一位丞相陈平以及地位重要的周勃,则在吕后面前和稀泥。不过在私下里,两人表示会尽力维护皇族刘氏的利益。那位鲁莽的持反对意见的丞相很快就被迫下台,陈平成为朝中的首席官员。但真正发挥影响的人,是吕后曾经的情人审食其。他作为左相,控制着宫中的一切。通向诸吕封王的道路正在被铺就:吕后的已故兄长被封为王;尚健在的高祖身边的辅佐都获颁侯爵。随后,吕后的外孙被封为鲁元王。"鲁元"这一称号来自鲁王的母亲、惠帝的姐姐鲁元公主。吕后侄子吕禄的女儿嫁给齐悼惠王的儿子。汉惠帝妾所生的5个儿子(或许不是惠帝子,但吕后坚称是),都被封为王侯。在这一过程中,淮扬、常山两地被置于吕氏族人的控制之下。吕后的另一名侄子,受封为吕王。其他一些亲戚及下属都被封侯。一位女性,即吕后的妹妹,很罕见地也成为侯爵。这样一来,虽然吕后没有采取什么直接针对皇族的行动,但是其家族的财富和地位,都在显著上升。②

公元前184年,一场宫廷悲剧发生了。年轻的皇帝逐渐长大成人,知道自己并非真正的太子、亲生母亲早已遇害。他说:待我成年时,必将有所为。这些话传到吕后耳中。吕后立刻把他囚禁起来,对外声称皇帝病重,不能亲政。阿谀奉承的百官同意将之废除,另立新君。很快,这名皇帝就被秘密处死。一名地位显赫、据称是汉惠帝之子的皇弟,被选为新君。同时,吕后以一些真真假假的罪名,惩处了自己的几位亲戚。

吕氏家族因为对皇族的一位重要成员展开攻击,从而遇到真正的麻烦。当时,已故高祖的儿子刘友,奉命从淮扬前往赵地受封。他的妻子来自吕氏家族,因为丈夫宠爱其他姬妾而心生不满,向吕后诬告:刘友要在您百年后,清除吕氏诸王。吕后诏令

---

① 见《史记·吕太后本纪》;沙畹:《司马迁的〈史记〉》第2册,第412—413、418—419页。这位"美人"即新皇帝的生母,后被杀害。
② 同上;同上,第413—418页。

刘友至国都,将其活活饿死。刘友死前,留下一首复仇之歌。①赵国似乎成为汉高祖儿子的死亡密室,刘友是第三个殒命于此的皇子。不久,梁王刘恢被迁为赵王。他被迫与来自吕氏家族的一名女子结婚。赵王在妻子爪牙的监视下,焦虑不安。来自吕家的王后毒杀赵王宠爱的妃子,赵王随之自尽身亡。同年,吕后召代王前往赵地,代王则表示愿意戍边,谢绝吕后的安排。②

至此,吕后觉得自己可以自由自在地任命族人为赵王。燕王(他也是高祖的孩子)去世时,吕后派人杀死他的儿子,然后借口无嗣除其封国。这么做的目的就是让吕氏族人可以受封为燕王。吕后的不公平可谓登峰造极,甚至给一大批宫中太监封爵加薪。此举,怕是吕后晚年病重、内心充满恐惧和软弱使然。她去世前,警告吕氏诸将,要尽可能提防朝中首辅的动作。她也写下遗诏:赏赐大量金钱给诸侯王以及将相列侯等高官。当时,吕后的亲戚及其走卒,依旧把持着包括丞相在内的重要职务。③

最早发生的刘氏皇族的反抗,最有启发意义。住在长安的刘章、刘兴居是高祖的孙子、齐王的弟弟,二人率先发难。这一次,吕后指定的婚姻起到了反作用。刘章的妻子是吕氏族人。刘章正是从她口中,得知吕家阴谋叛乱,从而有所担忧。他秘密告知哥哥齐王,希望兵发首都,和高祖旧臣周勃、灌婴等共筹大事。在这起事件中,由朝廷指派的封国国相很好地展现了其限制性作用。当时,齐国国相反对出兵。齐王试图暗杀国相;国相则起兵,欲捉拿齐王。齐王只好诛杀国相,然后带上所有可信任的兵士,向长安进军。他向各地诸侯发出号召,剿灭吕氏篡权者。当政的相国吕产,派灌婴率军抗击齐王。但灌婴与齐王等诸侯商定:谨慎行事,等到吕氏作乱,"共诛之"。④

此时吕氏也有些犹豫不决。究其原因,一则是中央军事首领的个性使然;再则因为吕氏在地方封国的势力微弱。在吕姓诸王中,有3位还是住在长安的幼童(据推测是那位傀儡皇帝的弟弟),毫无实力可言。吕氏实际控制的封国,只有3个。相比之下,皇族刘氏控制的封国,则多达6个。汉高祖确立的体制,依旧可以有效地影响都城中的权力平衡。吕氏家族在密谋中陷入分裂,已故吕后的妹妹在当时最具攻击性。

---

① 这首歌暗示出皇室为何要反抗。这首歌唱道:"诸女乱国兮上曾不寤。我无忠臣兮何故弃国?自决中野兮苍天举直!于嗟不可悔兮宁蚤自财。为王而饿死兮谁者怜之!吕氏绝理兮托天报仇。"沙畹的译文见《司马迁的〈史记〉》第2册,第423—424页。关于刘友,见《史记·吕太后本纪》。
② 《史记·吕太后本纪》;沙畹:《司马迁的〈史记〉》第2册,第423—424页。
③ 同上;同上,第424—428页。
④ 同上;同上,第428—431页。

周勃通过假印玺,调动一支确定同情皇族的禁军。两派在宫内都很活跃。但是,当吕氏集团中最大胆的领袖试图发动政变而被杀后,局势已见分晓。周勃立刻"遣人分部悉捕诸吕男女,无少长皆斩之。"(《史记·吕太后本纪》)吕氏族人手中的封国,被迅速收回,控制的军队亦被解散。吕氏篡权的历史被画上句号。①

首席大臣召开秘密会议,展望一个新时代的到来,设想名义上的皇帝以及所谓的惠帝诸子有可能针对自己展开的行动。在关于新皇帝的人选上,"视诸王最贤者立之"(《史记·吕太后本纪》)。有人根据长子继承权,倾向于让齐王继承皇位,因为他是高祖长子的第一个儿子。但是诸大臣认为齐王有一位堪称恶人的舅舅,若立齐王,会出现一个和吕氏一样的家族。代王在高祖尚在世的儿子中最为年长,为人"仁孝宽厚",母家"谨良"(《史记·吕太后本纪》)。此外,"且立长故顺,以仁孝闻于天下。"(《史记·吕太后本纪》)故而代王最为合适。大臣多次恳请,代王几经推辞,最终来到长安,入住官邸。群臣做出最后的肯求,"奉天子玺上代王,共尊立为天子"。②

关于推选新皇帝,有几点值得一提。朝中大臣对选人有掌控权,在刘姓候选人中挑选新君时,可以同时顾及国家及个人利益。长子在继承帝位上有优先权,但长子继承制要服从于实际的形势。这一制度看起来颇可称道。《史记·孝文本纪》表明:皇室的高级成员、列侯高官等经过协商,一致主张应由高祖尚在世的最年长的儿子继位。③

在新天子的统治正式开始前,还要上演血腥的尾曲。刘兴居是刘姓皇族复位运动的发起者之一。他认为自己在诛灭吕氏上没什么功劳,希望能帮助新皇帝清理宫廷。他找到一名合适的陪伴,入宫告诉那位由吕后扶植、无人问津的皇帝:"足下非刘氏,不当立。"(《史记·吕太后本纪》)皇帝侍卫的武器,很轻易就被解除了。这位倒霉的年轻人(即"少帝")被迁入其他宫室。新皇帝则接获通知:皇宫已准备就绪。就在当晚,卫士们被派往少帝及其三个皆已封王的弟弟的住处,将他们一一处死。④

《史记》的作者司马迁提醒读者:虽然在这些年里,宫廷深处充满着阴谋和冲突,但人民的生活,还是相对不错的。他写道:"孝惠皇帝、高后之时,黎民得离战国之苦,君臣俱欲休息乎无为,故惠帝垂拱,高后女主称制,政不出房户,天下晏然。刑罚罕

---

① 《史记·吕太后本纪》;沙畹:《司马迁的〈史记〉》第 2 册,第 431—438 页。
② 同上;同上,第 438—440 页。
③ 《史记·孝文本纪》;同上,第 449—451 页。
④ 《史记·孝文本纪》(当在《史记·吕太后本纪》——译者注);同上,第 440—442 页。

用,罪人是希。民务稼穑,衣食滋殖。"①

这一点或许很重要:诸如萧何、②曹参等汉初重要人物信奉道家思想。当然,因为吕后专权,这些人的主张被淡化了。但不管如何,还是有一些零星的记载。③应该考虑到这些:司马迁本人倾向于小政府(这是其思想中的道家因素使然);他对自己生活其中的武帝时期的紧张忙乱和沉重负担,感到厌恶。如此看来,(惠帝和)吕后时期,就是一个货真价实的从之前几十年的困难中走出来的经济和社会都得到很好缓解的时代。在这一时代,人们从社会财富的积累中,感受到统一的福祉;边疆地区遭受的损失,比之前及以后都要少一些;中央政府节俭且温和,正如宫殿那样简陋无奢。

然而,皇室积怨所带来的灾难,正在步步逼近。

---

① 《史记·孝文本纪》(当在《史记·吕太后本纪》——译者注);沙畹:《司马迁的〈史记〉》第2册,第442页。
② 译者注:原文写为 Hsiao Ts'an,不知所指为何人,推测为萧何。
③ 见《史记·曹相国世家》;《汉书·刑法志》。

第四节 汉文帝

新皇帝即汉文帝(公元前180—前157年在位)在被推上帝位之前,做过14年的代王。他身处那个时代最稳定的一段时间;其自身的性格,看起来也是只要有可能,就以平静稳定行事。代王身边的一些顾问,表达出对长安城中那些旧式军功长官的不信任,并提醒他在接受帝位时一定要小心谨慎。但亦有人强调刘氏皇族早年的成功及其政策,坚称:过去岁月中的惠民政府已经赢得民众的充分认可,那些军政人物不可能会带来什么根本性的改变。在京城中,两位侄子变得声名显赫,整个国家则要依靠六个封国。其中一个封国的国王,也是高祖的儿子,比代王要年轻一些。这么看来,长安城中大臣们充分考虑事实之后,方才邀请代王入京继位。代王则派出自己信任的舅父去京城一探虚实。他自己到达长安后,小心翼翼地确定大家至少在表面上一团和气。此后代王任命来自代地的官员为卫将军(皇家军队首领)和郎中令(宫廷总管)。①

即位之初,"赦天下,赐民爵一级,女子②百户牛酒,酺五日。"(《史记·孝文本纪》)欢庆期间,暂不执行三人及三人以上禁止饮酒的律令。在清除吕氏势力中立下首功的官员获得丰厚赏赐。譬如,周勃加封万户、赐金五千,由太尉升任丞相;丞相陈平加封三千户、赐金两千;灌婴所受奖励与陈平一致,同时擢升至太尉。高祖身边的三员大将成为朝中首领;吕氏当政时期的封国边疆亦被调整。于是乎,王朝中兴的氛围愈发显著起来。③

新皇帝迈出的具有实际意义的第一步就是减轻刑罚。文帝宣称:"法者,治之正也,所以禁暴而率善人也。"(《史记·文帝本纪》)他很直白地承认法律的价值,这种认可在秦朝法家那里也是可以接受的。文帝随即把伦理作用添加至法律中。这里涉及的有争议的一点就是"连坐"制度。文帝对那些无辜的人因为连坐而受到惩罚,悔恨不已。对此,一些法律官员还像秦朝时那样说:"民不能自治,故为法以禁之。"(《史记·文帝本纪》)他们认为"连坐"能起到抑制作用,而且这一制度由来已久,守旧如故自然有其益处。但文帝坚持认为:应该由合适的官员给出正直且温和的指导。

---

① 《史记·孝文本纪》;沙畹:《司马迁的〈史记〉》第2册,第443—451页。
② 或指为户主的女子。
③ 《史记·孝文本纪》;沙畹:《司马迁的〈史记〉》第2册,第451—454页。

有关机构同意废除连坐令。①

有官员请求文帝:出于对宗教(指宗庙祭祀)和政治安全的考虑,皇上应尽快确立太子。文帝此时有些犹豫,同时对自己的叔父和兄弟也心怀敬意。对此,官员回答道:古代王朝以及高祖确立的制度,都以自己的成功,认可了父传子的实践;此外,相同的原则在王侯那里也获得了承认。这些官员并没有说文帝即位不符合这一原则,亦未讲历史经验就有法律效力。他们盛赞文帝长子的贤良,以确保其能成为太子。太子确立后,文帝下令赏赐全天下"民当代父后者爵一级"(《史记·孝文本纪》)。太子的母亲被立为皇后。此举符合逻辑,因为皇帝不可以和封王的姐妹或女儿通婚。这样一来,在皇帝的配偶当中,就不存在太过显眼、高人一等的位阶。为庆祝确立皇后,"赐天下鳏寡孤独穷困及年八十已上孤儿九岁已下布帛米肉各有数"(《史记·孝文本纪》)。这么做,让汉朝仁心惠民的美名得以维持。在这一点上,文帝一朝可谓无与伦比。

仁惠政策也反映出旧勋贵的影响力。早在汉王时期就追随刘邦的六十八名列侯益封三百户;三十名两千石以上高官(他们也是最早追随刘邦的人),平均益封五百户。七名陪同文帝从代地来到长安的人,被封为高官。三位封王的舅父获颁侯爵,此举用以抵消因文帝自己的舅舅受封为侯而引发的嫉妒。②

文帝在执政第二年(公元前 178 年)伊始,颁布一份让人颇感兴趣的声明。在声明中,他谈起古代的制度:诸侯各居其国,每年只需在固定时间入贡;从上至下,对此都很满意。文帝接着说道:"今列侯多居长安,邑远,吏卒给输费苦,而列侯亦无由教驯其民。其令列侯之国,为吏及诏所止者,遣太子。"(《史记·孝文本纪》)王侯是否真的希望被免除身居国都的限制和负担,让人起疑。不过,这样的要求,即仅在特殊情况下封国嗣子可留居长安,还是表明:文帝希望减轻地方的负担;同时以儒家的方式,通过君子之范,在地方传播德政。此外,如果列侯居住长安确实为人不喜,那么允许及鼓励他们离开国都。这对列侯们而言已经足够。将这些与以下信息并置在一起,就能闻出儒家的一些味道了。③

文帝承认:自己深为传统的不祥之兆"日食"所困扰。他作为宇宙力量在人间的代表、宗庙的守护者应当为不祥之兆的出现,负起责任。文帝因而说:"天下治乱,在

---

① 《史记·孝文本纪》;沙畹:《司马迁的〈史记〉》第 2 册,第 454—455 页。亦见:《汉书·刑法志》。
② 同上;同上,第 455—460 页。
③ 同上;同上,第 460—461 页。

朕一人,唯二三执政犹吾股肱也……举贤良方正能直言极谏者,以匡朕之不逮。因各饬其任职,务省繇费以便民。朕既不能远德,故憫然念外人之有非,是以设备未息。今纵不能罢边屯戍,而又饬兵厚卫,其罢卫将军军。太仆见马遗财足,馀皆以给传置。"①

这一点不足为奇:文人把汉文帝视为一代楷模。在他们眼中,文帝就是道德说教、合理经济、反对蛮夷、轻徭薄赋、广开言路的化身。想到这些,也就可以理解文人们为何会如此看待文帝。文帝走得更远,在为皇室保留的农地上亲耕,以之为宗庙提供祭祀所用的粮食。他给人民发出正确的指导,践行着传统的信念,即"农,天下之本。"(《史记·孝文本纪》)文帝很快转到针对王朝的批评这个问题上来。在古代,有益的批评是受到鼓励的。文帝有言:"今法有诽谤妖言之罪,是使众臣不敢尽情,而上无由闻过失也。将何以来远方之贤良?其除之。"②

《汉书》有关晁错的传记显示:文帝命令全国高官"直言极谏……以匡朕之不逮。"(《汉书·爰盎晁错传》)晁错本人在其中为自己赢得高位。这是汉武帝时期有所作为的前奏。文帝还赦免那些联合起来反叛自己的封王和官员。通过这些努力,一度要被汉朝继承的秦朝时期的那些压力,被大大减轻。③

文帝的儿子和侄子都被封王,所受赏赐丰厚。但随之而来的地望变化,事实上起到了分割旧王国如齐、赵、代等的作用。这里没必要详列分封的情况,因为受封人以及封地的边界变动频仍;但分封背后的原则,清晰可见。④

文帝的温和被匈奴所利用。公元前177年,匈奴从东北方向入侵,为寇黄河以南。文帝指责匈奴违背兄弟之约,令边塞荒无人烟,更让汉朝对其的丰厚赏赐失去意义。匈奴还赶走守卫边塞的非华夏族人,抓捕甚至杀害戍守边疆的士兵和官员。面对匈奴暴虐,平和如文帝,也不得不发兵九万,保护边疆、抵抗凶顽,匈奴见势撤退。重型弓箭手按照将军的指令,在长安集结。但文帝的侄儿、在推翻吕氏家族中发挥过作用的刘兴居,却利用边地混乱、文帝前往代地亲征的机会,兵发长安。文帝对之采取军事行动,同时承诺除了那些坚持叛乱的人都可以获得赦免。几周过后,齐王被活

---

① 《史记·孝文本纪》;沙畹:《司马迁的〈史记〉》第2册,第461—462页。
② 引文见《史记·孝文本纪》。原文中有提到"诽谤",含义不明(译者注:《孝文本纪》中提及"诽谤木",其为传说中的人们用来写谏言的木牌)。这一批评的自由是否来自前朝抑或后朝,注释者并未就此达成一致。
③ 《史记·孝文本纪》;沙畹:《司马迁的〈史记〉》第2册,第463—465页。
④ 邓之诚在其《中国通史讲义》中用图表展示了这些变化,使用起来非常方便(见氏著第32—37页)。参见《史记·孝文本纪》;沙畹:《司马迁的〈史记〉》第2册,第464页。

中华帝国的建立

捉。此时,虽然新的大军已被组建起来,但对军事长官的任命却变得困难有加。①

文帝所要面对的困难,依旧在继续。他的弟弟淮南王已经展现出既不安分又不受旧约束的个性。②淮南王甚至做好准备,随时可以采用任何手段以摆脱控制。有官员指责他:"废先帝法,不听天子诏,居处毋度,出入拟于天子,擅为法令,与棘蒲侯③太子奇谋反,遣人使闽越及匈奴,发其兵,欲以危宗庙社稷。"(《史记·孝文本纪》)群臣认为淮南王应当被公开处死,但文帝"不忍致法于王,赦其罪,废勿王。"(《史记·孝文本纪》)文帝也同意把淮南王流放到遥远的西南蜀地。淮南王在流放途中,绝食而死。这位一反传统的皇弟的结局,让文帝颇感不适。他下令厚葬淮南王,封淮南王的儿子为侯。公元前164年,文帝根据创建较小规模封国的政策,为淮南王的每一位儿子,在其已故父亲的领地内,设置封国。④

有关的本纪所提供的并不连贯的故事,显示出文帝一朝的二重性,即仁心惠民之政,总是被来自边疆的威胁以及叛乱打断。文帝当政时,所有高官列侯及其家属,都不得因为琐事而擅行抓捕。此举暗示这一阶层会不时行恶。每隔几年,文帝就针对王侯将相实施新赏。就一般意义上的社会发展而言,战时用于检查的关隘已遭废除。⑤据记载文帝时期有"免官奴婢为庶人"的举措。⑥后来的证据表明这一努力并未起到太大作用。当时刑罚大大减轻,文献称国都狱中只有400名犯人。⑦但在同时,文帝尚需亲自西征北伐。在公元前169年,更发生了匈奴劫掠边境的事件。

也是在这一年,文帝回到农业问题上来,向着儒家政府又迈出了一步。他感叹道:"朕亲率天下农,十年于今,而野不加辟,岁一不登,民有饥色,是从事焉尚寡,而吏未加务也。"(《汉书·文帝纪》)考虑到农民的疾苦,文帝下令免去当年租税的一半。他还说道:"孝悌,天下之大顺也。力田,为生之本也。三老,众民之师也。廉吏,民之表也。"(《汉书·文帝纪》)于是文帝对这些人进行奖励:"三老、孝者帛人五匹,悌者、力田二匹,廉吏二百石以上率百石者三匹。"(《汉书·文帝纪》)朝廷派遣这些受赏之人去询问民众还有什么不满。按照每一处地方的户口数,"三老""孝悌""力田"等人

---

① 见沙畹:《司马迁的〈史记〉》第2册,第470—472页。
② 见《史记·淮南衡山列传》。这篇列传绘声绘色地讲述了淮南王的故事。
③ 他是十万新军的首领。
④ 见《史记》之《孝文本纪》《淮南衡山列传》;沙畹:《司马迁的〈史记〉》第2册,第472—473页。亦见《汉书·文帝纪》。
⑤ 文帝时期关隘的是否与其他时期一样发挥控制作用,尚不得而知。
⑥ 《汉书·文帝纪》。
⑦ 《汉书·刑法志》。

被分配各地,"各率其意以道民"。①

文帝领导的开明改革仍旧在继续。公元前167年,汉廷废除古老的"秘祝",即为了保持帝王在道德上的纯正,那些已被上天以不祥之兆标明的错误行为,将被算在地位较低的人身上。文帝还对肉刑加以限制,②强调:肉刑实际上不能防止犯罪的发生;肉刑不允许犯罪者自己纠正错误,给受刑人带来无法修补的身体损伤;而真正的纠正在于以清楚的指令、合适的道德楷模来引导人民。这些都迥异于秦代法家,完全处在儒家理论的范围内。在齐国太仓令淳于公的案件上,文帝迈出新步伐。当时,淳于公因为犯罪,被套上枷锁,带往首都长安。淳于公有五名女儿。其中一名即缇萦随父来到长安,向官府请求:自己愿终身为官婢,为父赎罪。文帝抓住这个机会,实施改革(即废除肉刑)。③

文帝确立了永久性的礼仪:在属于自己的神圣的"籍田"中亲耕,皇后则亲手生产用于宗庙衣服制作的丝绸。历史记录清楚地表明:文帝废除田租。文帝此举的原因是:"今勤身从事而有租税之赋,是为本末者毋以异,其于劝农之道未备。"(《史记·孝文本纪》)④但是,很难想象不收田租这场革命的真实情况。在当时的情况下,针对某个群体的免租或者临时性的豁免是可能的。免租或许与"赐天下孤寡布帛絮各有数"(《汉书·文帝纪》)有关系。不过,无论是《史记》还是《汉书》,相关的文本都很难给出让人可以接受的解释。

公元前166年,文帝的农业改革被匈奴粗暴地打断。正是在这一年,匈奴开始劫掠西北边塞。朝廷征调"车千乘,⑤骑卒十万。"(《史记·孝文本纪》)准备应战。文帝亲自前往边地督导,奖励将士。他准备领兵进击匈奴,遭到群臣的反对。文帝对之不予理会。最后只能靠皇后劝阻文帝。匈奴在汉军展开进攻前撤退。文帝回顾过去执政14年对国家的治理,还算满意。他在祭祀时,增加了牺牲和玉帛的用量,以示对上天的感谢。他还下令:从今而后,负责祭祀的官员,要为民众而不是为君主个人祈福。⑥

公元前163年,文帝改元。此举日后成为惯例。表面上看,当时出现祥瑞之物,

---

① 《汉书·刑法志》。
② 但肉刑惩罚很快又成为理所当然,并被记录下来。
③ 《史记·孝文本纪》;沙畹:《司马迁的〈史记〉》第2册,第474—476页;《汉书·刑法志》。
④ 《汉书·惠帝纪》(原文如此——译者注);沙畹:《司马迁的〈史记〉》第2册,第477页。
⑤ 即募集一支由千辆战车组成的军队。将"乘"翻译为"马车"(cart或carriage)没有太大意义。
⑥ 《史记·孝文本纪》;沙畹:《司马迁的〈史记〉》第2册,第477—479页。

一尊刻有"人主延寿"字样的玉杯,所以改元。这一年也就因此成为文帝第二个年号"后元"的开始。虽然文帝当时已经废除了株连之法,但是当发现有人诈称祥瑞而行骗时,行骗之人仍被处死,夷三族。显然,这名骗子在骗局被揭穿后,反抗激烈。①

当时连年发生歉收、洪水、干旱、疾疫等,文帝对此深表担忧。他觉得这些灾害表明:自己并不胜任,上天也有所不满。文帝总结道:对一些官员的赏赐纯属浪费,太多毫无价值的奢靡之事,或许也是造成粮食不足的原因。他说:"以口量地,其于古犹有馀,而食之甚不足者,其咎安在?无乃百姓之从事于末以害农者蕃,为酒醪以靡谷者多,六畜之食焉者众与?细大之义,吾未能得其中。其与丞相列侯吏二千石博士议之,有可以佐百姓者,率意远思,无有所隐。"(《汉书·文帝纪》)文帝充满善意的思考会带来什么样的结果,我们不得而知。他的注意力很快又转移到边疆上去了。②

文帝意识到自身的不完美,让德化远人无法实现,于是也就有了(匈奴)针对自己臣民的骚扰。他每日战战兢兢,倾尽全力给人民带来最大的安宁与福祉。这里所暗示的,正是汉朝想尽办法缓和与匈奴的关系。文帝接连派人出使匈奴,达成和平协议,抛开小错以结兄弟,双方共秉大义。但仅过了四年,匈奴的两支各有三万人的队伍开进汉朝的北边要塞。文帝立刻派遣五支军队至北方边地安营扎寨,以保护受到威胁的地区。几个月后,匈奴撤兵,汉朝的五支大军也随即解散。此时,旱灾和蝗灾加重着人民的负担。为了救灾,文帝采取非凡举措:诸侯无需进贡;放开开发山林湖泽的禁令;削减皇室在衣服、车马、宠禽等方面的开销;减少宫中服务官员的数量;开放国家粮仓以赈济穷人;允许出售个人的爵位,等等。③

在危难与惠民之举的交汇中,文帝一朝渐入尾声。甚为欣赏文帝的《汉书·文帝纪》格外用力地写道:"孝文皇帝即位二十三年,宫室苑囿车骑服御无所增益。有不便,辄弛以利民。尝欲作露台,召匠计之,直百金。上曰:'百金,中人十家之产也。吾奉先帝宫室,常恐羞之,何以台为!'身衣弋绨,所幸慎夫人衣不曳地,帷帐无文绣,以示敦朴,为天下先。治霸陵,皆瓦器,不得以金银铜锡为饰,因其山,不起坟。南越尉佗自立为帝,召贵佗兄弟,以德怀之,佗遂称臣。与匈奴结和亲,后而背约入盗,令边备守,不发兵深入,恐烦百姓。吴王诈病不朝,赐以几杖。群臣袁盎等谏说虽切,常假借纳用焉。张武等受赂金钱,觉,更加赏赐,以愧其心。"(《汉书·文帝纪》)这样的称赞近

---

① 《史记·孝文本纪》;沙畹:《司马迁的〈史记〉》第2册,第481—482页。另见《汉书》之《文帝纪》《郊祀志》。
② 《汉书·文帝纪》。
③ 《史记·孝文本纪》;沙畹:《司马迁的〈史记〉》第2册,第482—485页。亦见《汉书·文帝纪》。

乎传奇。这些教导文字非常直白：(文帝)"专务以德化民，是以海内殷富，兴于礼义"。①

在对已经有些透支的儒家道德进行总结之前，本文认为有必要谈谈文帝一朝不那么让人心仪的一面。文帝没有把自己全部的大度用到国家、王朝和支持者身上。他在无甚价值的宠臣邓通身上却耗费巨额金钱。邓通的地位高于大臣，近乎帝王。他曾收获一座巨大的铜矿作为奖赏，享有自由铸钱的权力，因此获利甚丰。邓通铸钱，后来成为文帝继承者所要面临的棘手问题之一。此外，文帝之所以能被选中成为皇帝，至少部分原因在于他岳母及其家族势力。但文帝的夫人在他还是代王时就已经去世。代王夫人所生的四个儿子，也都相继因为未知疾病故去。一名出身较为低微的妾（即窦太后），后来成为文帝的妃子。窦太后所生的儿子最为年长，故而成为太子。窦太后在去世前，要求窦家人、皇帝和太子，都要读黄老著作、遵行其术。窦太后想办法提拔自己的弟弟。她的弟弟曾经是烧炭的奴隶，后来变得颇有前途。但谨慎的大臣一直提防再度出现吕氏那样的家族。这么看来，当时的西汉朝廷并非文人想让我们相信的那样，是纯粹儒家式的。②

再者，针对农民的赈灾政策之所以让人感兴趣，或另有原因。灾害显示出的，并非前面赞语中的让人喜笑颜开的富裕，而是人民正在遭受巨大的苦难。当时最积极鼓吹赈灾政策的，正是晁错。③晁错在法家学派中受训。④汉景帝为加强中央权力而平定诸王叛乱，晁错为之付出生命。有一点确定无疑：晁错的思想混融仁爱精神。他在对农业的重视上，找到儒、法两家的共同点。他从未停止宣讲"德"。晁错不仅强调人民所遭受的苦难，也注意到当土地因为经济压力而被大量出售，以及人们成为流民或模仿富商兜售东西时，政府管理会遇到的困难。晁错主张实施秦代的用粮食换爵位的做法，允许输钱以免除罪名及劳役。他相信此举会提升粮价、促进流通。前述两点都将有益于农民。晁错有言：

> 今农夫五口之家，其服役者不下二人，其能耕者不过百亩，百亩之收不过百石。春耕夏耘，秋获冬藏，伐薪樵，治官府，给繇役；春不得避风尘，夏不得避暑热，秋不得避阴雨，冬不得避寒冻，四时之间亡日休息；又私自送往迎来，吊死问疾，养孤长幼在其中。勤苦如此，尚复被水旱之灾，急政暴虐，赋敛不时，朝令而暮改。当具有者半贾而卖，亡者取倍称之息，于是有卖田宅鬻子孙以偿责者矣。

---

① 《汉书·文帝纪》。参见《史记·孝文本纪》；沙畹：《司马迁的〈史记〉》第2册，第485—487页。
② 见《史记·外戚世家》。
③ 关于晁错，见《史记·袁盎晁错列传》；《汉书·爰盎晁错传》。
④ 晁错学习申不害和商鞅的刑名之学。通过研读，晁错成为一名政府学者，被派往山东学习几近失传的《尚书》之学。

而商贾大者积贮倍息,小者坐列贩卖,操其奇赢,日游都市,乘上之急,所卖必倍。故其男不耕耘,女不蚕织,衣必文采,食必梁肉;亡农夫之苦,有仟伯之得。……方今之务,莫若使民务农而已矣。欲民务农,在于贵粟;贵粟之道,在于使民以粟为赏罚。今募天下入粟县官,得以拜爵,得以除罪。如此,富人有爵,农民有钱,粟有所渫。夫能入粟以受爵,皆有馀者也;取于有馀,以供上用,则贫民之赋可损,所谓损有馀补不足,令出而民利者也。(《汉书·食货志上》)①

晁错希望能在前所未有的规模上推行赎买和奖赏政策。如果一个人能出一匹战马,就可以让三个人免服兵役;②能捐献粮食获得第九等爵位,可以让一个人免服兵役。晁错设想:如果通过捐献粮食,特别是送粮到边疆,爵位可以自由颁授、刑罚得以免除,那么三年后,整个形势就会发生改变。文帝把这一计划付诸实施:"令民入粟边,六百石爵上造,稍增至四千石为五大夫,万二千石为大庶长,各以多少级数为差。"(《汉书·食货志上》)晁错于是成功地提出第二步计划:边地存储的粮食够五年之用时,多出来的部分交给所在的郡县;郡县存储的粮食足够一年的军事及赈灾之用并有富余,则免收田租。如果这些记载可靠,那么可以从中推导出这样一种情景:地方官、富裕地主和粮食收购者获得充足的利润,满足政府的需要,于是政府不再诉诸传统的税收。从这个角度看,普通农民的负担一度由地方官、富裕地主和粮食收购者承担。但依旧无法想象:贫苦大众的生产和消费已被从根本上改变。③

有些问题本身非常复杂。譬如,针对再发现的古书的研究,以及地方当政者对传统学问的保持,等等。这些问题与本文相关,显示出朝廷对儒家学说的兴趣,也把一些皇家学者、政治家甚至王侯的所作所为公诸于众。文帝时期,人们对古书和传统学问的兴趣在增加。譬如,鲁诗学派的领袖申公被文帝封为"博士",④获准传授自己独特的学问。据说早在高祖造访山东时,申公和弟子就已经获得刘邦的认可,申公其时恰是楚元王及其嗣子的老师。⑤韩生是另一《诗经》学派的领袖。他来自北方(河北),亦成为帝师,是几部列入汉代书目的重要注释的作者。⑥晁错曾被朝廷送到山东,在伏

---

① 引文的英译并非完美;见戴闻达在其《商君书英译》(第54-55页)中,对这一出自晁错的重要段落的称引。不太令人满意的译本,见翟理斯(Herbert Allen Gilles):《中国文萃》(Gems of Chinese Literature),(上海)别发出版社(Kelly & Walsh)1922年版,第73-77页;马古烈:《中国古文选编》,第68-73页。更差一些的译本见:Angelo Zottoli(晁德莅):*Cursus Litteraturæ Sinicæ*: *Neo-missionariis Accommodatus*, Tou-sè-wè(上海土山湾)1879版;Léon Wieger(戴遂良):*Textes historiques*: *histoire politique de la Chine*,河北献县,1929年版。
② 见《汉书·食货志上》。注释者暗示:这可能是把某种"免服兵役税"(scutage)折换成钱。不过,有关的文本太过简略。
③ 参见《汉书·食货志上》。
④ 见《汉书·楚元王传》。
⑤ 见《史记·儒林列传》。
⑥ 同上。文献学家高本汉(B. Karlgren)提及这里的几位学者;见氏著:《〈周礼〉及〈左传〉文本的早期历史》(The Early History of the *Chou Li* and *Tso Chuan* Texts),《远东博物馆学报》(Bulletin of the Museum of Far Eastern Antiquities)第3辑(1931年),第9、17页。

生门下学习《尚书》。伏生是秦朝的官方学者,颇有些名气。伏生把书籍藏在墙壁里,一直等到对学问更加友善的汉朝建立后,才将之拿出与世人分享。伏生的学问一直延续至孔安国及下个世纪的为人熟知的文献研究中去。[①]这里提及的一些学者,在清代变得更加有名望。他们在随后几朝的学生,对其声望亦有贡献。

但是,文帝时期文人的显赫并不意味着皇帝已经完全倒向了儒学。事实确实如此,《史记·儒林列传》有言:"然孝文帝本好刑名之言"。当时,窦太后不仅喜欢道家之术,更是严厉反对知名儒者,对其事业加以限制。[②]贾谊是一名出色的年轻儒士。[③]但贾谊自己,根本无法确保其根据儒家学说提出的关于历法和服色的建议,能够被朝廷接受。[④]贾谊因为遭人嫉妒或者其他不得而知的原因,无法担任高级职务,只能做长沙王和梁王的导师。陆贾以及包括精通算术的张苍在内的几位官员,投身《春秋左传》之学;贾谊据说还撰有最早的《左传》注释。[⑤]各类学者在当时一道为我们呈现出一幅混融各种元素的图景:楚汉相争以来的老一代坚定分子业已行将就木,而儒士的影响力则正在增加。现代学者很难确定汉文帝温和的政策,是否受到道家"无为"等原则的影响。这些原则本身模糊不清;就强制性而言,它们和儒家学说相差不远。儒士的思想看起来更加明确。当然,历史记录本身或许带有同情心。

在文献中,文帝之死带有一丝神圣。汉文帝于公元前157年去世,享年66(或67)岁(此据注释者估算)。文帝的遗诏凸显他的谦恭及巨大荣耀,而这些正是一名儒家的天子所应有的。遗诏有言:"赖天地之灵,社稷之福,方内安宁,靡有兵革"。[⑥]为了不增加额外的负担,文帝坚持丧事从简、缩短服丧期,制订出详细的限制措施。修建陵墓,"发近县见卒万六千人,发内史卒万五千人。"(《史记·孝文本纪》)所有宫女都获准可以回家。遗诏中还有一句话,具有现代立法的味道。其云:"佗不在令中者,皆以此令比率从事"。[⑦]

继位的汉景帝发出一份充满赞扬的诏书,详述文帝之功。诏书如是言:"孝文皇帝临天下,通关梁,不异远方。除诽谤,去肉刑,赏赐长老,收恤孤独,以育群生。减嗜欲,不受献,不私其利也。罪人不帑,不诛无罪。除肉刑,出美人,重绝人之世。"

---

① ② 见《史记·儒林列传》。
③ 其名作《过秦论》已在上一章结尾处讨论过。
④ 见《汉书·礼乐志》。亦见吴康(Kang Woo):《董仲舒天人三策》(Les trios theories politiques du Tc'oven Ts'ieou),(巴黎)E. Leroux 出版机构 1932 年版,第163页。
⑤ 见《汉书·儒林传》。
⑥ 《史记·孝文本纪》;沙畹:《司马迁的〈史记〉》第2册,第488页。
⑦ 同上;同上,第487—490页。

(《史记·孝文本纪》)有鉴于此,景帝决定:"其为孝文皇帝庙为昭德之舞,以明休德。然后祖宗之功德著于竹帛,施于万世,永永无穷。"(《史记·孝文本纪》)他也接受大臣的建议:把高祖刘邦之庙,尊为"太祖之庙";文帝之庙,为"太宗之庙";全国各郡及诸侯封地内,都应建立孝文皇帝庙。①于是,作为儒家圣贤明君的汉文帝诞生了。从吕后的时代来看,文帝之治是莫大的宽慰;但文帝留给儿子景帝的,却是一个危机四伏的王朝。

---

① 《史记·孝文本纪》;沙畹:《司马迁的〈史记〉》第2册,第491—494页。

第五节 汉景帝

有关汉景帝(公元前 157—前 141 年在位)的本纪,文字寥寥。而且,如果读者不利用相关列传和书志,不把景帝一朝和紧密相连的前后朝做仔细的比较,那就几乎无法理解这些本就不多的内容。①这些史料呈现出这样一个历史时期:西汉面对匈奴持续撤退;王朝内部发生严重叛乱;大部分人口享受适度的富裕和平静;文帝的政策被小心翼翼地继续推行。

四时不调导致连年歉收。于是在景帝执政的第一年(公元前 156 年),西汉政府允许人们自由迁徙至更加适宜的地方。②人们熟悉的"赦天下""赐民爵",在景帝时期发生过几次。这些只有与叛乱联系在一起,才有被提及的价值。公元前 155 年,在文帝废除田租十多年后,景帝恢复了"三十税一"制度。来年,西北大旱。为吸引更多人买爵,西汉调低相关的价格。③官员的一种恶习获得纠正,即若官员被发现贱买贵卖有价值的物品,这些物品将被没收并奖给揭发者,官员则会被免去职位与级别。朝廷修改有关官员任内不得接受食物酒水等的旧规定。根据新规,官员如能有合适的解释,可不受禁令约束。④或许人们可以这样猜测:律令之严格,其所表达出来的,并非执法的有效性,而是不守规矩的经常性。所谓成年的年限,从 23 岁降至 20 岁。此举至少有利于征发徭役。

"七国之乱"对汉景帝和整个汉代而言,都至关重要。叛乱发生的直接原因,是来自各地封王对各种限制的痛恨以及恐惧。造成这些痛恨和恐惧的原因,则在于晁错采取的措施,即削减土地、处罚并削弱封王等。正是因为晁错,吴王被削三郡,其他诸侯的封地亦被减少。⑤但是此措施在吴王的封地尤难推行。文帝时,皇室太子在一次赌局上杀死吴王嗣子。吴王刘濞认为在有关嗣子葬礼的安排上,自己受到侮辱,心生敌意,拒绝来国都朝见天子。刘濞借口生病,要求免除其国的朝见之责。晁错曾经在吴王廷担任导师,当时警告文帝:这一王国,变幻莫测。但是,温和的汉文帝不愿意采取行动。⑥

在所有个人及特殊问题背后,是这样一种公认的事实:吴地的人口、力量等都已

---

① 沙畹认为《史记·孝景本纪》不是伪作,但同时承认其质量上要逊于司马迁其他的作品。《汉书·景帝纪》在内容上要更加丰满一些。或许是这样的:有人从《史记》其他章节中剪贴拼凑成"孝景本纪"的原文。参见本文第一章第一节有关内容。
②③④ 见《汉书·景帝纪》。
⑤⑥ 见《史记·吴王濞列传》。

中华帝国的建立

增加不少,皇室对这里的控制愈发微弱。有关吴地人口的数字非常准确,因为这是核定财政收入及封国地位的根据所在。一般认为,文景时期该地区人口业已翻番。① 与此同时,原先建立在亲密关系、同甘共苦及忠诚不渝之上的纽带,随着时间的推移和继承的变化,已被日渐忽视。新一代的王侯,几乎没有其父辈、祖辈甚至曾祖辈的那种情感。各地新的经济条件,已经改变了封国与皇室之间的基本关系。吴王的例子更加特殊,情况更为严重。吴王在汉惠帝和吕后时期,从铜矿、铸钱及制盐中获利甚丰,视田租为没有必要而予以废除。吴王自己亦能够雇佣武装力量。此外,因为汉帝国对吴地铸造货币的依赖度不算小,吴王更感觉自己大权在握。② 贾谊在其著名的论及时弊并呈给汉文帝的长文中,提及封国过大、过强所带来的危险,建议对其做进一步分割。但文帝在这一点上没有作为。③ 现在,晁错可以确定景帝会展开行动。中央和封国之间的斗争开始上演。

吴王想尽一切办法,挑起诸侯的不满,以确保相互间的合作。他着力控诉晁错的"邪恶"举措:漠视诸侯封地的完整,破坏高祖皇帝建立起来的信任。在地理上拥有赵、齐、楚三个旧国土地的 7 位诸侯王,率领数 10 万大军向西进发。叛军还与匈奴及南方的越人勾结,令后者同时出兵。这么一来,"七国之乱"看起来让人难以对付。景帝接受一位老将军的建议,做出姿态,处死晁错。他希望此举可以让诸侯王失去痛恨的对象,从而削弱其力量。但一场大战势必爆发。窦婴、周亚夫击溃诸王,斩首十万。④ 吴王刘濞被追斩,其他诸侯王,因遭放逐而自杀。景帝大方处置其他参与叛乱的人,施以大赦。中央政府既能大获全胜,又显得宽宏大量。⑤ "七国之乱"的失败,同其开始一样,都非常重要。大权在握的七王,因为不满而起兵,并获得蛮夷部落的支持,一道从东、南、北三个方向展开进攻,但却迅速走向灭亡。如此看来,那些平淡无奇的针对皇帝权力的反抗,能成什么气候?

本文把一些行动及措施加以归类。这些行动及措施标志着朝廷对封国产生了压力。景帝小心翼翼地任命新人到空缺出来的王位上。在新王当中,有两位是景帝的儿子,另有几位是被迁至其他封地、未参与叛乱的旧王。还有一些情况要等到新政策

---

① 见《汉书·高惠高后文功臣表》。但在通常情况下,封国不会有这样的进展。这是因为:文帝去世后,现存封国被进一步分割,从而造成了封国数量的增加。参见邓之诚:《中国通史讲义》,第 1 册,第 32—37 页。
② 见《史记·吴王濞列传》。
③ 见《汉书·贾谊传》。
④ 窦婴是窦太后的弟弟;周亚夫是周勃的儿子。
⑤ 《史记·吴王濞列传》;《汉书·景帝纪》。参见《史记·孝景本纪》;沙畹:《司马迁的〈史记〉》第 2 册,第 498—499 页。大赦甚至拓展至那些在当时准备参加叛乱的诸侯王。

制定后才能定夺。几年后，景帝的其他几个儿子亦受封为王。公元前144年，梁王去世。他的封国被一分为五，梁王的儿子各有一份。①到景帝一朝结束时，封国数目已多达19个。②这就说明：通过分割现有封国以削弱诸侯的政策，已经开始实施。到下一任皇帝汉武帝一朝，有了针对这一政策的指导性的理性解释。但景帝任内仍封31人为侯，③此举对抑制诸侯、加强王权而言，看起来还是有些软弱。

通过人事任命及财政税收等手段，中央政府对封国的自治权实施直接打击。司马迁在《史记·五宗世家》中，对此做过精彩总结："高祖时诸侯皆赋，得自除内史以下，汉独为置丞相，黄金印。诸侯自除御史、廷尉正、博士，拟于天子。自吴楚反后，五宗王世，汉为置二千石，去'丞相'曰'相'，银印。诸侯独得食租税，夺之权。其后诸侯贫者或乘牛车也。"《汉书·百官公卿表上》亦称在公元前145年，景帝颁布命令："诸侯王不得复治国，天子为置吏，改丞相曰相"；同时封国的其他重要职位亦被废除。在有关文帝的本纪里，可以发现这些变化的痕迹。譬如，《史记·孝景本纪》简略记载："罢诸侯御史中丞""更命诸侯丞相曰相"。④古今注释者都指出：这些记载显示出诸侯王的权力被削减。但是他们也没有对封国政府的变更，做更多的解释。

匈奴在汉景帝时期，仍旧是一个威胁。公元前156年，匈奴侵入代地，汉廷"与约和亲"。⑤四年后，一位公主远嫁匈奴可汗。又过了四年，匈奴入侵燕地；景帝"遂不和亲"（《史记·孝景本纪》）。⑥一年后，和谈政策至少取得了些许成功：两位匈奴王率其部落归降，皆被封为列侯。⑦公元前144年，匈奴侵入西北边境，抢夺御马。两年后，汉军进击入侵的匈奴部落；匈奴跨过边界，杀死汉朝的一位重要官员。于是朝廷派出骑兵和重弓箭手前往边地戍守。⑧这些记载都没有说汉朝迫切地要与匈奴决战，而是显示出极大的小心谨慎。但在另一方面，匈奴骚扰所带来的损失、负担、不确定性，特别是对边疆的危害，必定非常严重，间接产生的军事开销亦十分巨大。⑨

当时，人民正在遭受旱灾和饥荒。汉朝政府为了最大限度地利用勉强够用的粮

---

① 《汉书·景帝纪》；《史记·孝景本纪》；沙畹：《司马迁的〈史记〉》第2册，第505—506页。
② 邓之诚把零散的证据汇编成最方便使用的表格；见氏著《中国通史讲义》，第1册，第32—37页。
③ 《史记·惠景闲侯者年表》；沙畹：《司马迁的〈史记〉》第3册，第148页，注释6。
④ 参见沙畹：《司马迁的〈史记〉》第2册，第504—505页；《汉书·景帝纪》。
⑤ 《史记·孝景本纪》；沙畹：《司马迁的〈史记〉》第2册，第497页。
⑥ 参见：《汉书·景帝纪》；沙畹：《司马迁的〈史记〉》第2册，第503页。
⑦ 《史记·孝景本纪》；沙畹：《司马迁的〈史记〉》第2册，第504页。
⑧ 《汉书·景帝纪》；《史记·孝景本纪》；沙畹：《司马迁的〈史记〉》第2册，第507—508页。
⑨ 参考如淳的注释："《汉仪注》太仆牧师诸苑三十六所，分布北边、西边。以郎为苑监，官奴婢三万人，养马三十万匹。"引文见《汉书》第1册，中华书局1964年版，第150页正文——"六月，匈奴入雁门，至武泉，入上郡，取苑马"——下注释1。不过，这里没有给出相应的时间。

食收成,禁止卖酒,禁止内郡用粮食喂马(违令者的马匹将被罚没),同时禁止使用马匹脱粒。①其他行政措施在整体上,趋向温和与公平。在一份诏书中,景帝诚恳论及司法部门滥权;承认官员有时受贿、以权谋私,其朋友则联合起来掩盖其罪行;而同时,无辜者生活尽毁,甚至丢失性命。他还强调:法官的所作所为,不仅要符合法律条文的要求,也要与人性的平等一致;一切有争议的案件,都应该交给更高一级的官员,进行详细的审核。②几年后,以大致相同的方式,"谳奏"原则(即上报案件、重新核查)再次得到重申。朝廷同时增加了一条规定:如果上报的案件经更高级部门核查后有误,有关的低级官员不会受到惩罚。宽容怜悯被视为地方法官的首要职责。此外,景帝还减轻了笞刑。③

景帝忏悔道:所有奢侈之举,都是对基本生产(即农业)的损害;农业受损,人民就会饥寒交迫甚至不惜以身试法。他努力让自己成为节俭勤奋的模范。能做到这一点,灾难和暴力或许就不会发生,老人和孩子会因此得到很好的照顾。但他也指出:"岁或不登……吏以货赂为市,渔夺百姓,侵牟万民。县丞,长吏也,奸法与盗盗,甚无谓也。"(《汉书·景帝纪》)景帝因此下令:"二千石修其职;不事官职耗乱者,丞相以闻,请其罪。"(《汉书·景帝纪》)他还注意到这一事实:如果那些有相当财富的人并非来自受到限制的商人阶层,那么他们很容易就可以获得官位;但同时,贫寒的优秀人士却无法从政。有鉴于此,景帝下令降低有关的财产要求,"亡令廉士久失职,贪夫长利"。④在另一条诏令里,景帝谴责道:"吏发民若取庸采黄金珠玉者,坐臧为盗。二千石听者,与同罪"。⑤从以上内容中,我们可以看到:景帝从政府和国人的利益出发,希望对招惹麻烦的官员厉行控制。但是,他的愿望并没有带来太多实际的效果。

景帝对调节性礼仪的关注,其儒家的味道,看起来更加确定一些。一套新的详细规定,被应用到封王列侯的葬礼上。与之类似,各级官员的服饰和车马各有规定、区分明确,普通人也从中受到教导。⑥这些注重形式的努力,未必和传统学问无关。传统学问还是能打动高层人士的。譬如,与儒经《春秋》相关且构成儒家教化历史首要因素的公羊和谷梁学派,正是在景帝时期兴起的。⑦有一点值得一提。这一时期最有影响力的政治家(如晁错)既学习儒经《尚书》,也浸淫于申不害和商鞅的刑名之学。

---

① 《汉书·景帝纪》;沙畹:《司马迁的〈史记〉》第2册,第507—508页。
② 《汉书·景帝纪》。《汉书·刑法志》还提到一条高祖时期(公元前200年)颁行、可资参考的谕令。
③⑤⑥ 《汉书·景帝纪》。
④ 同上。原文中的一些词语,其义不明;注释者给出的解释,也相互矛盾。原文中给出的具体数字让人费解;其余内容如上。
⑦ 《史记·儒林列传》。吴康对之有讨论;见氏著:《董仲舒天人三策》,第10页。

晁错在其论说中,一再重复在边疆事务上军事效用的重要性,同时坚持重视农业的主张。他为推行国家的政策,确定无疑地主张使用秦朝的赏爵手段。①

汉景帝安静地继承了帝位,之后又平稳地把皇位传给了汉武帝。这些史实,掩盖了困扰多妻家庭的一个永恒的问题:外戚结成有野心的危险团体。在景帝的儿子当中,除去太子,有13人封王;这些封王,出自5位母亲。公元前153年,皇子刘荣被立为太子。但是,他的母亲拒绝景帝姐姐的"美意":让太子与皇姑的女儿成亲。景帝姐姐后把女儿嫁给了刘彻,并且在公元前150年确保刘彻成为皇太子。刘彻就是后来的西汉武帝。刘彻的祖母结过两次婚,育有子女。后来,她的想法颇多的父亲将其送入宫中。由此人们可以想见宫中关系会有多么的错综复杂!被废除的前太子刘荣受封为王,亦顺理成章地成为不满和怀疑的对象。两年后,他被召回国都,在监视中死去。很明显,刘荣死于自杀,不必再为修建宫殿时侵占文帝庙而受审。王朝在挑选继承者时已无他人可选。②

皇太子刘彻的冠礼举行后数日,景帝驾崩。当时的环境,对刘彻不受挑战地继承皇位、创建一个强有力王朝,极为有利。《汉书》对景帝赞美有加:"汉兴,扫除烦苛,与民休息。至于孝文,加之以恭俭,孝景遵业,五六十载之间,至于移风易俗,黎民醇厚。"(《汉书·景帝纪》)司马迁在《史记》中,既欣赏汉文帝的仁爱德政,同时又凸显汉景帝在处理皇子事务上的糟糕表现:"晁错刻削诸侯……以诸侯太盛,而错为之不以渐也。"③

多少有些模糊的关于汉惠帝、吕后和汉景帝的记载,其所涉及的时间(公元前194—前141年),与得到更加充分记载的长达53年的汉武帝执政期(公元前140—前87年),几乎完全相等。但即便是这两个世代(公元前194—前141年)有些模糊不清,也并非没有产生重要的结果。高祖刘邦缓和秦朝制度的实验,经受住了诸吕之乱和皇位继承的考验。刘姓封王的崛起及其与中央政府的不和所能带来的危险,正在消退;一场事关王朝生死存亡的叛乱,被决定性地平息。权力的中央化,已经进展到几乎完全把封国置于国家管理之下的地步。与此同时,各个封国在经过进一步的拆分后,已经变得无足轻重。汉朝双管齐下,举行谈判,同时进行必要的国防准备,成功避开西北边疆受到的威胁以及来自南方的较轻威胁。王朝在当时享有很多代人都无

---

① 《汉书·爰盎晁错传》。
② 《史记·五宗世家》;《史记·孝景本纪》;沙畹:《司马迁的〈史记〉》第2册,第499—503页。
③ 《史记·孝景本纪》;沙畹:《司马迁的〈史记〉》第2册,第509页。

从知晓的和平与秩序,人口和社会财富都在增加。当然,在降水不稳定的地方,大众依旧无法完全摆脱饥荒。儒学研究以及儒者的影响力,都有了长足的发展。不过,政府尚未完全由儒士来经营。所有这些,都为武帝时期强有力的联合行动打下坚实基础。中华传统文化更上层楼的可能性,即将出现。

第四章 汉武帝的统治

 中华帝国的建立

第一节 牛刀小试

依照大家熟悉的所有标准来看,西汉武帝(公元前140—前87年在位)是漫长中国历史中最了不起的皇帝之一。武帝牢牢控制着国内局势,举全国之力,通过一场接一场的军事行动赶走匈奴,让中华之威远播中亚。武帝还将古朝鲜北部整合进中华体系内,把长江以南地区永久有效地再度组织起来。武帝在53年的任期内,有多达35年的时间,展开重要的军事行动。连年征战所带来的负担,加剧西汉政府对人民在经济上的剥削,亦推动武帝一朝在货币和国家贸易方面进行大胆实验。就政治原则而言,武帝倒向儒家,信奉传统,拣选有道德的儒士为官,注重礼仪、历史、儒家思想的教育,等等。当然,在与战争、经济等有关的实际管理方面,儒士只能部分地发挥作用。武帝时期,一批富有活力的儒生在政府管理、域外探索、策略谋划、经济管理、外交事务、文献研究、学术事业、诗歌创作、哲学思想等方面,成为领军人物。

对武帝一朝不必再做时间上的划分,因为以每十年为单位,压倒性的军事行动甚少停息。军事行动的烈度在两个时段,即公元前130—前119年、公元前112—前97年,有显著增加。领土扩张在公元前110年前后最为明显。这些年份自身并没有什么意义,但与武帝约从公元前125年以来直至任期结束在财经方面持续不断的矻矻努力,以及和因战争及财政压力而来的管理上的提高,联系在一起。武帝一朝的文化成就是多方面的。这些成就不仅仅是创作出几部经典,而是一种全面的发展。从一开始,武帝就通过一系列特定的努力而非通过从根本上改变政策,启用儒士,并强调教育与拣选的重要性。

两位武帝后期的重要作家司马迁和桓宽,给后人留下有价值的线索,据之可以从整体上解读武帝一朝。据推测,司马迁无法把《史记·孝武本纪》写至新世纪。我们在《史记》其他部分发现,标明年代的事件,都终于公元前104年。很不幸的是,我们在其篇目中,发现有一篇"书"复制自他处。①通常认为:司马迁有关皇帝及其统治的记录,因为太过坦白而消失。他有理由不喜欢武帝一朝。具体说来,司马迁的偏好来自于杂糅多种思想,但更倾向于道家式的和平与小政府;以及他自己、父亲和好友李陵在帝国政府里的遭遇。《史记》其他章节里的一些内容,呼应司马迁对这一时代的不满。但绝大多数研究者称现在所见的"孝武本纪"非常有可能是依照司马迁原作而成。此外,读者还应该注意到:《史记》的经济篇章"平准书"②主要关注武帝一朝。"平准书"的内容和形式,特别接近关于公元前124—前110年历史的"本纪"。这篇表面上看起来是综合性的文章,其实不过是一则关于战争如何毁掉一个繁荣国家的故事。文中很大一部分内容,记录了军事行动对国家及人民生活产生的影响。对司马迁这位伟大的中国史家而言,这些就是当代史。

桓宽在《盐铁论》中,详细记录汉昭帝(公元前87—前74年在位)时期关于武帝后期财政政策的一场大讨论。③这场讨论的主角儿是武帝时期最杰出的管理者之一,批评者则是同样得到武帝欣赏的儒士。他们之间的交锋,为我们展现出儒家对武帝一朝认识的主要内容。《盐铁论》有言:"当公孙弘④之时,人主方设谋垂意于四夷,故权谲之谋进,荆、楚之士用,将帅或至封侯食邑,而劫获者咸蒙厚赏,是以奋击之士由此兴。其后,干戈不休,军旅相望,甲士糜弊,县官用不足,故设险兴利之臣起,磻溪熊罴之士隐。"⑤儒士在这里带有偏见,但也清楚认识到:军人及军事活动赢得绝对优势,此举最终导致"兴利之臣"占据主导。这确实是武帝一朝最后十年的真实情况。儒士在随后几年中,对之进行过抗议。

本文在讨论当时具有指导性的边疆战争之前,先浮光掠影地翻检《汉书·武帝纪》所记载的本朝早期的情况。其目的是让读者知道和平政策下的王朝本应该怎样,以及让人们注意到这一点:武帝的原则及其对人才的使用是混合性的。即位伊始,武帝下令:"诏丞相、御史、列侯、中二千石、二千石、诸侯相举贤良方正直言极谏之士。"

---

① 即《史记·封禅书》第二部分。"封禅"大礼据说是由汉武帝重新设立的。参见沙畹:《司马迁的〈史记〉》第3册,第413页。关于"貌似真实的"(ostensible)《史记·孝武本纪》,见沙畹:《司马迁的〈史记〉》第2册,第511页及其注释。
② "平准"一词来自政府调控商品交易、均平价格差异的行为。参见沙畹:《司马迁的〈史记〉》第3册,第538页及以下。
③ 伽乐对该书有介绍;见氏著:《〈盐铁论〉:古代中国有关国家对工商业控制的争论》。
④ 桓宽是一位有德的儒家官员,担任过多个职务,后成为丞相。公孙弘于公元前121年去世。
⑤ 《盐铁论·刺复》;英译见伽乐:《〈盐铁论〉:古代中国有关国家对工商业控制的争论》,第64—65页。

中华帝国的建立

(《汉书·武帝纪》)同时批准丞相的禀奏:"所举贤良,或治申、商、韩非、苏秦、张仪之言,乱国政,请皆罢。"(《汉书·武帝纪》)一年后,不同团体间的冲突进一步暴露出来。当时,出身儒士的官员准备建造一座纪念性的建筑,但是该计划遭到信奉道家思想的窦太后(即汉武帝的祖母)的反对。她甚至想办法将这些官员治罪,并迫使当时反对把正式方案呈交给自己的御史大夫及宫廷总管自杀。窦太后的亲戚丞相窦婴和武帝的舅舅太尉田蚡,则迅速被免职。①

毫无疑问,武帝一朝的主旨是儒家性质的。武帝登基,立刻大赦天下,赏赐全国居民爵位一级。不仅如此,所有年龄在八十岁以上的人,免除两年人头税;九十岁以上的人,不必再交纳军事装备税。随后又颁行分配粮食给九十岁以上居民的法令;同时免除这些年长人士的孩子和孙子的税负,使之教导女眷照顾好老人。景帝时参与叛乱的"七王"的女眷,被罚做官奴婢,武帝则下令将之全部释放。为守护国都,每年要从各郡调用两万人;武帝决定将人数减去一万。皇家苑囿中的马匹,被分给贫苦农人使用。武帝还派出代表,携带礼物,恭恭敬敬地从儒学故地鲁国请来学者申公。武帝即位后第三年,全国发生水灾,"大饥,人相食。"(《汉书·武帝纪》)当时,一位封王杀害自己的太傅(即导师),武帝废除其王位,将之放逐。

当时,在今天的浙江和福建地区,越人即闽越和东瓯之间爆发战争。战争其实已经持续了几代人的时间。被闽越包围的东瓯有理由向西汉政府求救。武帝派出官员,带领江南地区的军队,从海路实施救援。援军沿海而下,几乎没有遇到抵抗。公元前136年,武帝"置五经博士"(《汉书·武帝纪》)。这些"博士"的主要功能,就是在宫中和中央政府内讲授儒家学说。南方海岸又发生了战争,这一次是在广东。武帝从江南两次派兵平乱,反叛者杀死其首领,向汉廷投降。从形式上看,这几次南征是朝贡体制下的干预,但实际上是征服。公元前134年,武帝"初令郡国举孝廉一人"(《汉书·武帝纪》)。"孝廉"就是那些值得推荐的儒士。防卫力量被征召至西北边疆。不过战事并未发生。曾经参加"七国之乱"的宗室幸存成员,获准恢复身份。武帝还下令:"贤良明于古今王事之体,受策察问,咸以书对,著之于篇,朕亲览焉。"(《汉书·武帝纪》)董仲舒和公孙弘因此从中脱颖而出。

这些碎片化且半正式的记录,只是很好地显示出:强有力且获得公认的传统,即政府应该仁爱惠民并具有历史合法性,正在慢慢展现;实行仁政的政府应该由儒士运

---

① 《汉书·武帝纪》。

作，儒士则把神圣帝王的具有普遍意义的道德传向四方。在武帝执政的最初七年里，和多多少少常规性的国家事务一道，那些注定要出现的帝国政策正在形成。但显然，此举并非在做出伟大决定的意识下指导完成。仁政不是创新。早在汉文帝时，它就发挥了作用。有关历史和前人经验的认识，深深植根于许多帝王的脑海。秦朝和初兴的汉朝，都曾启用过儒士。半神秘的帝王，是一种久远的传统。现在，所有这些元素，被规范地相互关联起来，并且由一批使用固定文献的夫子们加以传播。有关的理论和原则，与在全国拣选贤良之士的实践，密切地联系在一起。从贤良之士当中，走出了管理者、顾问和帝王之师。正是他们，决定王朝的未来。在随后的岁月里，战争以及对强势政府的需要，儒家化进程的重大意义，就变得有些晦暗不清。本文认为在匈奴蜂拥进入历史舞台之前，应当告诉读者武帝一朝的性质所在。

 中华帝国的建立

第二节 战争和扩张

反抗匈奴的战争具有强烈的防御性质。之前已经提及：文景时期，匈奴频繁骚扰汉朝边境。武帝时期，匈奴不时变得极具侵略性。汉朝对匈奴的抵抗，出现全新的特点，看起来更多具有秦始皇帝的风格。抵抗所依赖的资源，就是长久统一且富裕强大的帝国。一场场伟大的远征，深入匈奴腹地。新的防御工事在旧工事之外很远的地方，修建起来。经过深思熟虑的移民政策连同修建道路，从根本上改变了北部和西北边疆的分布及性质。一个又一个边疆郡被重组为帝国的构成部分。武帝为成功付出巨大的代价，有时甚至会失去整支部队和最优秀的将军。移动迅速、能征善战的匈奴骑兵不可能完全被征服，即便是在失败和撤退后，依旧对汉朝构成持续不断的威胁。①

武帝在采取如前所述的初步防卫行动后，于公元前133年展开针对匈奴的第一次大规模军事行动。随后几年中，汉军主要驻扎在今属察哈尔和热河两地的南界。武帝和大臣达成共识：对匈奴展开攻击，以之作为对来自匈奴的侵扰和羞辱的回应。这些侵扰和羞辱，正是之前和亲政策还有为匈奴单于送上礼物所带来的结果。武帝派出30万大军。但是匈奴识破汉军诱敌深入之计，逃跑了。同往常一样，西汉大军解散。那些支持此次行动的将领，成为武帝常胜不败之要求的第一批牺牲品。譬如，将军王恢，"坐首谋不进，下狱死"。②三年后，汉朝相继经历水旱灾害；与此同时，朝廷征调万人在北方修建防护工事。匈奴对边境的侵扰，进一步加剧。武帝派出四支军队回击匈奴，但战果仅是"获首虏七百级"（《汉书·武帝纪》）。他严厉批评军队之间缺乏合作，队伍缺少纪律。最终，军队长官获得宽恕，一些低级军官被法办。公元前129年，匈奴再度劫掠边境。这一年秋天，匈奴杀害辽西太守，重创渔阳、雁门两地守军。随后，两支汉军击溃匈奴骑兵，斩首数千。不久，东夷部落首领带领280,000人，向汉朝称臣，其地被设为沧海郡。③沧海郡位于当时边境冲突的最东沿，属今东北南部奉天省。

公元前127年，匈奴仍未停止骚扰，来到今属热河的南境。汉军赶走匈奴；并向西在"河南地"（即河套地区）两侧作战，成功设置朔方、五原两郡。随后，武帝迁徙10万人到朔方郡。第二年，正当匈奴在代地（山西北部）作恶、杀死当地太守之时，朔方

---

① 高延汇总了有关的文献记录，见氏著：《有关亚洲历史的中文文献》，第1册，第102—187页。
②③ 《汉书·武帝纪》。

城修建完毕。这年夏天,匈奴再次犯代。公元前 124 年,抵抗匈奴战役中最杰出的将军卫青率领十万人,兵发朔方,斩敌 15,000 人。是年秋天,匈奴在代地占据上风。第二年,卫青率领六将军共计 10 万人,进击匈奴,取得一定的胜利。稍后,其麾下一名将军被匈奴击败,率众投降;还有一位将军独自逃回,为躲避惩罚赎身为平民。在公元前 121 年的大战役发生前,匈奴对山西的侵扰,从未中断。①

汉军转向西,沿着河套西南作战,略地甘肃。著名的骠骑将军霍去病远征匈奴,斩首八千。他与公孙敖一道,"出北地二千馀里,过居延,斩首虏三万馀级。"(《汉书·武帝纪》)但是匈奴依旧持续骚扰山西北部地区,武帝派出军队至其左翼(即今天热河地区)。此次征战的结果究竟如何,有关的记载模糊不清。后来因为出使西域而名噪天下的公孙敖和张骞在这次战役中,未能如期率军会合,论罪当死,最终赎身为平民免死。匈奴陷入内讧,昆邪王杀死休屠王,率众 4 万人投降。汉廷设置五个属国来安置降汉匈奴;在原先由匈奴控制的地区,设立武威、酒泉郡(都在甘肃中部)。一年后,武帝下令西北诸郡戍卒减半。②这一地区的边防压力,看来有所减轻。

但这只是暂时现象。公元前 119 年,武帝展开第二次大规模军事行动。在这次行动中,战事激烈,有得有失。实现永久性守护的计划包括:从东部迁徙数 10 万贫苦农民,到河套诸郡居住。卫青深入冀北,霍去病兵发山西和冀西北。他们各自带领 5 万骑兵,还有"步兵踵军后数十万人"(《汉书·武帝纪》)。卫青包围匈奴单于,歼敌 1.9 万人。同时,霍去病击溃匈奴左贤王,歼敌 7 万余人,"封狼居胥山而还"(《汉书·武帝纪》)。不过,"两军士战死者数万人"(《汉书·武帝纪》),还有两位将军因为失职,一个自杀身亡,一个"食其赎死"。③

这些征战重创匈奴,匈奴走向衰落。除此之外,无法解释随后几年边疆的相对平静。公元前 112 年,汉廷派出 10 万步兵以及一些骑兵,平定西羌叛乱。另有两支军队深入北方两千里,未见匈奴。武帝进一步重组甘肃西部,在当地设立张掖、敦煌两郡。这样一来,西汉能有效管理了整个今天的甘肃地区,更多民众迁徙至此。武帝亲率大军,在北部边境巡行千里。他嘲笑匈奴单于道:面对 18 万汉军,何必逃往漠北苦寒之地?④

在 7 年的时间里,西北平安。但在同时,华南和古朝鲜两地多事。一条关于公元前 107 年的记载略显天真。其言:因为匈奴软弱不堪,可以派人说服其投降。于是汉

---

①②③④ 《汉书·武帝纪》。

廷邀请匈奴单于来京。单于(应为单于的使节——译者注)死在了长安。匈奴又开始骚扰边地。武帝派出一支军队,屯守朔方。到公元前104年,战事又起。官员和平民的马匹都被征调,以补充军马。一位将军率军进入甘肃,抗击匈奴。但是,将军和他的两万骑兵,一去不还。西汉在更靠北的地方,修建防御工事。这些要塞所处的位置,已经越过长城,延至河套最北边,并深入蒙古。一支边防军驻扎于此。还有一支军队驻守甘肃西北部的要塞。这些举动都是防卫性质的,也是进击性的防御举措。匈奴立刻展开反击,进攻河套东北部,摧毁刚刚建立的汉军前哨站,攻击甘肃。历史记录只是说一名高级防卫官被匈奴杀害。① 这其实意味着汉军遭受惨败。

汉军深入西部时,匈奴这边显得很平静。实际上,在公元前100年,匈奴送回一些已被扣留一段时间的汉朝使者,同时派出自己的特使,并为武帝准备礼物。这是武帝本纪中,为数不多的关于汉与匈奴缓和关系的记载。这份记载的独一无二性,反映出战事的特性,也让人们可以联想:在距离国都两千英里之遥的地方,生活会是怎样?战争,并非这个时代的全部内容。但让人感到危险的是:这个时代几近是战事频仍。② 公元前99年汉对匈奴的抗击,达到武帝时期西进运动的巅峰。这件事情应该被单独看待。当时,强悍有力的李广利将军领兵3万,兵出甘肃,与匈奴战于天山(当在今天的哈密—吐鲁番地区)。是役汉军斩敌1万。司马迁的好友李陵也率领5千步卒,在甘肃北部的哨口大败匈奴,但最终李陵被匈奴击败而降。③

实际上,武帝在西北军事行动的后期,面临重重困难。公元前98年,匈奴攻入雁门;当地太守因为怯懦,被公开处死。稍后,武帝派出由7万骑兵和14万步兵组成的四支军队,前往河套北部和东北部作战。李广利与匈奴单于鏖战数日,结果不得而知。公孙敖被匈奴击败,回到都城后被处死。武帝时期与匈奴的最后一场作战,发生在公元前91年。当时,匈奴在河套东北弯折处烧杀掳掠;次年,他们又攻击了甘肃。由13万人组成的三路汉军,兵发西北。一支汉军与匈奴在天山激战,但未能让灵活的匈奴骑兵臣服。曾经荣光满身的李广利兵败,向匈奴投降。④

匈奴不再是西汉的迫在眉睫的威胁。在山西省的个别地方,则要另当别论。西汉的扩张,又带来了冲突的场景。所有代价高昂、让人疲倦的军事远征,让人长舒一口气的同时,又让人变得忧心忡忡。没有军事征伐,边地会被暴露在让人无法忍受的

---

① ③ ④ 《汉书·武帝纪》。
② 汉初确实有和亲政策以及对来自蛮夷部落流民的政治性安抚;在高祖时期尤其如此。大批归附的匈奴人获得礼遇;在边防军士中,也有"蛮夷"的身影。匈奴巫师在汉朝非常有名;官员中也出现了匈奴人的名字。见瞿兑之:《汉代风俗制度史》,第69—72页。

危险之中;开疆拓土,深入全新的土地,又是一种昂贵的负担。从中华帝国的发展来看,或许可以对此再作斟酌。征伐让西汉进入中亚和古朝鲜成为可能;西汉进入中亚地区,对贸易还有文化交流,都是一种推动。

武帝时期,汉军在西北的作战最为激烈。当时及稍后的作品在提及战争和边疆问题时,都会把这一时期的军事征战作为典型来看待。武帝去世10年后,熟知这些征战的儒士发出抱怨:与儒家乌托邦历史中的老人不一样,武帝时期的老人并未受到国家的优待。儒士有言:"今五十已上至六十,与子孙服挽输,并给繇役,非养老之意也。古有大丧者,君三年不呼其门……今或僵尸,弃衰绖而从戎事。"①

边疆的生活,不同于开化人群的生活。生活在边疆,人们要在自己所面对的诸多危害中,再加上来自蛮夷的威胁,以及在贫瘠的土地上争夺粮食。一个世纪后,班超,东汉史学名家班固的弟弟、享有盛誉的西域都护,警告继任者:"塞外吏士,本非孝子顺孙,皆以罪过徙补边屯。"②

武帝当政时,出现了三起针对其军事政策的抗议。其中两起被忽略不计,另有一起颇受关注。主父偃向我们展现了普通文士对随战争而来的负担及结果的反对,强调其会带来可怕的浪费。③作为道家思想者的淮南王刘安也争辩道:大汉对南越作战,就算赢了亦是耻辱;因为征伐,对蛮夷而言,既无必要又显得严酷无情。④还有一位籍籍无名之士(即博士狄山),激烈抗议西汉对匈奴用兵,言论与武帝和法律长官张汤相左。武帝命令他去守护一座暴露在匈奴面前的关口,以验证其所主张的原则是否有效。狄山最终被匈奴斩杀。⑤

司马迁并非军事家,但是(兵败无奈投降匈奴的)李陵将军的朋友。李陵降后,长安城中那些养尊处优的廷臣聒噪说这名将军是叛国者,充耳不闻其在遥远漠北凶险环境中所遭遇的巨大不幸。司马迁对此愤恨不已。他在《史记》中为后世留下一段有关国家斗志(national vigor)的声明。这种斗志,在当时的确是实实在在的。司马迁说:"兵者,圣人所以讨强暴,平乱世,夷险阻,救危殆……岂与世儒暗于大较,不权轻重,猥云德化,不当用兵,大至君辱失守,小乃侵犯削弱,遂执不移等哉!故教笞不可

---

① 《盐铁论·未通》;英译见伽乐:《〈盐铁论〉:古代中国有关国家对工商业控制的争论》,第97-98页。
② 《后汉书·班梁列传》;英译见孙念礼:《班昭:中国最早的女学者》,第31页。
③ 《汉书·李广苏建传》。当在《汉书·严朱吾丘主父徐严终王贾传上》——译者注。
④ 《汉书·严朱吾丘主父徐严终王贾传上》。
⑤ 《史记·酷吏列传》。

废于家,刑罚不可捐于国,诛伐不可偃于天下,用之有巧拙,行之有逆顺耳。"①司马迁深知使用军事力量,结果可能好亦可能坏。但不管怎样,他依旧会写下这句话。把战争和政治惩罚放在一起,并将之比作父亲手中的棍棒,这在思想者,特别是韩非子那里,尤为常见。

公元前104—前97年,汉朝在西域的军事行动接连取得胜利。之前讲述汉军于天山抗击匈奴时,对此已略有提及。西汉经营西域,深刻影响文化和贸易,开后世许多相似冒险事业之先河。一言以蔽之,此举意义非凡。此外,经营西域给后人留下开展大规模外交的真实例子。这项事业的开拓者,是杰出的探险家张骞。

西方学者对被称为月氏的族群,可谓兴趣盎然。②通常,因为"月氏"与大夏国(Greco-Bactrian states)的最终关系以及"月氏"也是塞西亚(Indo-Scythian)帝国的建立者,所以其被视为吐火罗人的一支。"月氏"对印度及中亚的文化发展,极为重要。在公元前2世纪的最后25年,"月氏"遭到匈奴的反复进攻,不得不离开甘肃地区,向西来到今天新疆的伊犁地区。在伊犁,乌孙欺凌"月氏",将之赶到栗特(Sogdiana)。在栗特人那里,"月氏"定居在乌浒河(Oxus,即阿姆河)北岸。这里正处在印度河谷的磁力场下,很多场历史性的大迁徙和入侵就发生在这里。于是乎,彼此间既熟悉又相互分离的汉军和匈奴骑兵,在历史上第一次与希腊、帕提亚还有印度人展开互动、交锋。③武帝只对东方发生的事情有所了解,希望能同那些与匈奴为敌的强有力族群,建立起友好关系。武帝相信这些潜在的盟友如"月氏"依旧在今天的新疆地区,且与匈奴有联系。他所依据的,是来自匈奴战俘的报告。④

公元前138年,张骞被派往西域,尝试与"月氏"建立联系。他被匈奴擒获,遭扣留整整十年。扣留期间,张骞几乎融入匈奴,在那里组建家庭。最终,张骞找到机会逃离。他来到大宛(Ferghana)和康居(Transoxiana),发现"月氏"居于乌浒水和药杀水(Jaxartes)之间。显然,在这种情况下,西汉与"月氏"结盟已没有可操作性。张骞在当地探索一年后,未达目的,悻悻而归(时间约在公元前125年)。回程中,张骞再

---

① 《史记·律书》。参见沙畹:《司马迁的〈史记〉》第3册,第294、296页。英译见翟林奈:《孙子兵法》,第45页。翟氏的英译,带有典型地修辞色彩,但合情合理。
② 参见斯坦因(Aurel Stein):《西域:一份有关在中亚及中国最西部探险的详细报告》(Serindia: Detailed report of explorations in Central Asia and westernmost China)第3册,牛津(Oxford)克莱伦登(Clarendon)出版社1921年版,第1129-1130页。
③ 关于这一点的详细且使用方便的记录,见克劳塞(René Grousset):《远东史》(Histoire de l'Extreme-Orient,巴黎保罗·盖特纳东方图书馆1929年版,第52-65、208-220页。
④ 夏德(Friedrich Hirth):《张骞:中国探索亚洲西部的先锋》(The Story of Chang K'ien, China's Pioneer in Western Asia),《美国东方学会会刊》(Journal of the American Oriental Society)第37辑(1917年),第93页。中文见《史记·酷吏列传》(原文如此。——译者注)

度被匈奴扣留。又过了一年左右的时间,匈奴因为王位继承发生内讧,张骞再度逃脱。和他一起回到汉地的,只有在匈奴时娶的妻子,和一名从一开始就追随自己的随从。《史记》概要性地记载了张骞在西域各地的所见所闻。这些见闻为武帝的相关政策打下了坚实的基础,同时也是长安城中长盛不衰的话题。张骞提供的有关西域(及中亚)的政治和地理信息,异乎寻常的准确和全面。譬如,他对安息国(既帕提亚或其东部的属国)的做法很感兴趣。安息把国王的头像印在硬币上,每有新王即位就作出相应的更改。正是张骞把葡萄带入中国(葡萄的希腊语名称通过中文又进入现代日本语汇)。一些种类的马匹和苜蓿出现在中土,也是他的功劳。对汉朝的公共事务而言,最重要的信息是张骞在大夏(Bactria)发现了来自四川南部的竹杖和布匹。张骞通过调查,了解到这些物品从印度购入;再经过地理计算,他建议从四川向南进入印度,借此与西域建立起直接的联系。张骞的建议迅速被付诸实施。①

在公元前121年并不成功的针对匈奴的征伐过后,张骞经过与武帝磋商,重启对外联络以抗击匈奴这个永久敌人的策略。这次他制定出"连乌孙"的明确方案(《史记·大宛列传》)。乌孙国曾经把"月氏"赶出伊犁河谷。西汉政府认为其所在位置,正是张骞第一次出使西域时"月氏"之所在。公元前115年,大胆的张骞作为西汉政府的代表再度出发。张骞被任命为"中郎将,将三百人……赍金币帛直数千巨万。"(《史记·大宛列传》)②他在乌孙颇受礼遇,但是在确保乌孙为汉抗击匈奴提供切实支持时,因为乌孙内部的分裂而受挫。在塔里木盆地,有36个当地政权与西汉建立联系。但这些国家出于对匈奴的畏惧,不敢向西汉称臣。张骞带着一些当地人回到长安。这些来自西域的使者,可以用自己的双眼,看到西汉的伟大。他还带回不少宝马良驹,作为礼物献给武帝。张骞于是官列地位显赫的九卿,这样的荣耀只持续一年多一点的时间,很快就辞世。③

现在有可能更加清楚地认识西汉在西部的军事行动。当时,大宛拒绝汉使对"善马"的索要;最后一任汉使因为态度傲慢而被当地贵族刺杀。公元前104年,将军李

---

① 见上引夏德:《张骞:中国探索亚洲西部的先锋》(第93—96页);参见沙畹:《司马迁的〈史记〉》第1册,第71—73页。已故研究植物在亚洲传播的权威劳弗尔(Berthold Laufer),完全认可文献记载的张骞在大夏所见竹子的名称;见氏著:《中国—伊朗:中国对古伊朗文明历史的贡献》(Sino-Iranica:Chinese Contributions to the History of Civilization in Ancient Iran),芝加哥田野自然史博物馆(Field Museum of Natural History)1919年版,第210—211、221页。
② 参见夏德:《张骞:中国探索亚洲西部的先锋》,第101页及以下。
③ 见沙畹:《司马迁的〈史记〉》第3册,第73—74页;《汉书》之《董仲舒传》(当为《张骞李广利传》——译者注)、《西域传上》。

广利受命带领"恶少年"①征伐大宛(《史记·大宛列传》)。汉军一路上被干旱、饥荒及敌意所困扰,更遭受损兵八至九成的重创。这支军队在外近乎绝望地奋战两年。李广利已在较量中取得绝对优势,但武帝依旧让他们在敦煌城外忍辱待命。朝中公卿等希望汉军停止在西域的征讨,以专心对付最近取得胜利的匈奴。不过武帝决心在西域增加自己的威望,且不容失败。②他为李广利派去了 6 万援军。虽然李广利靠切断大宛都城水源、和城内叛乱者讨价还价方才取得胜利,汉军的坚忍和付出最终还是得到了回报。大宛献出 3000 匹良驹和一些上等"善马",换得解围;而汉军则带着声望和影响力,兵回中土。继任的大宛王的一个儿子来到长安,成为质子;和他一道来到中土的,还有许多小国的王子。从那以后,汉朝在甘肃以西的地方建立起永久性的亭障体系;亭内有守军种田屯粮,供来往使者及其随从使用。武帝后期,汉朝和西域之间,往来频仍。虽然耗资巨大的征讨让更多人死于战场之外,但西汉朝廷还是重赏李广利部队中的各级官员,百多人获得了高级职位,普通士兵获奖"四万金"。③

在东北部,汉帝国的边疆从东北地区正中南延展至古朝鲜地区的中部。在历史记载中,这一过程,是一则由边疆冒险和不称职官员组成、让人感到不悦的故事。④不管官员是否欺骗了皇帝,皇帝都志在通过远征增加自己的荣耀。一个世纪过后,有线索表明:武帝此举是抗击匈奴的一部分。⑤本文之前已经提及:一支汉军作为抗击匈奴的右翼,已经在今天的奉天地区展开过行动。匈奴抑或其同族部落很早就在东北有动作。不过,对古朝鲜的征服似乎是孤立事件。武帝努力恢复汉朝对一个以平壤为中心的藩属国的宗主身份。当时,朝鲜首领攻击辽东郡守军。这一严重挑衅并未及时报告给汉廷,最终武帝以一场大规模的讨伐,回应朝鲜。西汉舰队和五万战士,兵发山东。虽然将领的表现有些不光彩,但汉军最终还是取得大胜。在这支汉军中,不少士兵是"罪人"(《史记·朝鲜列传》);带兵的将军相互间也是背信弃义,好不到哪里去。这次的讨伐始于公元前 109 年。一年后西汉在此地设立四郡,其中的乐浪郡

---

① 《史记·大宛列传》对这支军队的评估要好一些,但也只是含混地说其有"数万人"。参见夏德:《张骞:中国探索亚洲西部的先锋》,第 110 页。
② 见夏德:《张骞:中国探索亚洲西部的先锋》,第 111 页。文中谈及汉军在补给和设备上的巨大压力——譬如,它需要十万头牛、三万多匹马。
③ 《史记·大宛列传》;沙畹:《司马迁的〈史记〉》第 1 册,第 77—78 页。参见夏德:《张骞:中国探索亚洲西部的先锋》,第 109—116 页。
④ 《史记·朝鲜列传》;《汉书·西南夷两粤朝鲜传》(有关内容多参考《史记》);亦见《汉书·武帝纪》。参见沙畹:《司马迁的〈史记〉》第 1 册,第 85—87 页。
⑤ 参见沙畹:《司马迁的〈史记〉》第 1 册,第 85 页注释 2。

因为日本在当地的考古发现而广为人知。①不过,辽东四郡在汉末以前,对王朝而言都没有什么重要性。武帝一朝对这场轻而易举就获胜的征讨,不甚关心。

对西汉而言,更为重要的是在长江以南地区的进展。武帝即位伊始,关于福建、广东等地藩属政权的分裂举动,朝堂之上有不少争论。早在秦始皇帝时期,中华因素已经渗入南方沿海及河谷地带。统治今天广东地区的政权,其首领自称南越王,系由一名秦朝官员建立。南越王家族在安南历史中,被视为一代王朝。②汉初的帝王,在一马平川的中原和附庸中央的江右之地以外,并没有控制更多的土地。在不少北方人眼中,云贵地区依旧稍显陌生,至少这些地区对国家的政策毫无影响。

秦朝进入多山的四川地区实施管理时,遇到不小的困难。不过中央政府还是想办法修路推进,并派驻官员。秦帝国解体时的混乱,造成当地与北方联系的中断。在汉代,两地联系得以恢复,不规律地开展贸易,如四川地区的人把马匹以及奴隶带到汉帝国腹地来出售。公元前135年,汉军远征广东地区。一位官员受命去南越调查。其间,他碰巧吃到蜀地的"枸酱"(《史记·西南夷列传》),对之非常好奇。这名官员进一步了解到:枸酱从极西北方向经水路运来。稍后在长安,四川商人告诉这位官员:他们熟悉枸酱的贸易通道,从四川经贵州,沿江来到广东。该官员随后劝说武帝给自己一支小规模的远征军,同时准备礼物,赋予自己足够的权威,以开辟、重组西南地区。显然,司马相如等四川人也让朝廷对这一地区萌生兴趣。武帝下令在蜀地修路,直至可以航行的贵州河流。随后几年,开发蜀地的西汉官员,亲历蜀地恶劣的自然条件以及骚乱频仍的当地部落。被武帝派去当地巡视的公孙弘给出建议:停止在西南修路,集中精力应对西北边疆的问题。③

公元前122年,张骞建议:从四川经印度与西域连通,以避开匈奴。武帝对西南的兴趣,被再度点燃。在云南,使节总是受阻。有一点让人颇觉好奇:这一举措与南越的关系,或在"昆明池"之名中可见。昆明池是一座开凿于长安城南的大型湖泊,其被用来演练水军,以备战南征。④经过公元前112年及之后对南越的征讨,至少一部分云南地区被纳入西汉的管理体系。

---

① 参见本文第一章第二节。
② 见沙畹:《司马迁的〈史记〉》第1册,第88—89页;奥洛索:《公元前三世纪汉对交趾地区的征服》,《法国远东学院学报》1923年第22期,第137—264页。
③ 《史记·西南夷列传》;沙畹:《司马迁的〈史记〉》第1册,第80—82页;《汉书·武帝纪》。
④ 《汉书·武帝纪》;沙畹:《司马迁的〈史记〉》第3册,第587页。有罪的官吏被征调来开挖昆明池。池中有超过三十英尺高、带有多层甲板、装修华丽的大船;岸边则有瞭望塔。

中华帝国的建立

　　就非汉族藩属国与西汉王朝的关系而言,南越的情况是有指导性的。实际上,如果不完全是流于形式,那么原先的中原王朝在南方蛮夷政权中,已经显得强悍有力,甚至有些君临天下的味道。这一情况,时不时对西汉政府的意愿构成挑战。经过汉文帝和陆贾的努力,南越和西汉之间的微妙关系看起来有所改善。南越国的继承人作为质子,居住于长安。这名王储在国都受到训练、获得经验,与一名西汉女子结为夫妻。这名女子在他去世后,成为大权在握的南越太后。汉廷利用当时错综复杂的局势,把太后的旧情人送到南越,以此助力南越完全臣服于西汉。中央政府允许南越每三年来京觐见天子一次,同时拆除控制两地交流与贸易的关隘,任命南越王廷的高级官员。但是,当地人并不喜欢来自汉地的太后,也不认可事态的发展变化。此外,越人还受到丞相吕嘉的挑拨。吕嘉显然是汉人,但在三代南越王身边为相,赢得当地人完全的信任。他除和周边的封王有联系外,其"宗族官仕为长吏者七十馀人,男尽尚王女,女尽嫁王子兄弟宗室。"(《史记·南越列传》)当西汉准备推翻吕嘉时,他挑起叛乱,杀死来自国都的使节、太后及南越王。吕嘉的反叛,为自己招致西汉的军舰和部队报复。①

　　文献显示武帝共派出6支军队讨伐吕嘉;其中一支的人数多达10万。这意味着武帝要横扫南方。有的军队主要由来自长江河谷的戴罪之人组成;有的由越人率领,其首领甚至官至将军;还有的出自新近加入帝国的贵州地区。大军沿江西、湖南的河谷而下;水路则取贵州直至广西。汉军取得决定性的胜利,对南人产生立竿见影的效果。公元前111年,武帝在南方新设9个郡;在西南设立5个郡,更显余威。汉军讨伐南越胜利归来,一路又平定一批作乱的地方首领,在云南给滇王及其盟友贵州的夜郎王以颜色。滇王和夜郎王是当时仅存的握有实权与荣耀的地方首领。我们尚不清楚地方首领和新近设立的汉郡之间的关系。

　　到公元前109年,滇王及其他地方首领的问题最终得以解决。武帝发巴蜀之兵予以讨伐,在川南和云南设立两个新郡。公元前105年,武帝调动京城的戴罪之人前往新建的西南诸郡平叛。显然,昆明地区此时依旧有些顽固。尚有一点值得一提:讨伐南越时,东越引起了西汉官员的怀疑。东越最终预计自己要遭受惩罚,从而掀起叛乱,汉军则从浙北和江西出兵讨伐。公元前111年,汉军荡平浙闽交界,东越被整体迁至长江以北。②

---

① 《史记·南越列传》;沙畹:《司马迁的〈史记〉》第1册,第83—84页;《汉书·武帝纪》。
② 《史记》之《南越列传》《东越列传》《西南夷列传》;《汉书·武帝纪》。参见沙畹:《司马迁的〈史记〉》第1册,第74—85页。

汉帝国的边界于是完整起来。整个王朝看起来,一如拥有十八个行省的中世纪及近代中国腹地。不过,对遥远南方的组织,有些流于形式;在其内部的山野部落地区,虽然王朝的威望会影响到当地酋长,但西汉的统治对当地而言,并没有太大意义。长江盆地的南部已经被整合进汉王朝,移民浪潮生机勃勃。汉军的水陆行动是决定性的,王朝势力直抵广东。许多地方首领被帝国的官员取代,还有不少首领向汉皇积极称臣。在王朝的重要事务中,出现南人的身影。在不久前还是模糊少有人知的地方,出现了数目庞大的帝国军队。南方问题以及南人的行动,开始对北方政治中心产生影响。这在秦朝,甚少见到。

第三节 帝国权威的建立

漫长的战争,以及随着开疆拓土而来的军事压力,都不可能与王朝的内部事务完全分割开来。凡此皆影响着帝国的权威、地方利益、税收、货币、公共事业、赈灾、国家雇员的类型和品质等,和整个国家的生活、机构及全体臣民都息息相关。中央政府的权力有了显著的增长,可以为边疆事务,在全国范围内大量调动资源。重视军功的武帝一朝的开疆拓土之举,增强了汉帝国在对抗地方利益时的力量,地方力量在整个国家中所发挥的作用日益微弱。文景时期的中央政府并不强势,"七国之乱"也说明皇族发生变化,以及存在着一种不同的经济—政治潮流。抛开这些不谈,有一点是确定无疑的,即中国腹地在长达53年的武帝一朝,只发生过一起真正的叛乱。

这场叛乱,是旧疾而非新病之症。当时,淮南王刘安的想法和习惯都显得与众不同。他是汉高祖刘邦的孙子。武帝将其视为年长自己甚多、政治经验丰富且受人尊敬的叔父。刘安的兄弟是衡山王,境况与自己差不多,但人品较差。武帝在一些文化议题上,跟淮南王走得更近一些。但有两点事实不容忽视。第一,淮南国之所以没有参加景帝时爆发的"七国之乱",全拜当时的淮南国相所赐。第二,公元前139年(即武帝执政的第二年),正当武帝的舅舅、太尉田蚡恭维淮南王并与之密谋时,从最高军事长官的位置上被免职。①虽然淮南王本人有能力考虑变化中的环境,但其本性却优柔寡断,也就从未彻底做好应变准备。个人的妒忌心,还有判断不当的计划,最终葬送了淮南王。中央政府削减其封地的决定,将其逼上反叛之路。这一切发生在公元前124年。两年后,失败了的淮南王和衡山王被处死,一大批官员也受到牵连,史称"党与死者数万人"。②

武帝除灭淮南、衡山两个封国的举措,应该被放置在更宏大的图景中。有一点很清楚:早在汉景帝时,中央政府已经开始故意把现有封国分割为更小的单元,降低其危险,使之更易于被管理。③以相同的方式,列侯的封土也被进一步分割。被分割出来的新的封地,被用来加强皇帝与其臣仆或依附者之间的联系。武帝时期,借主父偃的策略,这一过程达至顶点。"酎金"令的实施,让多达一百多名列侯失去爵位。在封王

---

① 《史记·淮南衡山列传》;《汉书·武帝纪》。
② 《汉书·武帝纪》;《史记·淮南衡山列传》。
③ 参见本文第三章第五节。

和列侯的儿子与兄弟之间进一步裂土分封,这种想法及实践在当时已为人熟知。故而将功劳都归于主父偃,有些言过其实。不过,他的论及这一问题的奏折确实被武帝接受。公元前127年,武帝下诏实施有关的政策。诏书有言:"梁王、城阳王亲慈同生,愿以邑分弟,其许之。诸侯王请与子弟邑者,朕将亲览,使有列位焉。"(《汉书·武帝纪》)结果就是"藩国始分,而子弟毕侯矣。"(《汉书·武帝纪》)①原有的奏折强调皇帝的仁心,没有封地的王子将获得一片土地,而这片土地源自于王子的父亲或哥哥的封地。

公元前112年,对南越的讨伐尚在进行。武帝下令征收一种特别税"酎金"。有关文献的最早的注释者告诉我们:这是常规税之一,根据封王及各级贵族所拥有的人口数量来核定。我们无法得知武帝是否早已经制定好政策,并把这次的征收作为一种借口;亦无法从史料中判断,列侯贵族的罪过到底有多大以及是否故意为之。不管怎样,武帝此举带来的结果是革命性的。"列侯坐献黄金酎祭宗庙不如法夺爵者百六人,丞相赵周下狱死。"(《汉书·武帝纪》)相关注释坚称:"如法"意为列侯贵族所献黄金的成色和重量必须要符合规定;而丞相明知所献黄金不符合标准,故而自杀谢罪。另一条记录补充道:少府(皇室财政总管)负责检验列侯所呈献的黄金。②最终,酎金令让约占总数一半的汉朝贵族失去了封地和爵位;其中不少人的封号是武帝最近几年刚刚授予的。但史籍并没有解释武帝为何要从整体上改变财富和权力的分配?司马迁在本纪之外的作品中提到:武帝希望贵族子弟能参加帝国的西征、南伐(即参军入伍或是支持地方部队);而实际情况却是:"列侯以百数,皆莫求从军。"③有一点非常重要:所有记载都没有提到贵族的反抗(哪怕是言语上的)。由此可见,武帝的意愿,就是法律。

《汉书·诸侯王表》的序言中提到主父偃的"推恩令"。其言:"武帝施主父之册,下推恩之令,使诸侯王得分户邑以封子弟……自此以来,齐分为七赵分为六,梁分为五,淮南分为三。"(《汉书·诸侯王表》)但根据《汉书》以及《史记》中关于这三个封国的具体章节,《汉书·诸侯王表》之言论恐难被接受。譬如赵国一系,除去其中的一个,其他都是在武帝之前就已存在的;梁国一系,没有哪一个晚至武帝时期才出现,其中两个还被武帝降格为郡,还有一个早在景帝时就已沦落为郡;至于曾经一分为三的

---

① 参见《史记·平津侯主父列传》。
② 《史记·平准书》;沙畹:《司马迁的〈史记〉》第3册,第595页。
③ 同上;同上,第594—595页。

淮南国,在武帝之前曾是统一的,发生叛乱后即被武帝废除。① 由前述可知,西汉通过进一步分割已有封地以及直接控制地方,成功削减封国的数量。不过,这一努力实施的时间和方式,与《汉书·诸侯王表》"序言"中的内容,并不一致。

这一文献对景帝打击诸侯王大臣、武帝在淮南衡山叛乱之后遏制封王及其大臣野心的论述,要更加可信一些。当然,如果有更多细节,那会更好。在《汉书·诸侯王表》"序言"的结尾部分,从有关当时事件及形势的简要记录中,作者获得这样印象:"诸侯惟得衣食税租,不与政事。"② 显然,封王的领土与列侯的封地(常被称之为"食邑"),二者的命运不分彼此。这些土地的所有者,都是拥有封号但远离政治及军事权力的地主。

本文所用原始资料的作者观察汉兴以来的历史进程,亲见武帝时期发生的重大变化。司马迁在描述汉初高祖政府直接控制的领土面积之小与封王占据庞大土地之后,说:"内地北距山以东尽诸侯地,大者或五六郡,连城数十,置百官宫观,僭于天子。"(《史记·汉兴以来诸侯王年表》)他接着说:"天下初定,骨肉同姓少,故广强庶孽,以镇抚四海,用承卫天子也。汉定百年之闲,亲属益疏,诸侯或骄奢,忕邪臣计谋为淫乱,大者叛逆,小者不轨于法,以危其命,殒身亡国。天子……使诸侯得推恩分子弟国邑……及天子支庶子为王,王子支庶为侯,百有馀焉。吴楚时,前后诸侯或以适削地,是以燕、代无北边郡,吴、淮南、长沙无南边郡,③ 齐、赵、梁、楚支郡名山陂海咸纳于汉。诸侯稍微,大国不过十馀城,小侯不过数十里,上足以奉贡职,下足以供养祭祀,以蕃辅京师。而汉郡八九十,④ 形错诸侯闲,犬牙相临,秉其阸塞地利,强本干,弱枝叶之势,尊卑明而万事各得其所矣。"⑤

---

① 详见《汉书·诸侯王表》。邓之诚以图表的方式,把每一封国的世系表及其当权者都呈现出来;见氏著:《中国通史讲义》,第 1 册,第 32—37 页。
② 《汉书·诸侯王表》。
③ 《汉书》的注释者之一如淳敏锐地评论道:这三个封国不仅失去了自己的边疆;其在军队、马匹及军事补给上的优势也都丧失殆尽。见《汉书》,中华书局 1964 年版,第 2 册,第 396 页注释 6。史料原文亦显示出:沙畹对这段话的理解有误。沙畹的错译见《司马迁的〈史记〉》第 3 册,第 90—91 页(法语原文从略)。《汉书》言"景帝用晁错之计削吴、楚";这句话纠正了被沙畹曲解的内容。此外,注释者认为:诸侯王封国边疆丧失的原因,不在于对其领地的剥夺,而在于汉帝国开疆拓土、增设新郡。这些纠正,来自于古代中国学者对历史事实和文献的了解,更符合地理和历史的实际。
④ 尚无可能获得武帝时期某一年份的准确数字。沙畹依据《汉书》对一个世纪后的地理情况的描述,倒推计算出当时一共有 108 个郡。经过简要的检查,沙畹的计算可以获得证实。见氏著:《司马迁的〈史记〉》第 2 册,附录 2,第 534—543 页。这份附录按字母顺序编写,配有必要的汉语名称。参见《汉书·地理志下》。《地理志》显示:到武帝一朝结束时,全国共有 102 个郡。但其分类与今不同。
⑤ 《史记·汉兴以来诸侯王表》;沙畹:《司马迁的〈史记〉》第 3 册,第 89—91 页。参见《汉书·高惠高后文功臣表》(或为《汉书·诸侯王表》——译者注)。

列侯的问题是:其数量无可避免地增长过多。没有哪一位读者可以真正理解长达一个世纪的变化的程度和规模,除非这位读者能依据《史记》中的本纪和列传,把每一位列侯的情况列表条陈。甚至司马迁本人,对自己看到的兴衰变迁,也颇感惊讶:"异哉新闻"。①特别是将王侯的实际情况与封爵誓词对比时,更会让人感到惊讶。变动不安,才是历史的真实。事实上,封赏完全取决于皇帝的意志,是可被收回的。而皇帝的意志,可谓随心所欲;即便是面对嗣子,其承诺的永恒,也只是形式上的。司马迁说:"汉兴,功臣受封者百有馀人。②天下初定,故大城名都散亡,户口可得而数者十二三,是以大侯不过万家,小者五六百户。后数世,民咸归乡里,户益息,萧、曹、绛、灌之属或至四万,小侯自倍,富厚如之。子孙骄溢,忘其先,淫嬖。至太初百年之闲,见侯五,馀皆坐法陨命亡国,耗矣。罔亦少密焉,然皆身无兢兢于当世之禁云……观所以得尊宠及所以废辱,亦当世得失之林也……。"③

不必把人口的增加作为充足的理由,人们也会认识到这样的事实:西汉经历过长期动荡后,迎来长达两个世代的和平。历史中到处是这样的迹象:贸易、生产以及(有可能的)人口都在增加。此外,在一些特例中,封地的数量翻番。④司马迁的解释是大战之后国家归于平静;班固认为除此之外,还有自然增长的因素。⑤班固也确认这一点:在武帝太初年间(公元前104—前101年),全国仅剩下5个列侯;到武帝一朝结束,列侯消失殆尽。查阅紧随"序言"的表格,可知其说不误。⑥司马迁对自己生活的时代中朝廷的过度调控,特别是对荣誉褒扬的操纵,持批评态度。这样的批评,贯穿整部《史记》。本文很快就会谈及此点。

不仅帝国的权威要对封王和列侯产生巨大影响;帝国也谋求实现对地方各郡的完全管理;同时努力以更加有效的中央管理,让国家变得更加巩固。秦始皇帝一共建立了36个郡,并一度增加至40个;汉高祖即位时,全国有36郡。随着开疆拓土的完成和对既有政治单元的进一步划分,到武帝时期,郡的数目已经过百。⑦地域的扩大以及地方单元在数量上的增加,推动西汉建立更大规模地区组合(regional

---

① 《史记·高祖功臣侯年表》;沙畹:《司马迁的〈史记〉》第3册,第121—122页。
② 具体的数目是143;见:《史记》,中华书局1963年版,第3册,第878页第1段下注释1。参见沙畹:《司马迁的〈史记〉》第3册,第123页注释5;《汉书·外戚恩泽侯表》。
③ 《史记·高祖功臣侯年表》;沙畹:《司马迁的〈史记〉》第3册,第123—125页。
④⑤ 《汉书·高惠高后文功臣表》。
⑥ 同上。沙畹提到这五名列侯的名字;见沙畹:《司马迁的〈史记〉》第3册,第124页注释5。相应表格见沙氏著,第127—145页。原文注释也提到了这五个名字。
⑦ 见上文。亦见《汉书·地理志下》;沙畹:《司马迁的〈史记〉》第2册,第534页。

groupings）。在通讯不甚发达的古代,尤其如此。武帝设立名为刺史的新职位;刺史的职责是巡视、调查地方个郡。全国为此划分为13"部";每"部"管辖七到八个郡。不过在这一时期,没有迹象表明政府要设立新的行政单元。刺史隶属于御史大夫的秘书与人事办公机构,一开始数量很少、位阶较低。① 这样比较会让人萌生兴趣:如果允许存在总督或者双省长（double governorships）,那么"部"的数量正好与现代中国的省的数量相当。跟人文地理一样,中国的地方主义值得作为历史学的一支,得到全面探究。

还有一些可以表明加强管理的证据。本纪为我们提供了4起特殊形式的"计"。② 其中3起和王朝在泰山的祭祀有关,还有一起发生在宫中,诸侯王和列侯都在场。在宫中进行的"计",主要用来审核封国和各郡的财务状况,均在春季进行;若依传统,则在秋收后完成。4起"计"发生的时间分别是公元前106、前104、前98、前93年,显然是偶尔记录下来的。看起来,"计"并非每三年举行一次。③ 史料中稍晚提及士人与负责"计"的官员一道赴京,这就表明:"计"的确是有规律的年度检查。缺少有关地方官员之前年份在财务方面的证据,并不能很好地解释为何武帝要新设立一种制度。更加合情合理的问题应该是:为何记录者要写下这样的内容?关于前者,没有细节可言。这些记载让我们更加确信:在武帝后期,中央政府的管理、特别是财务方面的管理,正在加强。

我们又看到皇帝付出持续不断的艰苦努力,在全国巡视。这让人想起秦始皇帝及其首辅大臣,充满活力地巡游天下。《史记》称对全国的系统巡视始于公元前112年。但在之前的年份,皇帝并非没有出行。④ 从地图上看,武帝在其帝国,巡行数千里,曲曲折折,南北交错。他特地巡视整个北部边疆。这些官方巡行自身就构成一个主题。通过巡行,地方祭祀和礼仪被整合进帝国的宗教轨程;皇帝本人来到边疆,为将士加油鼓劲。另一方面,不管公正与否,巡行让地方官员的压力空前增加,同时也大大增加了人民的负担。有关文献中,充满皇帝的仁心善举,如免税、赠予曾游历或驻跸的地方以礼物等。但人们有理由怀疑,这些馈赠不过是在大规模征收之后的些许回报。大规模征收来的财物,被用于随行军人和官员的给养、设备,以及满足旅行所需。为了武帝的巡行,要重建或者维修道路、桥梁、庙宇和宫殿,凡此对很多郡来说,

---

① 《汉书》之《武帝纪》《百官公卿表》。
② "计"指的是财务清算。
③ 《汉书·武帝纪》。
④ 沙畹:《司马迁的〈史记〉》第2册,第589页。

是额外的负担。《史记·平准书》据实所言,让人震惊。司马迁写道:"东度河,河东守不意其至,不辨,自杀。行西逾陇,陇西守以行往卒,天子从官不得食,陇西守自杀。于是上北出萧关,从数万骑,猎新秦中,以勒边兵而归。新秦中或千里无亭徼,于是诛北地太守以下,而令民得畜牧边县"。①

但是考虑到公共秩序,皇帝必须大权在握,必须把全国有效地组织起来。西汉政府一直担心一点:在边远地区,有可能出现不正常的僭越之人与权力之间的结合。谈及武帝一朝的开始,司马迁写道:"当此之时,网疏而民富,役财骄溢,或至兼并豪党之徒,以武断于乡曲。"(《史记·平准书》)

后来出现了大规模的"私门"(即非法团伙),每一"私门"的人数都数以千计。特别是在帝国东部和东北部,这些"私门"给地方官带来巨大压力。当时发生过一场几成内战的冲突,据称有十万人因此丧命。②

武帝适当改变货币,以防止吏民盗铸金钱。③朝廷更是派出特别专员,"循行郡国"(《史记·平准书》),处理帮派和非法结社事宜。这些帮派团伙,有可能起源自早在刘邦时期就已出现的形形色色的秘密团体,二者之间有相似之处。④在武帝晚年,桑弘羊谈及自己在这方面的经验,说道:"今放民于权利,罢盐铁以资暴强,遂其贪心,众邪群聚,私门成党,则强御日以不制,而并兼之徒奸形成也。"⑤

在鲁南的群山中,成群的盗贼依山建寨,不断扩充规模,"阻山攻城,道路不通"。⑥地方官对此苦不堪言。当时武帝用来维持公共秩序的行政手段之一是"搜"。"搜"可以在特定地区抑或在全国范围内进行。譬如,据记载,在公元前100年,国都长安就曾全城封闭,进行大搜捕。次年,因为要"止禁巫祠道中者",故而再次"大搜"。⑦武帝时关于流民的抱怨时有耳闻。但不必太过相信官员的不偏不倚,因为他们想让每一个人都能随时来服役、纳税及戍边。为了给帝王修建陵墓,国人经常被随意地征发调动,情况恶劣。有经验的管理者为自己的大规模公共工程辩护,认为:民众若不被动员起来,很多人就会无所事事,依赖政府救济的人就会越来越多。在《盐铁论》中,官方的认识非常清楚:"民犹背恩弃义而远流亡,避匿上公之事。民相

---

① 《史记·平准书》;沙畹:《司马迁的〈史记〉》第3册,第589—590页。事发公元前112年。
② 同上;同上,第3册,第546—547页。参见《史记·酷吏列传》。
③ 同上;同上,第563页。事发约在公元前120年。
④ 同上;同上,第581页。事发公元前114年。
⑤ 《盐铁论·禁耕》;英译见伽乐:《〈盐铁论〉:古代中国有关国家对工商业控制的争论》,第31页。
⑥⑦ 《汉书·武帝纪》。事发公元前99年。

仿效田地日芜,租赋不入,抵捍县官。"①

国都宫中,从来不少让人感到迷惑的事情,其原因主要在于外戚、佞幸以及卜筮。②发生过一起压倒一切的事件,在公众间制造了恐慌,更是带来了不小的灾难。虽然武帝对巫术颇感兴趣,但是对待自己的巫师非常苛刻。汉武帝即位不久就恢复公开处决大批人的做法。譬如他以巫蛊之名处死了一名宦官;而这名宦官曾得到武帝的丰厚赏赐并被委以高位,甚至把女儿嫁给武帝。③公元前92年,一起大阴谋及至少一个邪恶的团体被揭发、指控行使一种特殊的妖术。这种妖术的名称是含义有些模糊不清的"巫蛊"。"巫蛊"意味着下毒,至少指的是在暗地里进行伤害。在这一案件中,有几点值得注意:两位公主,强势的卫皇后的女儿,被处死;朝中高官报告说在太子宫中发现巫蛊毒物,于是太子和母亲卫皇后盗取发兵用的徽章,派遣军队进攻丞相,导致长安城中数万人罹难;最终卫皇后和太子自杀,御史大夫亦因失职被杀。④武帝有这样的习惯:对自己怀疑太子的行为,感到懊悔;对自己轻信巫师方士等人,充满自责。但在早期的史料中,有关这些事件的证据,都不明显;随着时间的推移,细节逐渐丰满起来。本纪中有关武帝末年的记载,简略贫乏,不能回答一些重要的问题。《汉书·武帝纪》对第一个千禧年到来前后的记载,其详细程度和写作质量,都不及《史记·武帝本纪》对武帝早期的记录。

重要仪式的数量,标志着帝国传统发展的进程。在提升社神祭祀的过程中,相关的仪式、崇拜等得到细化。社神祭祀与皇帝的巡游有关;皇帝巡游又把地方的仪式庆典等,经过拣选整合入国家庆典。最重要的封禅大典,有着无法确证的远古风韵,充满神秘感。通过封禅大典,皇帝从天地那里获得神灵对王朝的庇佑。⑤公元前120年,武帝设立负责音乐及吟咏的机构,其主要职能就是创作雅致的赞歌。当时,诗人司马相如和富有才华的宠臣李延年创作的音乐作品,非常杰出。

公元前113年,年号制度被汉廷采纳。从武帝一朝开始,每六年一组,选定一个与众不同的年号。公元前104年,历法改革;于是年号改为每四年一组。⑥经过这些改

---

① 《盐铁论·未通》;英译见伽乐:《〈盐铁论〉:古代中国有关国家对工商业控制的争论》,第95页。这是桑弘羊的观点。
② 关于外戚,见《史记·外戚世家》。关于宠臣,见《史记·佞幸列传》。关于武帝一朝的卜筮及其重要性,《史记·龟策列传》提供了一份概要性的介绍。
③④ 《汉书·武帝纪》。
⑤ 迄今尚无此类研究——利用最新社会学及比较方法,把这里所说的文化事务作为一个整体来考察。有关记录见:《史记·封禅书》;沙畹:《司马迁的〈史记〉》第3册,第413-519页。沙畹对《史记》原文的翻译是解释性的,并附有注释。这些资料都非常倚重公元前110年武帝泰山封禅大典的标准呈现。请比较:《汉书·郊祀志》上、下。
⑥ 《汉书·律历志上》。

革,每一年的开始从第一个月而非秦朝制度下的第十个月起算。这样一来,人们熟悉的后世中国历史中的礼仪性实践,都富有汉代的特点,具备汉代风格的天人政治意涵。

武帝时期行政手段的特点是:一方面,用爵位制度来增加收入;另一方面,这一制度也被用来补充官员。司马迁谈到这一点时,先是发表一通关于战争负担的宏论,然后说道:"……财赂衰耗而不赡。入物者补官,出货者除罪,选举陵迟,廉耻相冒,武力进用,法严令具。兴利之臣自此始也。"①

武帝时期,西汉政府在边疆事务上的开销之高,让人难以置信。中央府库,被进一步消耗。政府号召人民贡献奴婢,能做到的可以终身免税;如果那些已经有"郎"爵的人能输送货物给官府,则可以获得更高级的爵位。于是,"入羊为郎,始于此。"②然而,公元前124年及前123年对匈奴的大规模讨伐,让武帝不得不承认:虽然取得了了不起的军事胜利,财政上的困难却让人绝望。西汉只好用一个蹩脚的理由,即那些希望转让其荣誉的军事英雄无法确定这些荣誉的市场价值,设置了一套可出售的"武功爵"(《史记·平准书》)。③武帝大发"善心",开放"武功爵"给平民。通过买爵,那些不能从事公职的商人,可以被免除限制;那些已被认定的有罪之人,可以减刑甚至免于处罚。至于价格,"级十七万,凡直三十馀万金。"(《史记·平准书》)不过这些数字很难得到解释。④

人们为什么愿意购买更高级的爵位呢? 除去那些我们不得而知的特权和荣耀外,还有这样一个事实:获得第五级及以上"武功爵"的人,经过未加限定的调查和测试,可享受优先获补官缺的权力。新爵制里的七等爵相当于旧制的五大夫(九等爵)。据注释,其特权包括免服兵役、有罪者减刑二等。一些解读者认为:对那些不愿意出任繁重危险官职的人施压,让问题变得愈发复杂起来;通过卖爵吸收更多人从政,是为了弥补官员数量的普遍不足。事实上,在公元前120年,朝廷强迫那些不愿意为吏的五大夫,捐出一匹马。⑤对此,司马迁曾说:"军功多用越等,大者封侯卿大夫,小者

---

① 《史记·平准书》;沙畹:《司马迁的〈史记〉》第3册,第550页。
② 同上;同上,第552页。
③ 《汉书·武帝纪》言:(将军)"'受爵赏而欲移卖者,无所流弛……'有司奏请置武功赏官,以宠战士。"《史记·平准书》中的内容与之有区别;其含义亦不太清晰。此举大概意味着:因为在刚刚胜利的战役中,取得战功的将士的数量十分庞大,所以武帝无法兑现数额惊人的奖金;于是他以此为由,把爵位拿到社会上出售。
④ 见《史记·平准书》及其注释;沙畹:《司马迁的〈史记〉》第3册,第554—556页及其注释。参见《汉书·食货志下》。
⑤ 同上;同上,第568—569页。参见同上。

郎吏。吏道杂而多端,则官职耗废。"①

任职官员数量滑坡式的下降是突然发生的。任官压力的原因,部分地因为这样一个事实:许多人为了躲开频繁的服兵役征召,通过购买爵位取得豁免权;与此同时,"法既益严,吏多废免。"(《史记·平准书》)为此,西汉命令有五大夫爵位的人必须出任官吏,而那些有罪的官吏则被送到上林苑和昆明池做苦力,此举意在对那些意图放弃官职的人产生震慑。②官场上的勋绩既是负担也是诱惑。这一点体现在公元前116年前后颁布的一条法令上,其规定:"始令吏得入谷补官,郎至六百石"。③很快,有位官员想出来一个生财之道:抓捕那些犯下不轨行为如斗鸡、赛狗(马)、赌博等的富家子弟。结果数千人被捕。对此,司马迁简短地记录道:"入财者得补郎,郎选衰矣。"④从上而下的纪律约束,既是下层官吏队伍衰败的征兆,也是这种衰败带来的结果。

公元前117年左右,盗铸货币的情况愈发严重。朝廷派出官员和士人巡查全国,把那些从中牟利的官员抓捕归案。⑤一些官员因为用法"惨急刻深"(《史记·平准书》),从而取得最高荣誉。"直指"(即来自官方的谴责者)这一实践出现在当时。一位颇有荣誉的高官,曾经招致以用法深刻而臭名昭著的御史大夫张汤的痛恨。最终,张汤指控这名高官不正面应答一位访客就某法令作出的批评,论罪当死。"自是之后,有腹诽之法";这最终导致"公卿大夫多谄谀取容"。⑥张汤之类"酷吏"的行为,构成了一种传统。但在有时候,他们的过分,无疑来自其要监管的官员自身。到武帝一朝结束时,帝国官员的品质依旧遭到抨击。这一抨击,是在儒家的视角下进行的。批评者要为他们的英雄公孙弘提供辩护。其有言:"杜周、咸宣之属,以峻文决理贵,而王温舒之徒以鹰隼击杀显。其欲据仁义以道事君者寡,偷合取容者众。独以一公孙弘,如之何?"⑦他们进一步总结道:"礼义者,国之基也,而权利者,政之残也。"⑧

士人的对抗情绪被这件事情加剧。新的财政高官制定、实施盐铁专营的政策,并将建立起国家贸易体制。本文很快就会讨论盐铁专营的问题。从公元前119年起,

---

① 见《史记·平准书》及其注释;沙畹:《司马迁的〈史记〉》第3册,第556—557页及其注释。参见《汉书·食货志下》。
② 《史记·平准书》;沙畹:《司马迁的〈史记〉》第3册,第568—569页。参见同上。对这些文本的自然而然的解释,消除了沙畹煞费苦心的误解。沙畹忽略了强迫劳动这一因素。
③ 同上;同上,第579页。
④ 同上;同上,第588页。
⑤ 《汉书·食货志下》;其记载要比《史记·平准书》更加清楚一些。《史记》的抄录者或有语音上的错误;见沙畹:《司马迁的〈史记〉》第3册,第580—581页。
⑥ 《史记·平准书》;沙畹:《司马迁的〈史记〉》第3册,第582—583页及其注释。参见《汉书·食货志下》。《汉书》中的内容与《史记》相比,有细微的差别。
⑦ 《盐铁论·刺复》;英译见伽乐:《〈盐铁论〉:古代中国有关国家对工商业控制的争论》,第65页。
⑧ 《盐铁论·轻重》;英译见同上,第86页。

"除故盐铁家富者为吏。吏道益杂,不选,而多贾人矣"。①

武帝通常倾向于接受儒家的体制。这一点可以得到确证。但这种局面也会被冲淡。文献中有这样的记录:官员因为军事上的挥霍而出差错;形形色色的买家、利己主义者和商人混迹仕伍。士人同样会因为严苛的监管而受到限制。司马迁痛恨这种情形,告诉我们最糟糕的境况,列举很多事实。司马迁所说的事实,与他文中主题以外的许多因素相符合。其他人也确证了司马迁的言论。不过,司马迁在描述他所生活时代的人和事时,其实是有所约束。

---

① 《史记·平准书》;沙畹:《司马迁的〈史记〉》第3册,第571页。参见《汉书·食货志下》。

第四节 接纳儒学

正是在武帝一朝,儒家的原则被确定无疑地接受为正统的国家理论;也是在这一时期,一些儒家原则第一次在中华帝国被付诸实践。武帝是士人的庇护者,在其管理中起用不少儒士。在经历秦朝近乎粗暴的非同寻常、汉高祖的粗糙以及文景时期的平淡无奇这几个阶段后,武帝一朝遵从一套新的统治规则。这套规则看起来有些"现代",包含许多为中古及最近几个世纪伟大王朝所熟悉的因素。在变革中,皇帝个人的想法和意愿非常重要。但更具根本性的,则是儒士发展出来的韧性十足的传统。儒士从其经典中,阐发出更多学说,利用每一个庇护自己的机会,让儒家学说走向繁荣。马伯乐告诫人们不要陷入那种常见的偏颇,即所有创制都是政府所为。他特意提及难以计数但又不太为人所知的儒士在山东以及其他许多地方的行政中心,研究、教授儒学,并提供政治咨询。马氏道:"这一点很明显:并非皇帝让儒士重新归来并任命其为博士;相反,是儒士付出了坚持不懈的努力,不顾迫害和战争的危险,坚守自己的学派。当局势平静下来,他们获准重开讲学,让诸侯和帝王重燃对儒学的兴趣,同时赢得官方的正式承认,按照儒家的观点决定性地重建教育体系。"①

《史记·儒林列传》揭示出:在中国腹地的几个地区,很容易就可以找到成批成群、才干出众的讲授和学习儒家经典文献的儒者;民事官员中不乏自己就是儒士或著名学者的弟子同仁。帝国的指令,不会创造出复杂的文化传统,只是赋予传统在公共生活中表达自己的机会。更早的几个世纪,会被人想起;而如今的变化,已是卓然。

武帝执政伊始,时人对儒学的阐释,就已经采用那种很快就要得到正式认可的官方形式。即便这样,这里依旧应该声明:这一时期的所谓传统原则,到底是什么?无论提及哪一点,董仲舒都是话题的中心。董仲舒是一位有着巨大影响力的人,对其所在时代的主导性概念作出可谓经典的阐释。②

公元前140年(武帝即位的第1年),武帝把一百多位有智慧、值得尊敬、博学多识的学者请到宫中,与自己对策。董仲舒从中脱颖而出,赢得武帝的认可。武帝任命

---

① 马伯乐(Henri Maspero):《〈左传〉的文本和成书时间》(La composition et la date du Tso tchouan),《融合:中国与佛教》(Mélanges Chinois et Bouddhiques,比利时中国高等研究院 Institut Belge des Hautes Etudes Chinoises 出版)第1辑(1931-1932年),第196页。
② 参见葛兰言:《中国思维》(La Pensée chinoise),巴黎 Albin Michel 出版机构1934年版,第575页。其言:"与其说董仲舒是一名思想家,不如说他是一个非常有代表性的人。他对法家学派充满敌意;支持建立一个仁爱的政府。董仲舒承认人性需要变得更加完美一些。他还认为:音乐对完善人性有帮助,礼仪的作用则更大一些,所以政府的首要责任就是教育人民。"

他到自己弟弟的封国江都出任国相。董仲舒是一名来自赵国故地的北方人,在景帝时期就已有名望,因为精通《春秋》而成为博士。董仲舒在江都为相时,以《春秋》为根据,提出可用来解释自然灾害与奇迹的一套原则,并发展出阴阳①理论。他甚至把自己的阴阳理论用到求雨上来,取得成功。不过司马迁有些怀疑地指出:报告所言成功,仅发生在一个封国而已。董仲舒后来退官,在家写书讨论灾异。当时,一座高祖庙发生火灾。心怀嫉妒的主父偃恶意地把董仲舒的作品呈给皇帝。"天子召诸生示其书,有刺讥。"(《史记·儒林列传》)董仲舒论罪当死,后被赦免。"于是董仲舒竟不敢复言灾异"(《史记·儒林列传》)。

公孙弘准备除掉董仲舒,任命董仲舒到胶西任职。胶西王是武帝的哥哥,因为一些邪恶的习惯和滥杀大臣而臭名昭著。不过董仲舒想办法称病不去,最后得以寿终。在宦海短暂旅行后,董仲舒选择安安静静地待在家里,"修学著书"(《史记·儒林列传》)。武帝还是会派遣高级代表,向董仲舒请教"明法"(《汉书·董仲舒传》)。董仲舒的作品大都保存下来,其中最著名的就是《春秋繁露》,②一部与其兴趣一致的阐释及应用性著作。包括司马迁在内的一百多位颇有些分量的人,都曾得到董仲舒的指导。司马迁曾说:董仲舒的一位弟子被武帝派去淮南国处理案件,这位弟子劝说皇帝遵照《春秋》之义行事。③

在董仲舒针对武帝测试性问题的回答,即"对策"中,可以见到他思想的最重要内容。④其中一些观点对当时的影响,或是无人企及。在一定程度上,武帝的问题是复合性的,通常包括:灾异的含义以及对天人关系的影响;天人交流、尤其是通过皇帝进行的交流对政府的影响;终极原则的那种不受王朝更迭影响的永恒性;周代制度的复杂

---

① 阴阳是两种持续互相转换的宇宙力量。它们可以具体化为明暗、雌雄、盛衰等。阴阳的相互作用,带来了季节变化以及各种自然现象。
② 参见福兰阁(Otto Franke):《儒学教义史与中国国家宗教:〈春秋〉的问题与〈春秋繁露〉》(*Studien zur Geschichte des konfuzianischen Dogmas und der chinesischen Staatsreligion: das Problem des Tsch'cunts'iu und Tung Tschung-schu's Tsch'un-ts'iu fan lu*),汉堡 L. Friederichsen 出版机构 1920 年版;特别是第二部分"董仲舒的《春秋繁露》"(Tung Tschung-schu's Tsch'un-ts'iu fan lu),其中有翻译片段和描述性及概要性的内容(福氏著第 87-308 页)。
③ 《史记·儒林列传》;《汉书·董仲舒传》。参见吴康:《董仲舒天人三策》,第 18-32 页。吴著对董仲舒及其盟友的讨论甚佳。亦见佛尔克:《中国中古哲学史》(*Geschichte der Mittelalterlichen Chinesischen Philosophie*),德国汉堡德古意特(de Gruyter)出版社 1934 年版,第 46-44 页;其中有关于董仲舒思想的概要。
④ 《汉书·董仲舒传》几乎完整地收录了这些"对策"。一份福兰阁风格的单调但可用的译文,见邵弗特(Wilhelm Seufert):《有关汉代国家重组的文献》(*Urkunden zur staatlichen Neuordnung unter der Han-Dynastie*),(柏林)《东方论坛》(*Mitteilungen des Seminars für orientalische Sprachen*),第 23-25 辑(1922 年)合集,第 13-50 页。这篇文章有"前言"。吴康对董仲舒的认识更加敏锐一些;见氏著:《董仲舒天人三策》,第 58-73 页。戴遂良提供了一份添油加醋但经过删减的翻译,见氏著:《历史文本》(*Textes historiques*),河北献县 1929 年版,第 377-380 页。亦见戴氏著:《董仲舒杂糅的儒学:有神论与自然崇拜》(*Confuciisme batard de Tong tchoung-chou. Theisme-naturisme*),《中国宗教信仰与哲学观点史》(*Histoire des croyances religieuses et des opinions philosophiques en Chine*),河北献县 1922 年版,第 301-304 页。

性以及过度文饰的危害性;人的可完善性;人的个性与命运的多样性及其原因;与音乐礼仪、君主地位、选贤任能、惩罚以及让人民满意有关的具体的手段措施;等等。① 这些问题,必定是由前朝一位曾经参加过董仲舒讲座的秘书准备的,正是董仲舒想要阐扬的。本文主要关注董仲舒"对策"中的政治意涵。这种意涵注重实际,很是特别。

董仲舒笃信《春秋》中蕴含的儒家学说:上天调控人的行为;人的行为必须与天地一致。这种认识并非简单的命定论,而是意味着:人类必须通过积极作为,以确保其共同体的繁荣;同时,上天期许人类的福祉,在人类走上邪路时,通过灾害予以警告。历史为遵从"大道"(Great Principle)者所展现的,并非彻底的衰败,而是一些特质及其对立面,如诚笃与粗鄙、敬畏与迷信、庄重与轻浮等的循环往复。在西汉之前的中国历史中,三种类型②王朝的循环,非常显著;这种循环,会永远持续下去。新王朝平静的开始,其特性逐渐改变。所以,汉朝应该离开周朝的浅薄烦琐,转向夏朝的笃敬诚实,从而重启新一轮的循环。③ 因为已经有证据表明:天降大任于新王朝的建立者,所以后者应该建立新都,采用新名称,改元易色。但无论怎样,人类社会中最根本的关系,如尊卑、上下、君臣、大道与理智、政府管理、教育、文化以及礼仪等,都不会发生改变。④

只有君主的智慧和道德才能让赋予某个王朝的天命取得完满。人性充满了激情。但是,通过调节性的原则,人性可以接受训练并获得提升;而这正是政府工作所在:富有智慧地使用人,从而确保人民的福祉。上天的原则,是为了仁爱和生命而行;其中也包含着通过阴阳变动,实施惩罚,甚或带来死亡。上天钟爱生命;严父慈母般的指导,终将盖过毁灭性的惩罚。秦朝把臣服和禁绝强加到人民头上,但其结果并未给人带来荣耀感与自我克制。周天子政府的退变,导致其灭亡;随后的秦帝国抛弃古代圣人的优秀原则,那些草草而就的所谓创新,仅让王朝存在 14 年。甚至在武帝和董仲舒讨论之时,过去的流毒依旧会影响到人们,让其变得争吵喧闹、不服约束。国家必须回到正途,即指导其人民;也必须借助吟咏歌颂的半神秘力量,来称许王朝之德。⑤

仁德政府更进一步的手段是发现和利用贤良人才。朝廷应该建立一所帝国学

---

① 这些问题的具体内容,见《汉书·董仲舒传》。
② 译注:"夏上忠,殷上敬,周上文。"(《汉书·董仲舒传》)
③ 译注:"今汉继大乱之后,若宜少损周之文致,用夏之忠者。"(《汉书·董仲舒传》)
④ 参见吴康:《董仲舒天人三策》中所附原文(第 59-63 页);福兰阁在《儒学教义史与中国国家宗教:〈春秋〉的问题与〈春秋繁露〉》中所用《春秋繁露》(第 226 页)。
⑤ 见吴康的分析性的概要,氏著《董仲舒天人三策》第 64-68 页。

院,用以训练从全国各地精挑细选来的士人;每一位封王、列侯和地方长官每年都要从下属和民众当中选出两位最聪慧的人,将之送到首都接受测试。如果皇帝坚持此举,那么整个帝国就会远离不合格官员的困扰。高级官员的任命,必须做到任人唯才;此举与高官显贵的子弟充斥官员队伍的做法,形成鲜明对比。模范官员的首领是模范君主,一位能够自我纠正的楷模,能影响整个政府,更能声名远播。①

董仲舒在第三份"对策"中,设定出两个极富特色的前提:尊贵之人与官员,应该实践和传播道德;他们不应该像普通人那样谋求名利,因为高尚的责任让其迥异于他人。由于时人已被各色学派及法律的摇摆不定所迷惑,所以由《春秋》所论、贯穿整个宇宙的"大一统"(Great Unity)原则要求:只有儒家学说及其"六艺"可以教授给人民。所有儒学之外的学说应当被抑制;人民只应该了解和遵从一种政府体系。②

以上就是武帝时期政治性儒学的经典陈述。阐释这些言论之人(即董仲舒),在公共生活中有巨大影响力,追随者将其原则奉为圭臬。董仲舒的观点与实际行动紧密相连。在武帝一朝的早期,就像董仲舒他自己一样,地方政府的首领把挑选出来的士子送到国都接受测试。在国都,五经博士教授这些士子儒经。公元前130年,武帝颁布一条让人颇感兴趣的谕令:"徵吏民有明当时之务习先圣之术者,县次续食,令与计偕"。③两年后,武帝对自己下令后地方举荐人才不足的问题,表示关注。在这一点,即通过德才兼备之人来影响民众上,有些地方与皇帝并不一致。武帝再度下令:如果官长不能完成举荐人才这一当然职责,将以不敬、不胜任之名革职。④

公元前124年,太学正式建立。太学的主要目的就是拓展这一政策:由帝国学者来训练精挑细选出来的学生;这些学生通过学习礼乐经学等,进一步影响地方,砥砺贤才。⑤武帝在其晚年依旧为此付出努力。公元前106年,他下令"州郡察吏民有茂材异等可为将相及使绝国者"。⑥于是乎,虽然消极的对抗因素,如派系分化、裙带关系、来自个人和地方的各类影响等,让每一个职位都面临着多达百人的竞争,但选举原则还是经常得以推行。当然,这一原则并非在真空中发挥作用。

那些因为学识和道德而被选中的人,在现实政治中发挥了较大作用吗?提及各个领域的头面人物,可以部分地回答这个问题。一些个例甚至可以对这个问题给出

---

① 见吴康:《董仲舒天人三策》,第69—72页。"天人三策"具体内容见《汉书·董仲舒传》。
② 《汉书·董仲舒传》;吴康:《董仲舒天人三策》,第73页。
③④⑥ 《汉书·武帝纪》。
⑤ 同上。胡适觉得自己发现了有关武帝一朝今古文巨大差异的证据;同时他也认为经学研究对担任高级职务而言是必需的。见氏著:《中国的文艺复兴》(The Chinese Renaissance),收入1924年《中国年鉴》(China Year Book),第644—655页。

肯定的回答。前面已经提及董仲舒的弟子,其中一名弟子褚大曾在梁国为相。公孙弘在景帝时求学。他自己是一位著名的《春秋》研究者,也是一名堪称典范的儒者。公孙弘曾任武帝的丞相。公元前117年,武帝派遣褚大等六名博士,循行天下。他们的职责是:"存问鳏寡废疾,无以自振业者贷与之。谕三老孝弟以为民师,举独行之君子,徵诣行在所。朕嘉贤者,乐知其人。广宣厥道,士有特招,使者之任也。详问隐处亡位,及冤失职,奸猾为害,野荒治苛者,举奏。郡国有所以为便者,上丞相、御史以闻。"(《汉书·武帝纪》)次年,长江下游遭遇饥荒,武帝从四川地区调粮赈灾;同时派遣"博士中等分循行,谕告所抵,无令重困。吏民有振救饥民免其厄者,具举以闻。"①

正常情况下,武帝时期的"博士"都是因为对儒经的精湛掌握而获此殊荣。譬如,孔子后人亦是著名文献学者的孔安国、后来成为丞相的张禹以及做过孔安国老师的御史大夫倪宽,都是如此。②《汉书·儒林传》中记录了很多"博士"及其弟子。这些人,或在国都或在地方,为官为相。

有几处已经显示出这样的变化,儒家传统愈发重要;即便是衡量一位严厉君主的形式与事实上的仁政时亦复如此。武帝一朝初始,穷人和年长者会得到政府的恩赐,前面所提到的"博士"们也会为百姓开展慈善和救济工作。此外,从儒家改过自新的角度出发,一些犯错的将军及其部队会得到宽恕。③这一温和的政策在公元前123年显得尤为醒目。当时武帝下令:"其赦天下,与民更始。诸逋贷及辞讼在孝景后三年以前,皆勿听治。"④遇到洪水灾荒,山川沼泽等公共土地会向民众开放,一如公元前115年朝廷在北方所为。⑤

恪守礼仪,与仁心爱行密切相关,正如祭祀社神时对民众收成的关心;也和对祖先的孝敬有关,一如这样的努力:找到并封赏周王室后裔从而复兴周代祭祀礼仪,抑或在儒家祭祀中把高祖升入名堂配天。⑥仁爱是对他人的教导。这么说是公平的。当江南遭受饥荒时,西汉政府敦促有司找到可以带来快速丰收的种植法。另有一次出现食物短缺时,武帝派出代表,令其寻访所有能够"振救饥民"的官员或民众,并将其名字报告给朝廷。⑦

---

① ③ ⑤ ⑥ ⑦ 《汉书·武帝纪》。
② 关于孔安国、张禹,见《汉书·儒林传》。关于倪宽,见《汉书·公孙弘卜式儿宽传》。作为儒家士大夫,倪宽(即儿宽)多才多艺、仁慈宽厚、恪守礼仪,堪称楷模。
④ 同上。原文中的内容并不是很清楚,是否只包含民众的借款抑或税欠也在其中?这份诏令以儒经的引文开始,借此在不变的"道"面前,证明这一革新的正确性。

儒士的工作并非仅限于教授经典和从事管理。儒者总是强调自身的顾问与批评功能。从孔子时代开始,儒者就是如此担当。在秦朝,他们受到压抑;到西汉文帝时期,儒者有了更大的自由。武帝时期,管理部门常言:据《春秋》如何如何。儒经《春秋》不仅提供正统的范例和先例,更是评判计划与行为的依据。就此,葛兰言(Marcel Granet)很有见地地说:"理论就是依史治国(gouvernement par l'histoire)。这一理论倾向于让'博士'拥有显赫的权力,即审查监督的权力。"①没有必要去证明:因为需要对皇帝一人大权在握的朝廷展开批评,这一立场会很容易地被接纳。环境让儒者的审查监督成为间接的。但这并非没有效率,因为那些被称引的历史已经获得认可,国家甚至把有关的学说作为拣选和训练官员的原则之一。此举对历史的影响并非总是有益。有时儒学无可避免地被教育冲动和"伪"历史哲学占据。这造成从一开始,儒学就对独立性有所抑制。中国人的一个特点是对历史的兴趣可谓持续不断,并且有条有理、知之甚多。这一特点,应当归功于儒家对历史的认识与公共生活的"危险的"结合。与中国正相反,古代和中世纪印度的历史及史料非常匮乏。

很明显,儒士有时看起来书呆子气十足、吹毛求疵、不负责任且缺少经验。在《商君书》与李斯的上奏中,儒士的这些个毛病就被公开指责过。武帝时期,一些具有重商—法家倾向的管理者,对此感受尤为强烈。这一点,从本文引用的《盐铁论》的一些内容中,就可看到。譬如,桑弘羊曾让自己的失之偏颇的争论一泻而出:"但居者不知负载之劳,从旁议者与当局者异忧。方今为天下腹居郡,诸侯并臻,中外未然,心憧憧若涉大川,遭风而未薄。是以夙夜思念国家之用,寝而忘寐,饥而忘食,计数不离于前,万事简阅于心……今贤良、文学臻者六十馀人……信往而乖于今,道古而不合于世务。意者不足以知士也?将多饰文诬能以乱实邪?何贤士之难睹也!"②桑弘羊坚持认为儒者既没有为政府提供过切实的帮助,也从未立过真正的功劳。但在40年前(约公元前122年左右),司马迁在有关武帝时期公共生活的并非恭维的记录中,带着优雅的公平写明:"当是之时,招尊方正贤良文学之士,或至公卿大夫。公孙弘以汉相,布被,食不重味,为天下先。然无益于俗,稍骛于功利矣。"③

几无可能确定儒学被定为国家制度的具体举措及其时间。如前所示,武帝即位伊始,就遵从董仲舒的路子采取了一些措施。同样是在武帝即位的第一年,丞相采取

---

① 葛兰言:《中国思维》,第577页。
② 《盐铁论·刺复》;英译见伽乐:《〈盐铁论〉:古代中国有关国家对工商业控制的争论》,第59—60页。
③ 《史记·平准书》;沙畹:《司马迁的〈史记〉》第3册,第559页。

149

中华帝国的建立

行动,打击法家及其他异端学派。① 但是本文已经提及:当时年迈的窦太后依旧能够精力充沛地回击当政的儒者高官,甚至可以把丞相贬官并送上死路。② 窦太后死后,丞相田蚡颁布一条影响广泛的律令,明确反对除儒学以外的其他所有学派,此举让一百多位儒者走上显赫地位。③

尽职尽责的《汉书》作者写道:"公孙弘以治《春秋》为丞相封侯"(《汉书·儒林传》)。不管怎样,公孙弘都是一名握有相位的堪称楷模的杰出儒者。更进一步,当时对儒者的认可已经达到这样的高度:拣选官员,已经不是在哪一家学派中做出决定的问题,而是从某一部儒经的哪一派中挑人。顶尖学者和高级官员曾经在武帝面前展开讨论。遵从大家的意见,公孙弘决定采用董仲舒宣扬的《春秋》公羊学派而非谷梁学派。公孙弘自己的训练即来自于公羊派。④ 武帝下令,"诏太子受公羊春秋,由是公羊大兴"。⑤ 这样的氛围,颇似康斯坦丁大帝与四大主教之间的一片融洽。

佛尔克(Alfred Forke)在关于国家儒学化的讨论中,强调董仲舒及其方案的重要性。佛氏云:"把儒学作为国家哲学,这在很大程度上要归功于董仲舒的作品。皇帝与数以百计的儒者有所接触,用他们的学说取代了刑名之学和道家观点。他更是借董仲舒,再度加强了对上天的崇拜,于是他自己的帝王荣耀也增色不少。国家课程的创制,亦应回到董仲舒的方案那里。"⑥ 本文并不讨论一般意义上的哲学。但记住这一点很重要:汉代儒学跟孔子及其早期追随者的儒学相比,已经有很大的变化和拓展。胡适因为自己的原因,盼望着把董仲舒对天意的强调解读为本质即如此的有神论,并声称这种有神论对以后中国的公共生活和政治思想产生了反启蒙主义的(obscurantist)影响。⑦ 葛兰言有关陈述中最有价值的内容在于:儒学的包容以及正是这种包容,让儒学吸收很多流行、半科学性的概念,大大降低了其排他性政策遭到反对的危险性。葛氏言:"无疑董仲舒为正统的胜利贡献良多。他把阴阳五行学派的追随者集合起来;这些人像纯熟匠人那样思考大自然的一切。他们把所有人都纳入古老的分类体系,努力证明自己的学术价值。正是通过这一尚未完全脱离巫术的学术,

---

① 《汉书·武帝纪》。
②③ 《汉书·扬雄传》。此处有误,文中所言事见《汉书·武帝纪》;参见《汉书·儒林传》——译者注。
④ 谷梁学派得名自《春秋谷梁传》;该书中有用字寥寥的《春秋》本经。
⑤ 《汉书·儒林传》。
⑥ 佛尔克:《中国中古哲学史》,第48页。
⑦ 见胡适:《儒学在汉代成为国家宗教》(The Establishment of Confucianism as a State Religion during the Han Dynasty),《皇家亚洲文会北华支会会刊》,第60辑(1929年),第20—41页。

中国人摆脱了宗教,转而拥抱积极且有人本主义色彩的孔子思想,把正统整合为一"。①

没必要多谈这一点:儒学对其他学派思想的抑制既不绝对,亦非不可取消。道家对汉及后世的影响可谓遍地开花。在武帝一朝后期,法家在实际而非理论上统治着汉家天下。此外,佛教很快就要来到中土,时不时会影响到皇帝并获得庇护。但是儒学,至今不衰。②

关于这项工作,即支持和庇护学者文人汇集、存贮、研读和阐释以儒经为主的古文著作,需要多说一点。《汉书·艺文志》盛赞汉武帝为解决图书不足及散佚问题,付出很多心血,甚至建立皇家图书馆,设专人复制和保存图书。这一情况,是随着博士成为教授主体,自然而然出现的。对博士以及任何渴望知识和优待的人而言,他们都会对传统书籍以及关于这些书籍的文本、价值和解释的讨论,萌生兴趣。在此之前,不少封王在地方上非常支持学术与研究。河间王刘德是其中的代表。河间是赵国故地,在今天的河北。河间王是汉景帝的儿子,公元前155—前120年在位。河间王搜集到大量先秦时代的古书,无疑让武帝的顾问难以忘怀。这位封王精心安排复制和保存图书的工作,精选学者讲授《诗经》和《春秋》,吸引了东部诸郡大量学子前来聆听。③淮南王刘安被视为政治上的叛乱者。他在后世,必定作为一名政治思想者而被提及。刘安也是一名学者,在庇佑学术方面更是河间王的竞争对手。他尤喜欢道家著作和方术。武帝年轻时,跟这两位"文化型"封王的关系很是要好。④汉文帝时,楚王和长安城中的博士联系紧密,甚至延请博士到自己的王廷。汉景帝时,楚王和他的儿孙都凭借自身的能力,成为《诗经》学者。⑤本文再一次提醒读者:这一场文化运动,不是帝国政府的灵感所致,而是始自地方;地方通过树立榜样及发挥个人影响,引发了中央的行动。

帝国学院"太学"的建立,让新政的教育革新走向圆满。在前文关于选官的叙述中,已对太学有惊鸿一瞥。论及儒士崛起的史料,则详尽描述了太学。太学意在复兴古代王朝的教育,其分支遍及地方。无论分散在帝国各处的受过训练的官员最终能

---

① 葛兰言:《中国思维》,第579-580页。
② 有学者提供了一份有用的介绍,见施辉克(J. K. Shryock),《孔子国家崇拜之起源与发展初探》(*The Origin and Development of the State Cult of Confucius: An Introductory Study*)。不过,是著并未完整涵盖儒学的公共影响力。
③ 《汉书·景十三王传》。
④ 参见《汉书·淮南衡山济北王传》。
⑤ 《汉书·楚元王传》。

带来什么,这项事业的开端都是明确且具体的。所有地方长官都有责任拣选人才,并按时让他们和审计官员一道进京,面见太常——帝国文化教育的监管者。太常选出50名候选人,令其在博士的系统指导下,学习儒经、六艺和写作。年尾,那些不合格者会在考试中被淘汰;有关责任,则由拣选过程中相应的人士来承担。譬如山阳侯、太常张当居就曾"坐选子弟不以实免"。①在考试中表现优异的候选人,根据其等级,会被立刻授予官职。那些有着非同寻常表现的人,则有与现代学位近似的"秀才"美名,势必闻名全国。②所有这些人都会按规定分配至各级岗位,担任助理。《史记·儒林列传》于是断言:"自此以来,公卿大夫士吏彬彬多文学之士矣"。③

对精挑细选出来的官员进行教育,通过传授一整套基于某种哲学和历史的伦理—社会知识,从而影响整个国家。选官、育官之道,有其优越性。这些努力,本应该轻而易举地获得认可。但是,实践往往低于目标,这些项目在本质上保守、缺少政治性的现实主义活力。来自于上天、近乎神圣的历史、圣人还有受人尊敬的经典的认可制裁等等,其所关注的都是如何坚守古道。来自仪式化的社会风俗以及父系家庭祭祖礼仪的巨大影响力,与统一的政治教育体系,整合在一起。千挑万选出来的人才的思维获得训练,以保持传统。那么,他们将如何应对巨大的变革?在这一点上,武帝的继承者及首辅曾断言:所有官员都要从经典中寻找适用具体境况的历史证据。④董仲舒也在其《春秋繁露》中,谈起过历史的力量:"《春秋》之道,奉天而法古……虽《春秋》之于世事也,善复古,讥易常,欲其法先王也。"⑤葛兰言分析过教育与政府根本之间的关系:"帝国的宣教,告诉人们同样有效也同样神秘的处方。对王朝而言,问题不再是让国家扮演发号施令的角色,也用不着再去考虑诸侯王的权力是否仍旧有强迫性。皇帝可以在最大程度上摆脱立法部门的限制。通过颁行充满仁爱之意的谕令,废止所谓的法律解决方案;也可以通过经常性的大赦,抵消所谓法律方案的影响力。皇帝要做的,不是去控制而是去教育;官员要做的,不是去命令而是去劝勉。这么看来,整个政府就好比是一座学院。这座'学院',极少强制,期待着来自于那种使人高尚的训导的一切结果。"⑥

不能全信以上这些话。当时,西汉政府在行事中,依旧会使用强力,或者通过严

---

① 《汉书·百官公卿表下》。沙畹对该表的缩写中,遗漏了这一点。
② 在后世的公共考试中,通过省级测试者,可获"秀才"之名。
③ 参见《汉书·儒林传》。
④ 见戴遂良:《历史文本》第1册,第482页。
⑤ 《春秋繁露·楚庄王》;参见《中国中古哲学史》,第47页。
⑥ 葛兰言:《中国文明》,第472-473页。

厉的惩罚来实施限制。武帝晚年的国家调控,是之前的时代无法想象的;大赦,跟所谓仁政一样,不过是一张张草稿。但在另一方面,这些话或许能告诉我们:有些脱离实际的理想主义,既高尚巍峨,又虚弱无力;它在面对问题时,诉诸宣言、公告而非现实主义的管理经营。

第五节　领袖与帝国

把武帝一朝30个左右显赫的公共人物条列出来,这么做对本文是有所帮助的。了解这些人的出身和事业,并非难事。此外,还要探究他们都来自哪个地方、通过什么方式成为帝国官员,以及任何有关武帝时期官员队伍种类及品质的让人感兴趣的事实。他们可以很自然地被分为4个群体:学而优则仕;由下层官吏提拔而来;出生行伍;还有出身商贾(另有讨论)。这些官员主要来自6个省份。具体如下:有几位来自山东。来自成都和苏州的,各有一位;这说明长江流域有了新的发展。来自国都所在地陕西的官员的数量最多。军事将领来自北方和西北的边疆省份。士大夫群体的地理分布最为理想,显示出地方选举人才机制的有效性。有一点值得一提,不同于高祖时代的情况——绝大多数首领来自一个由毗邻的数县组成的狭小区域、因为在军事和政治上直接服务于高祖而获得高位,武帝一朝的高官(其中既有学者也有实业家)从多达9个或者10个的省份中,被遴选出来。

倪(即儿)宽曾经贫穷,靠教书为生。①其所在地方举荐人才,他赢得机会被送到太学读书。倪宽作为有仁心、有文才的官员,从事过包括司法和审计在内的多项工作;生前最后九年,担任御史大夫。倪宽曾经和司马迁一道修订历法,亦曾指导过孔安国。②当时有不少官员被控与巫蛊有干系,孔安国未能幸免。他侥幸躲过一劫,但因为此事而错失一次任官的机会。不过,孔安国作为孔子的后裔,还是因为自己在古文经学上的精湛研究,地位崇高、受人尊敬。司马迁就曾向孔安国请教过学问。

文翁因为精通《春秋》,被推荐给汉景帝,出任蜀郡太守。③他治理边地,重在文化教育。文翁从下层官吏中选拔出十余人,将其送至长安城中博士门下学习数年,然后再予以官复原职。此外,他还在成都设立学校,从周边地方招收年轻学子,此举在当地备受称赞。很快,为了能让孩子到这所学校读书,"富人至出钱以求之"(《汉书·循吏传》)。班固甚至认为:"至武帝时,乃令天下郡国皆立学校官,自文翁为之始云。"(《循吏传》)

四川当地史志称:正是文翁派遣年轻人去国都学习的举措,开启既是诗人又是边

---

① 见《汉书·公孙弘卜式儿宽传》。
② 见《汉书·儒林传》。
③ 见《汉书·循吏传》。

疆管理者的司马相如的人生。司马相如在之前有关西南边地事务的讨论中,已经出现过。司马相如在京城学习儒经,学成后本应该返回四川给当地官员及学子传授知识。但史料显示:司马相如在京城学习后,成为景帝麾下的一名侍郎。他确实作为一名年轻的官员,回到四川。在一位被秦国迁至蜀地的富商家中,司马相如弄琴甚佳,以至于富商的爱女与之私奔。这就是一代诗匠、武帝好友司马相如的罗曼史。①

主父偃的故事更加严苛一些。他是武帝时期明确分割封王和列侯土地的政策"推恩令"的制定者。主父偃身处贫困时,借贷度日,无依无靠,游走各地。后来,他终于找到愿意聆听他长篇奏折的主顾,进而赢得皇帝的信任。主父偃在齐国为相,上演了一出人生悲剧。当时他认为有必要向皇帝报告齐王有乱伦之事,结果齐王畏罪自杀。后来有人揭发主父偃接受诸侯贿赂,"以故诸侯子弟多以得封者"(《史记·平津侯主父列传》)。主父偃此举,恰与武帝的倾向相左。时任御史大夫的公孙弘把倒霉的主父偃送上死路。公孙弘的借口是:"齐王自杀无后,国除为郡,入汉,主父偃本首恶,陛下不诛主父偃,无以谢天下。"(《史记·平津侯主父列传》)

把主父偃送上绝路是被认为极有道德的公孙弘做过的一件事。此外,公孙弘还试图把董仲舒送到一位有恶行的封王那里任职。年龄还有表面的朴素,并不能驱走嫉妒心。虽然张汤应该对当时法度严苛负最直接的责任,但司马迁还是把公孙弘与之联系起来。公孙弘年轻时是一名狱吏,后因罪被免去职务。身陷贫困,以养猪为生。40岁时,公孙弘以研究《春秋》而得名。武帝即位时,公孙弘已60岁。他在武帝朝第一次举行的人才甄选中胜出,成为博士。随后他出使匈奴,但未能达到皇帝的要求而失官。不过,这位老人不久再度以学者身份出现在政坛。有关"列传"显示:公元前130年,公孙弘在100多名精选出来的人才当中,位列第一,被皇帝拜为博士。他以博士起家,因为西南夷的问题,一度陷入困境;之后,坚持认为西汉同时在几处边疆展开行动是不可能的事情,并因此获得成功。公孙后先后担任御史大夫、丞相,受封平津侯。②

这里可以提一下董仲舒的平静生涯。除去短暂担任过两任诸侯国相,董仲舒一直扮演着老师、作家和顾问的角色。司马迁因为自己的出身和学识,人生有一个很好的开始。但是他的政治生涯,在监禁和腐刑的苦痛中画上句号。个中原因在于:司马

---

① 《史记·司马相如列传》。据是文:"卓王孙(即富商)大怒曰:'女至不材,我不忍杀,不分一钱也。'……相如与俱之临邛,尽卖其车骑,买一酒舍酤酒,而令文君(即富商女)当垆。相如身自著犊鼻裈,与保庸杂作,涤器于市中。卓王孙闻而耻之,为杜门不出。……卓王孙不得已,分予文君僮百人,钱百万,及其嫁时衣被财物。文君乃与相如归成都,买田宅,为富人。"
② 《史记·平津侯主父列传》。

迁胆大妄为，竟然为一位在边疆战争中失利而遭受恶意诽谤的将军朋友挺身辩护。朱买臣来自苏州，是一位诗人，也是《春秋》的研究者。虽然朱买臣以学者起家，但作为官员，与张汤等酷吏有联系。他的结局和大多数酷吏一样，最终在自己严苛执行的法律中，走上不归路。①

在仅以从政出名的官员中，有两位显得非同一般，同为道家思想的拥趸。汲黯来自一个地位重要的古老家庭，以武帝助理的身份起家。他以"无为"之道管理一个郡。司马迁认为：汲黯的"无为"之策，给当地带来很好的效果。汲黯对武帝时期的战争及开销，以及公孙弘、张汤等人的用法严苛，进行直白且猛烈的批评。在整个武帝时期，汲黯算是最清醒的以道家口吻宣扬"清静无为"的人。②郑当时亦来自一个古老的家庭，担任过不少有分量的职务。郑当时是位有钱人，十分好客，也因此容易受人怀疑。他后来因为自己的宾客卷入贪污受贿事件而被判有罪，最后出钱赎罪为平民。但显然此事对郑当时而言并非太大的污点，他很快就被任命为地方上的太守。如果郑当时确实是一名道家，他喜欢的必定是无政府主义哲学的享乐主义式实践。③颜异就是那位在张汤把腹诽作为罪名后，惨遭处死的官员。他本人确立起这样一种典范：有口碑的人可以通过尽忠尽责而取得高位。④

还有一批职业官员，因为其严苛而非正直得名天下。其中，最值得称道的是赵禹。赵禹在应用法律原则时，可谓坦率、能干。他曾与张汤一道修订法律，后因为对公案语言的掌握，迁至御史。张汤后担任廷尉（最高司法官员），并成为御史大夫。张汤在查办最高等级人士时，毫不留情，但最终因为同是酷吏的其他官员诬陷，被判有罪。⑤杜周有着相似的事业，执法时更加严苛，但少有证据表明他曾参与高层管理。⑥王温舒是相对温和的一位官员，在军、政两方面都有建树。他担任过多个官职，因为被指贪污而遭定罪，最终自杀。⑦这些就是《史记·酷吏列传》中的几个例子。

名播华夏的军事将领的出身，最为多样。卫青多次带领汉军击溃匈奴。他是牧羊人与奴婢的私生子，但卫青看起来有些卑微的出身其实早已得到补偿。他来自一个相当不错的家族，其母的主家贵为列侯。这位侯爷把卫青的姐姐带到长安，安置于后宫。卫青在后宫争斗中，险些丧命。但是他在军界，稳步上升。后来，卫青的姐姐生下武帝的第一个儿子，从而位升皇后。⑧卫青的外甥就是杰出的骑兵将领霍去病。

---

① ⑤ ⑥ ⑦ 《史记·酷吏列传》。
② ③ 《史记·汲郑列传》。
④ 见《史记·平准书》；沙畹：《司马迁的〈史记〉》第 3 册，第 579、582—583 页。
⑧ 《史记·卫将军骠骑列传》。

霍去病在武帝朝后期取得的成就,堪比卫青在武帝朝早期的作为。①李广的祖先是秦国将军,早在文帝时期,就以军功著称。②公孙敖起初只是卫青的一名助手,后来获得迅速提拔。他两次因为作战失败、丢失队伍而赎身免罪为平民。最终,公孙敖还是因为失兵被处死。这名将军屡战屡败却依旧坚持不懈,或许显示的恰是他的忠诚而非顽劣的品格。③

赵破奴的出身不明,有关的记录也不尽可靠。他在匈奴生活过很长时间,后返回汉军。"酎金令"推行时,赵破奴失去封地和侯爵,后又被任命为将军。在与匈奴作战时,赵破奴再次被俘。几年后,他从拘押地逃脱。最终,赵破奴因为巫蛊案,被处以极刑。④在武帝一朝后期针对匈奴的军事行动、特别是在西域开展的行动中,和霍去病一道共享荣光的将军是李广利。李广利出生在一个下层伶人的家庭,但因妹妹嫁入后宫,一段时间内最得皇上恩宠。李广利的弟弟李延年因为自己在后宫中的不法行为被判有罪,好在哥哥有足够的能力救出弟弟。李延年在音乐上颇富天赋,却是武帝身边一个无甚用处的宠臣而已。⑤

以上是武帝一朝最成功的人物。在他们当中,大多数人出身贫寒,甚至来自低贱的家庭,却通过学识、军事能力或者管理技能,最终位极人臣。如果不是令人信服地展示出自己在公共事务方面的杰出能力,他们当中不会有任何人可以获得殊荣。竞争,并非总是公平。但是,一个人在当时只有依靠自己的能力,才能获得提拔。无论一个人、一个家族或者一个帮派采用什么样的手段——良善的抑或邪恶的,都没有办法长时间地抑制任何有能力的人物。外戚家族的影响力确实对人的前途不无限制;但第一夫人地位随着出生、死亡甚至阴谋而来的变化,接连为古老的窦太后家族及其门徒、卫太后家族和李氏家族的荣光画上了终止符。在"列传"中,有不少线索提醒我们:有时丞相和御史大夫在有军功的将军面前,要显得更加恭敬有加。此外,武帝的那些看起来有些铤而走险的权宜之计,即从经历过巨大消耗的帝国挤出大笔金钱以赏赐军官和部队,或许暗示出:皇后与其担任大将军的兄弟或者甥侄结成联盟,至少部分地控制着朝廷。

最后一场阴谋和叛乱为未来清场,留给后人的却是一丝忧愁。武帝在去世的前

---

① 《史记·卫将军骠骑列传》。
② 《史记·李将军列传》。
③④ 《汉书·卫青霍去病传》。
⑤ 《史记·外戚世家》;《汉书·张骞李广利传》。

一年做好了继位安排;从中,我们可以看到与人事安排有关的故事。一名年轻的皇子成为储君。为避免再度出现吕后那样的人物,储君无辜的母亲被迫自杀。同时,摄政王职位一分为三,以防止任何一家坐大。三位摄政王是:深得武帝信任的霍去病大将军的弟弟霍光;在长安城中长大、后成为武帝近侍的匈奴休屠王之子金日磾;从皇宫侍卫稳步成为军事将领的上官桀。①

前述所有个人的例子以及新的察举人才的原则都表明:任官以能在官员的上升之路中,扮演着更为重要的角色。构成这一发展的背景的,是那种世袭的倾向。在武帝朝早期,古旧又方便易行的世袭制,依旧存在。譬如在地方上,(一些职位)父传子,子传孙。在有些情况下,一些家族因为长期占有某一职位,于是就以官名作姓氏。②甚至在汲黯与张汤的对话中,依旧可以感觉到旧贵族对新趋势的一丝抗议。汲氏有言:"天下谓刀笔吏不可以为公卿,果然。"③

如果前述将相就是那些成功的人士,那么失败者又输在哪里?正如我们所看到的,相当一批高官最终或遭降职,或自杀身亡,甚或被处死。在绝大部分情况下,人们无法判断定罪的正当性。相同文字记载的同一种行为,既可以招致应得的惩罚(其原因在于贪腐或者背叛),也可以带来不该有的后果(其原因在于嫉妒心、帮派意识或不可抗力)。由此来看,向匈奴投降,既可以意味着面对巨大困难时可敬的失败或被俘,也可以意味着因为君主和统帅会勃然大怒而不得不去选择与魔鬼共舞。文献记载:7位丞相被处死,数位封王或被削爵或遭流放,还有更多中高级官员被严惩。在这些情况中,人们很难分清楚:有多少是因为武帝自己的选择发生了改变而带来的变故,有多少是武帝也无法彻底抗拒的压力或打击造成的变化?史料一而再、再而三地显示出:武帝对一些特定的事件,真实直接地表达出极度的不满,因此会把一些倒霉的官员置于法律的恐怖之中;而同时,也会因为个人及政治原因,随意擢升官员。

这一切会让人觉得:武帝其人,大权独揽,刚愎自用;他让官员感到害怕,毫无必要地让一些忠诚的官员走向毁灭;更因为偏爱摧毁了忠诚。不过,武帝时期帝国官员的行为、思想及意愿,要比秦始皇帝和汉高祖时期的官员更强大。司马迁很有可能和其笔下的许多人物相识;他们之间的熟悉,让写作的天平有所倾斜。作为历史学家的司马迁,其本人并没有从整体上认可武帝及其政策,亲身感受到王朝给自己带来的痛

---

① 《汉书》之《武帝纪》《霍光金日磾传》。
② 《史记·平准书》;沙畹:《司马迁的〈史记〉》第3册,第545—546页。
③ 《史记·汲正列传》。

苦。还有一种实情亦应考虑在内,即武帝一朝太过漫长,影响史家对武帝朝与其他世代之间的比较。秦始皇帝作为秦王和秦帝,刘邦作为西汉的创始皇帝,两人的执政年月加起来,也没有武帝一个人在位的时间长。武帝一朝比这几个官方世代都要长久,武帝似乎把几个世代放在一起加以统治。这或许就是最终的认识:漫长的执政时间,胜过一切。

中华帝国的建立

第六节　经济与公共财政

可以想见,考察武帝时期的经济状况和政策,将会遇到这样的挑战:在武帝朝的情况与属于秦朝和汉初的经济、历史一般形势之间做出明确区分,绝非易事。秦汉之际应当得到单独处理。在长达53年的武帝一朝,许多经济事务与战争及社会管理,密切相关。社会管理自身,也是公共事务中很特殊的一个部分。农业的情况及政策不甚理想。关于富裕地主兼并土地、税收过重、徭役频仍的抱怨,不绝于耳;饥荒的出现,亦非罕见。当时的儒士理论家把这些归因于商鞅所倡导的可出售私人所有(财富等)的做法,以及尚未得到大幅度纠正的秦朝式的负担。当然,他们也意识到武帝宏伟事业所带来的积极影响。

东方朔曾经恳求武帝:政府简单节俭,是改善农人处境的最好方法。他还成功地叫停了扩大皇家公园和狩猎地的工程。①就土地自由买卖,董仲舒发出控诉:"民得卖买(土地),富者田连仟伯,贫者亡立锥之地。"(《汉书·食货志上》)他又言,在秦朝:"(劳役、兵役)三十倍于古;田租口赋,盐铁之利,二十倍于古。或耕豪民之田,见税什五。故贫民常衣牛马之衣,而食犬彘之食。重以贪暴之吏,刑戮妄加,民愁亡聊,亡逃山林,转为盗贼,赭衣半道,断狱岁以千万数。"(《汉书·食货志上》)西汉兴起后,情况没有太大改善(董仲舒的这一声称会招致严厉的批评)。他提出建议:"限民名田,以澹不足,塞并兼之路。盐铁皆归于民。去奴婢,除专杀之威。薄赋敛,省繇役,以宽民力。然后可善治也。"(《汉书·食货志上》)

抛开文士的雄辩不谈,从上述文字中不难看出农民在当时被迫承受的负担及其要面对的盘剥。在这段话的末尾,《汉书》作者这样写下:"仲舒死后,功费愈甚,天下虚耗,人复相食。"(《汉书·食货志上》)武帝在其末年,对太多军事征伐表示悔恨,并令丞相专注于改善农业(事实上直到公元前91年仍有大军被派出作战)。西汉政府开始推行经过很大改进的"代田制"以及可以快速播种的工具。国家手工作坊里的工匠开始生产新农具,各级政府的相关人员获令指导农民掌握这些新方法和新工具。皇室的保留地也开放给农人使用。结果,农民"用力少而得谷多"(《汉书·食货志上》)。

如果需要证据表明没有所谓(经济)革命取得成功,那么在紧随武帝的昭帝一朝

---

① 《汉书·东方朔传》。

早期发生的有关经济政策的争论,能够提供这些证据。参与争论的"文学"(即儒士)承认:"三十税一"只是看起来让税负轻一些;有悖农民利益的做法已经常态化了;而且表面的数字并不能反映真实的压力。他们说:"田虽三十,而以顷亩出税,乐岁粒米狼戾而寡取之,凶年饥馑而必求足。加之以口赋更繇之役,率一人之作,中分其功。农夫悉其所得,或假贷而益之。"①在争论中,谈及各种经济活动,桑弘羊为其中的国家利益做出辩护。他作证说:在汉代这样的社会中,粗糙的平均地权算不得什么最终结论。这是旧法家的观点,已经不为当时的主流思想熟知。桑弘羊说道:"管子云:'国有沃野之饶而民不足于食者,器械不备也。有山海之货而民不足于财者,商工不备也。'"②

在武帝执政的岁月里,公共财政尤其要受制于军事行动。以下几则例子可以显示出:看起来永无终结的战争,对社会开销产生极为重要的影响。在河套地区西北部,10万人修建边防要塞。在同一时期(公元前130年及稍后),沉重的供给和运输负担,几乎压垮了东部地区。总开销高达1000亿(从字面上看)。③政府甚至号召民人捐献奴婢给国家,以换取终身免纳税的特权。④公元前124、前123年,34000名囚徒被征发。成功的征调,给农人带来的负担远比朝廷的荣耀多。在这一政策下,边地诸郡要为军队及被征调的囚徒,提供粮食和衣物。为此,地方征收了大笔资金(20万金)。这一战,西汉丧失10万人马及武器装备。⑤

当匈奴王带领4万人来降时,西汉要派出2万辆车去迎接(据《汉书》当为3万——译者注),这又要付出一大笔金钱:(仅在公元前121年就耗资)"百余钜万"(《汉书·食货志下》)。仅仅两年后,卫青和霍去病代价高昂的胜利,再次给王朝带来让人心生畏惧的财政负担。是役,汉军俘虏敌军8万多人;故而,有关的奖励高达50万金。汉军失去了10万匹马,各类运输和补给的开销极其巨大。虽然武帝采取近乎孤注一掷的措施以增加政府收入,中央财政依旧几近枯竭。即便如此,前线兵饷还是没有着落。⑥

---

① 《盐铁论·未通》;英译见伽乐:《〈盐铁论〉:古代中国有关国家对工商业控制的争论》,第94-95页。
② 《盐铁论·本议》;同上,第7页。伽乐在现存版本的《管子》一书中,找不到这一句话。这并非要去表明在研究法家学派时,使用《管子》会有困难。
③ 约等于10,000,000金(这个应当不可能)。问题可能来自原始记录中的"巨"字。顾赛芬(Séraphin Couvreur)的理解和《辞源》都把该字释为10,000。
④ 《史记·平准书》;沙畹:《司马迁的〈史记〉》第3册,第552页。
⑤ 马匹的价值稍后提及。一匹马往往比一个奴隶还要珍贵;当时甚至有人抱怨:马吃的食物和人吃的是一样的。见《史记·平准书》;沙畹:《司马迁的〈史记〉》第3册,第553页。
⑥ 《史记·平准书》;沙畹:《司马迁的〈史记〉》第3册,第559、569页。

不应该忘记这一点:西北战事都在远离人口和生产中心的地方展开;绝大部分补给要运输千百里地,穿过人烟稀少的贫瘠之地,才能到达将士们的营地。地方政府远远做不到在自己的职责之外,为匈奴俘虏提供生活保障。武帝削减宫廷开销,开放皇室府库,以缓解财政压力。①稍后,西汉政府在北部边疆建立军事防卫性质的定居点。这项在贫瘠地区开展的工作,一样耗费巨大的金钱和精力。武帝为了让这项工作进行下去,甚至开始没收一些人的财产。在河套地区设立的4个郡中,共有60万人被征调于此,亦兵亦农。关于这些,司马迁详细记录道:"中国缮道馈粮,远者三千,近者千余里,皆仰给大农。边兵不足,乃发武库工官兵器以赡之。车骑马乏绝,县官钱少,买马难得,乃著令,令封君以下至三百石以上吏,以差出牝马天下亭,亭有畜牸马,岁课息。"②

西汉政府在西北地区的耗费无疑是最大的。与此同时,武帝在其他边疆地区的花费,有时也会极其巨大。在西南地区,修建一条从四川向南延伸一千多里、穿过高山峻岭的道路,几乎穷尽当地的资源。数万人参与修建道路的工作,相关的补给,远远不够。补给的运送,只能靠人肩背扛。据估算,因为运送者自身要有所消耗,所以只有四成粮食可以送到筑路者那里。此外,武帝必须为沿途的强大部落准备丰厚礼物。即便如此,当地部落长年持续骚扰这条道路。四川当地政府穷其所有,护路防盗,但罕能奏效。③

对南越的征讨,时间漫长、代价高昂。它需要几只军队,同时沿着不同的路线展开进攻;对西南地区进行安抚、设立新郡,也要付出巨大的努力。从靠近南越、西南夷的各个郡获得帮助,可谓遥遥无期。对西南夷的管理,最终采取了"以其故俗治,毋赋税"。④武帝时期,西汉在财政上仅能勉强维持。武帝在南方的努力完成后,东越人被迁往长江以北,此举给江淮之地带来巨大损耗。征伐古朝鲜之地,压垮了临近的诸郡,也招致人民的痛恨和反抗;经营东北,亦是耗资巨大。⑤在一个地域庞大、只有原始交通手段的国家,为征伐提供补给只能无可避免地落在最靠近作战区域的郡县。不过,中央财政状况较好时,政府也常会以独特、出色且持续不停的方式,为西汉在蛮荒的北方和东北地区的大规模事业,担负重责。

---

① 《史记·平准书》;沙畹:《司马迁的〈史记〉》第3册,第561页。
② 同上;同上,第591-594页。
③ 同上;同上,第549-551页。
④ 同上;同上,第591-592、595-596页。
⑤ 同上;同上,第549-552页。

特别花费并非仅限于战争。譬如,武帝巡视北方边地和沿海地区,开销与国防有所关联,但在礼物和赏赐方面,依旧耗费 100 万匹丝绸,至于金钱则数以百万计。①公元前 120 年,东部诸郡遭受严重水灾。武帝调拨大量粮食至当地,以赈济穷人;但是朝廷发出的让富贵之人提供贷款的呼吁,收效甚微。西汉政府迁徙 70 万人到河套地区,最终由当地负责衣食。这里的县官把土地贷给农民耕种。监管这一举措的官员数量之庞大,耗费的金钱"不可胜数"。②歉收接踵而至,"人或相食,方一二千里。"(《史记·平准书》)武帝从长江中游调运粮食到江南的受灾地区。此举被认为是朝中"博士"建议所致。本文会单独讨论公共工程的开销。最后,说一句没有必要再强调的话:前述花费只是王朝巨大开销的冰山一角。朝廷、军队和官员队伍的正常成本,早已被视为理所当然的了。

武帝时期,西汉采取一些特殊的财政手段。其中,出售爵位的做法,之前已有论列;国家专营及政府贸易体系,将在别处讨论。这里关注的是商业税,与财政收入有关的货币,以及税收体系有效性的证明。公元前 120 年后,西汉迫切需要用于讨伐匈奴的资金,开始向商人以及其他从事"末业"(如赊贷、高利贷、囤积等)的人,征收特别税。供需之间,波动巨大;货币芜杂,亦是不争。所有这些,令贸易变得非常不稳定,也让商人在政府遭受极大财政压力的时候,更容易成为替罪羊。借口恢复古制,西汉向商人按照每车"四十钱"的标准征税;对各地耆老等拥有半官方身份的人,减半征收。至于拥有船只的商人,每艘超过 50(英)尺的船,纳税 20 钱。这些纳税额度似乎仅是年费标准,故未带来严重后果。③

真正的创新在于:武帝要求所有做生意的人,不管其是否正式注册为商人(即有无"市籍"),必须如实报告其资产,并按照每"两千一算(即二十钱)"的标准纳税;工匠以及囤积原材料的人,每"四千一算"。不能如实申报的商人,其全部资产将被没收,并罚戍边一年。那些告发隐匿财产不报者的人,会得到丰厚的奖励,即被罚没资产的一半。此外,有"市籍"的商人及其家属,不得以个人名义占有土地,违者之土地和奴隶会被没收。④

抛开对财政的影响不谈,系列措施无疑可用于限制富人对自耕农土地的侵占。

---

① 《史记·平准书》;沙畹:《司马迁的〈史记〉》第 3 册,第 598—599 页。
② 同上;同上,第 561—562、589 页。
③ 同上;同上,第 572—575 页。
④ 同上;同上,第 574—575 页。在《史记》中,这些事情集中发生在公元前 119 年前后。但根据《汉书·武帝纪》,对商人按车征税的做法发生在公元前 129 年,"告缗"即向官府报告有人不如实申报财产则始于公元前 114 年。

这一财产税到底是怎样实施的呢?

到公元前114年,"告缗"(即揭发不如实申报财产者)成为一项正式的政策。"告缗遍天下,中家以大抵皆遇告。"(《史记·平准书》)遭人痛恨的酷吏杜周负责审理有关案件,"狱少反者"。这一政策得到推广,武帝派出多名官员,分行各个郡国,推行告缗。《史记》有言:"得民财物以亿计,奴婢以千万数,田大县数百顷,小县百馀顷,宅亦如之。于是商贾中家以上大率破,民偷甘食好衣,不事畜藏之产业,而县官有盐铁缗钱之故,用益饶矣。"①国家仓库充盈,不得不扩建增容。没收得来的土地被分配给政府数个部门,由其进行管理。这些部门都设立农业官员,往来各地,查看土地使用的情况。奴婢被分配到皇家苑囿,照看动物,也有一些人被送到其他机构劳动。官员的数量大幅度提高。公元前112年,全国范围内的"告缗"基本结束。武帝在河套地区最北部扩大移民、增强边防,"告缗"被用来为之提供支持,武帝的工程得以完成。②对社会地位较低的商人而言,税负巨大;对政府而言,征税则有利可图。但分散利用这些财富,看起来有些浪费。至于这些手段所带来的更深层影响,无需赘言。

尚不清楚普通铸币对国库的意义。绝大部分与此有关的史料涉及的都是盗铸和反盗铸的问题。汉昭帝在位时,文士根据武帝时期的经验指出:私铸货币受欢迎的原因在于政府货币变动频仍、成色不足及难以衡量。③虽然文士的话对地方和个人利益有所偏坦,但其指责实有扎实的根据。从文帝时期开始,在长达40年的时间里,中央政府没有发行新货币。当时所谓的新货币形制各一、成色不足,地方政府及有采矿权的个人依此却捞得盆满钵满。与此同时,旧式的标准货币几乎消失殆尽。正如司马迁所说:"钱益多而轻,物益少而贵。"(《史记·平准书》)

中央政府控制银和锡的供给,将这两种金属混合,制造出具有极高价值的货币"白金三品"(《史记·平准书》)。同时,中央政府下令地方官制造足量铜钱,规定"盗铸诸金钱罪皆死"(《史记·平准书》)。然而,可以想见的是:"吏民之盗铸白金者不可胜数"(《史记·平准书》)。一种改进过的铜钱得以铸造;"周郭其下,令不可磨取铅焉。"(《史记·平准书》)这发生在几位严格执法的官员当政之时,距离颁行"白金五铢钱"已有五年。据《史记》,当时"赦吏民之坐盗铸金钱死者数十万人。其不发觉相杀者,不可胜计。"(《史记·平准书》;这里的文本无疑有误)我们从中看到,工匠、

---

① 《史记·平准书》;沙畹:《司马迁的〈史记〉》第3册,第578—585页。
② 同上;同上,第585—588页。
③ 《盐铁论·错币》;英译见伽乐:《〈盐铁论〉:古代中国有关国家对工商业控制的争论》,第29页。

采矿者、运输人等等为了利益,蜂拥而上,"犯者众,吏不能尽诛取"。①在当时的公共生活中,一个技术问题随之变得严峻起来。

地方终究得以铸造成色较差的"轻"钱。有理由怀疑:利润丰厚到让个人不惜冒着生命危险也要从事之的铸钱业,对中央政府而言也是有利可图的。公元前116年的一项决定确证了这一点。是年,"京师铸钟官赤侧,一当五,赋官用非赤侧不得行。"(《史记·平准书》)与此同时,虽然地方官努力加以维护,但白金钱还是因为贬值,逐渐退出流通领域。然而,仅仅过了不到两年的时间,"赤侧"钱亦遭盗铸,最终被废止不用。甚至一名已是侯爵的高官("太常"),也因为"不收赤侧钱"而被判有罪。②

武帝政府采取强有力的措施,实现了国家对货币铸造的垄断。之前由地方铸造的铜钱悉数被禁,融化之后送往国都。"民之铸钱益少,计其费不能相当,唯真工大奸乃盗为之。"③最终的解释依旧不是完全清楚。但从中可要看出,铸币形制的标准化让粗糙的盗铸成为不可能。还有一点也许是真实的:政府铸币的质量无可挑剔,盗铸的利润变得不如从前。这也意味着西汉政府可以完全靠自己的力量推动任何进程。此后不少年(至少在武帝朝随后的岁月里),盗铸不再是严重的问题。货币事务被认为与社会政策有关。譬如,公元前116年发行的货币,或许就是被用来限制商人从货币贬值中牟取过高利润。④

武帝采取多种举措,如制作"(白鹿)皮币"等,以增加中央政府的收入。公元前120年,西汉政府陷入财政危机,有司"乃以白鹿皮方尺,缘以藻缋,为皮币,直四十万。王侯宗室朝觐聘享,必以皮币荐璧,然后得行。"(《史记·平准书》)⑤目前尚不清楚:这里所说的针对贵族成员的征收,是长期有效的政策,抑或只是一时之举。著名的"酎金令"值得再被提及。国都附近设置不少关隘。其目的无疑为两点:增加通关税收以及更有效地控制可疑的行人。⑥很明显,武帝晚年接受付钱减刑的令法。公元前97年,"令死罪人赎钱五十万减死一等"。两年后,西汉政府重复这一措施。⑦

有证据表明输送至国都的实物税在增加。这一变化更具普遍性,对国家而言也更加有益。《史记》宣称:在吕后(以及可能的文帝)时期,"漕转山东粟,以给中都官,

---

① 详见:《史记·平准书》;沙畹:《司马迁的〈史记〉》第3册,第563—567、564、570—659,580页。
② 《汉书·百官公卿表》。这件事情发生在公元前114年。
③ 《史记·平准书》;沙畹:《司马迁的〈史记〉》第3册,第584—585页。
④⑦ 《汉书·武帝纪》。
⑤ 参见沙畹:《司马迁的〈史记〉》第3册,第564—565页。
⑥ 此时可能发生在公元前114年。见《史记·平准书》;沙畹:《司马迁的〈史记〉》第3册,第586页。《汉书·武帝纪》的记载有不同的含义,其中可以看到另一起例子。

岁不过数十万石"。① 到公元前114年,主要通过"奴婢"之手,多达400万石粮食通过水路运到长安。4年后,国家贸易体系得以建立,"山东漕益岁六百万石"。② 本文很快就会谈及这一体系。

---

① 《史记·平准书》;沙畹:《司马迁的〈史记〉》第3册,第542页。
② 同上;同上,第500、542、588页。

第七节 公共工程与工商食官

汉代最重要的公共工程是修建河道和控制洪水;这两项工程对政府的收入和开销,以及很多人的生活和生产,都会产生影响。本书将简述这些工程,好让读者对其意义以及西汉政府的杰出成就,有所了解。西汉沿渭河以南,开凿一条从西安直至潼关附近的水渠,裨益运输与灌溉。中央政府也希望灌溉晋南的汾渠能让粮食增产,对运输粮食至国都有所帮助。但因为黄河改道,朝廷不得不放弃这条河渠及其"渠田",将之赠与来自东南之地的越人移民。在陕南,沔水和褒水得到治理,并通过百里陆路与斜水及渭河相连。此举旨在把汉水河谷出产的粮食运送至国都长安,开发沿岸木材和竹材,以及改善长江中游的交通。虽然开凿出来的五百里"褒斜道"大有益处,但"水湍石,不可漕。"(《史记·河渠书》)有关文献还含混地记载:西汉在(陕西)洛水以东开凿一条水渠,但这条水渠看起来较短且无利可图。据称该渠的一部分是通过开凿深井完成的。这或许是说:武帝政府在黄土之下挖就出一条水道,"往往为井,井下相通行水。"(《史记·河渠书》)

还有一些水利项目,据称每一个都能灌溉万顷农田。计有:"朔方、西河、河西、酒泉皆引河及川谷以溉田;而关中辅渠、灵轵引堵水;汝南、九江引淮;东海引钜定;泰山下引汶水。"(《史记·河渠书》)司马迁在其作品中提到,自己曾亲自游览、观察过不少当时的水利工程。①(道家思想信奉者)郑当时、(当政的温和儒者)倪宽以及(严苛的法官和管理者)张汤,都担负着某一水利工程的巨大责任。当时确实出现"用事者争言水利"的情况(《史记·河渠书》)。当然,不是每一条建议都会得到认真的考虑。虽然,人们还是根据以前获得成功的经验,争先恐后地制定自己的计划。

《汉书·沟洫志》为《史记·河渠书》提供了一些补充。在武帝晚年,陕南有了更多灌溉工程,以进一步完善修建于秦代的著名的郑国渠。其中最有名的是白渠:"引泾水,首起谷口,尾入栎阳,注渭中,袤二百里,溉田四千五百馀顷。"(《汉书·沟洫志》)百姓从中受益,赋歌赞颂:"田于何所?池阳、谷口。郑国在前,白渠起后。举臿为云,决渠为雨。泾水一石,其泥数斗。且溉且粪,长我禾黍。衣食京师,亿万之口。"(《汉书·沟洫志》)歌词告诉我们:这些水利工程,给人民带来富饶的土地。

---

① 《史记·河渠书》;沙畹:《司马迁的〈史记〉》第3册,第526—532、536页。

治水会让人心生陶醉。纵然是在两千年前,一种狂野的想法也有了地理决定论的调子。《汉书·沟洫志》所载"齐人延年"的上书就是明证。"延年"有言:"河出昆仑,经中国,注勃海,是其地势西北高而东南下也。可案图书,观地形,令水工准高下,开大河上领,出之胡中,东注之海。如此,关东长无水灾,北边不忧匈奴,可以省堤防备塞,士卒转输,胡寇侵盗,覆军杀将,暴骨原野之患。天下常备匈奴而不忧百越者,以其水绝壤断也。"(《汉书·沟洫志》)不过,这一试图改变由让人生畏的游牧部落控制的干旱平原的计划,因为完全不合规章,从而无人理会。《汉书·沟洫志》记载道:"书奏,上壮之,报曰:'延年计议甚深。然河乃大禹①之所道也,圣人作事,为万世功,通于神明,恐难改更'"。

洪水在土质疏松、植被稀少的黄河中下游地区,可谓千年之痛。这里仅举武帝时期的两起黄河泛滥的例子,即可足证。公元前132年,黄河在瓠子(地近今河北大名②)决堤,"东南注钜野,通于淮、泗。"(《史记·河渠书》)这是最早的关于黄河改道的记载。16个郡遭受了洪水的破坏;10万兵士投身修复堤坝的工作。但是修建好的堤坝很快就再次溃塌。这一次,堤坝并未得到修葺。之所以这么做,表面上看,是当时的丞相主张顺其自然以及那些"望气用数者"对丞相主张的支持。(《史记·河渠书》)但历史记录者秉笔直书:丞相的部分食邑,正好在黄河以北;黄河决堤向南流,那么河水以北的土地就没有水患之虞,甚至有可能会增产。(《史记·河渠书》)

20余年过后,西汉接连歉收。武帝于是戮力修复瓠子处溃塌的黄河堤坝,甚至与朝中高官一道仪式性地"负薪填决河",并赋诗慨叹(这首诗保存至今)。司马迁就是当时的随员之一。③经过这次的努力,黄河被引向北面的两条渠水,沿着故道流淌。不久,黄河洪水向北冲入魏郡,"经魏郡、清河、信都、勃海入海。"(《汉书·沟洫志》)新河道"广深与大河等,故因其自然,不堤塞也。此开通后,馆陶东北四五郡虽时小被水害,而兖州以南六郡无水忧。"(《汉书·沟洫志》)④

很遗憾,有关武帝一朝治理黄河工作细节的记录,少之又少。还好《汉书》总结了随后几十年的情况和治水经验。这些无疑可以为本文所用。在有些地方,历经几个世纪,一连串的平行坝建立起来,绵延数十里;石头砌面被用来保护延伸出来的河道。水利官员们观察到:很长时间以来,所有的溃堤现象都发生在一定的河段,故敦促国

---

① 大禹为儒者敬重。大禹从水文地理学的角度划分中国,从而在治理洪水上获得成功。
② 译者注:当在今河南濮阳。
③ 《史记·河渠书》;沙畹:《司马迁的〈史记〉》第3册,第525—526、532—537页。
④ 这里的论述,见《史记·河渠书》;沙畹,同上;《汉书》之《沟洫志》《武帝纪》。

家在这些河段开挖新渠。还有一些官员持续不断地评估黄河洪水给两岸带来的伤害和危险,坚持认为新渠要开放给主要河口,以分散危险。但是,反对者会借口不合大禹之道,反对任何具体的修渠计划。有记录显示出被洪水破坏的地区、流离失所的人民、用来赈济灾区的钱粮,也谈及修缮的费用以及对流民的安顿。朝廷会通过奖励,让治水官员变得更加有效、更知道节俭;但也发生过高官因为皇帝不满其关于治水的对策而自杀的事件。

就治水政策而言,虽然西汉政府在当时已经采用不同的抗洪手段,但并未从根本上抛弃既有的偏见。这种观点或许有些让人气馁:占主导的认识是应该与自然保持一致。这种"无为",很容易得到道家思想的支持。为什么不把修建堤坝和赈灾所耗费的巨额金钱,用到迁徙农民上来?为什么不让洪水决堤发挥其自然之用?西汉的伟大制度为何要去与河流争抢片土寸地?最糟糕的是,堤坝越建越高;这就意味着开销、危险还有要付出的心血,会变得无穷无尽。为修筑堤坝,人们耗费半生时间。而在缺乏排水工程的地方(可能是盐碱地带),人们容易生病,植被不生,甚至鱼鳖也难以存活。折衷的政策是:保留堤坝,排空渠水。此举难在改变水位;但对垦田、增肥和漕运非常有利。①

以上所有关乎西汉治理河渠的记载加在一起,足以告诉我们一点:在诸如修建宫殿、庙宇、道路、桥梁等公共工程以及大规模运输和生产的组织中,都可以见到西汉政府治水时的那种精心、老练和不惜成本。可惜除了水利工程,其他可用的相关信息并不多。

正是在武帝时期,西汉的国有经济开始形成。这一经济无论在规模和组织形式上,都是新事物。当然,其中的一些成分,在之前或许存在过。西汉付出的努力非常显著:国家实施盐、铁、酒类专营;对全国市场实施"平准"。诸多举措与一些精力旺盛、事业非凡的人密切相关。正是这些人,谋划了有关的举措,并将之付诸实施。公元前120年,高官郑当时劝说武帝为"大农"(农业与商业的最高长官)任命两位助理,主理盐铁事务。这两名助理("丞")是:来自山东的大盐商东郭咸阳和来自河南的冶铁巨贾孔仅。据记载,两人"皆致生累千金,故郑当时进言之。"(《史记·平准书》)与此同时,一位洛阳商人的儿子,因为心算能力,13岁即被任命为皇宫里的"侍中"。此人就

---

① 《汉书·沟洫志》。(请参考有关的原文:"通渠有三利,不通有三害。民常罢于救水,半失作业;水行地上,凑润上彻,民则病湿气,木皆立枯,卤不生谷;决溢有败,为鱼鳖食;此三害也。若有渠溉,则盐卤下湿,填淤加肥;故种禾麦,更为粳稻,高田五倍,下田十倍;转漕舟船之便;此三利也。"——译者注)

是桑弘羊(《史记·平准书》)。桑弘羊在武帝去世后发生的盐铁争论中,以中央政策的领导者面目出现。东郭咸阳、孔仅还有桑弘羊一道,制定并实施西汉政府的金融与商业政策,"言利事析秋毫"。①

出任大农丞不到一年,东郭咸阳和孔仅就制定出由少府专营盐铁的方案。少府是皇室的财政官,掌管来自山河湖泊等的税入。②根据两人的方案,生产盐铁的部分费用由民间承担;同时,政府要求,民间生产者必须从官府那里领取煮盐和炼铁的器具。③对那些私自铸铁、煮盐的人,其使用的工具将被没收;而且,这些人的左脚踝会被带上铁环(一些注释者称这种惩罚性的脚环重达6斤)。私人铸铁、煮盐行为,往往被视为是掠夺性的。这是因为:从事这些营生的人,其来源不明,通过强迫和剥削贫苦人家,尽享山川海泽之利。东郭咸阳、孔仅等管理者熟知这些情况,主张:在出产盐铁的地方设立盐铁官;"郡不出铁者,置小铁官,便属在所县。"(《史记·平准书》)公元前119年,武帝将之付诸实施,"使孔仅、东郭咸阳乘传举行天下盐铁,作官府,除故盐铁家富者为吏。"(《史记·平准书》)司马迁对此感到失望:"吏道益杂,不选,而多贾人矣"。④

没有什么关于此举是否成功的直接信息。能够为我们所知的,只有一点:中央政府的收入有大幅度提高。据称,在公元前111年,一名反对新经济手段的官员认识到:"郡国多不便县官作盐铁,铁器苦恶,贾贵,或强令民卖买之。"(《史记·平准书》)⑤在随后的汉昭帝时期,桑弘羊为这一体制提供辩护。他认为:把财政权力集中起来,可以对抗显贵,也可以抵抗富人对穷人的剥削。他甚至发出指责:生产及其利益落入私人手中,就会和非法盗铸以及在沿海和山地组建非法武装,发生联系;这在现实中,意味着叛乱的发生。但代表"文学"(儒士)立场者坚持认为:对百姓实施压迫的责任,在政府一方。其言:"郡中卒践更者,多不勘,责取庸代。县邑或以户口赋铁,而贱平其准。良家以道次发僦运盐、铁,烦费,百姓病苦之。愚窃见一官之伤千里……"⑥公元前98年,武帝政府实施对酒类的专营。⑦此举的重点明显在酒的零售上,但与此相关可资参考的记载寥寥无几。

---

① 《史记·平准书》;沙畹:《司马迁的〈史记〉》第3册,第567—568页。
② 与少府对应的是大农。大农掌管农业和贸易税收,并提供相关的行政和军事服务。
③ 见《史记·平准书》。关于炼铁的文字让人生疑;文中还使用了一些不常见的术语。
④ 《史记·平准书》;沙畹:《司马迁的〈史记〉》第3册,第570—571页。
⑤ 同上;同上,第595页。
⑥ 《盐铁论·禁耕》;英译见伽乐:《〈盐铁论〉:古代中国有关国家对工商业控制的争论》,第33页。
⑦ 《汉书·武帝纪》。

盐铁专营实施三年后,孔仅成为主管农业和商业事务的"大农";桑弘羊担任"大农丞",主管审计工作。他们一道将"均输"体系渐次付诸实施。所谓"均输",就是通过运输调剂供应及价格。对其目的,司马迁给出了最公平的描述:"置均输以通货物"。①公元前110年,"弘羊以诸官各自市,相与争,物故腾跃,而天下赋输或不偿其僦费,乃请置大农部丞数十人,分部主郡国,各往往县置均输盐铁官,令远方各以其物贵时商贾所转贩者为赋,而相灌输。置平准②于京师,都受天下委输。召工官治车诸器,皆仰给大农。大农之诸官尽笼天下之货物,贵即卖之,贱则买之。如此,富商大贾无所牟大利,则反本,而万物不得腾踊。故抑天下物,名曰'平准'。天子以为然,许之。"③

虽然至今也无人知晓这一新体系到底是怎么运行的,但是其原则尚可被理解。一位尖刻的管理者观察到:它既给公共财政带来了浪费;也因为随着运送大量地方缴纳的实物税而来的必不可少的动作缓慢、程序复杂,给商人和运输者制造出牟利的机会。随着在全国范围内没收违规资产的进行,如何不浪费地使用政府的实物收入,变得更加迫切。没收资产的努力让政府直接参与了生产。通过建立一个权力集中的体系,就有可能避免那种以大量浪费政府的价格较为便宜的商品为代价的不经济的运输。这样一来,至少可以通过在全国范围内安排交易,从而大大减少运输的距离。官员在存贮、交换货物之外,也可以在他认为的任何有利的国内市场中进行买卖。这有力地说明了一个事实:当时朝向货币经济的转变,进展良好。那些被没收的财产,交由数个政府部门处理。新的制度安排的一个方面,就是将来自这些部门的产品,实施集中管理。

司马迁本人反对商人进入政府,厌恶过度的调控。他有关"平准"和"均输"有效性的声明极为重要。当时,西汉政府在西北和西南边疆的开销,异常巨大。对此,《史记》轻描淡写地写道:"大农"可以解决这些负担。譬如有一次,面对政府的巨额花费,"大农以均输调盐铁助赋,故能赡之。"(《史记·平准书》)在公元前110年武帝北巡时,又是"大农"准备了100万匹丝绸、数以百万计的金钱,武帝从而能广施恩惠。与此同时,桑弘羊诉诸过去的做法,即那些运送粮食到边关的官员会被授予更好的职位、已被判定有罪的人可以通过赎买减轻惩罚。需求和结果都非同凡响;新方案

---

① 《史记·平准书》;沙畹:《司马迁的〈史记〉》第3册,第579页。
② "平准"一词强调的是"均等"(equalization)和"调控"(regularization),并不特指运输(transport)。
③ 《史记·平准书》;沙畹:《司马迁的〈史记〉》第3册,第597—598页;《汉书·食货志下》。

对此贡献良多。之前亦曾提及,粮食运输增长迅速。仅过了一年,中央粮库就已满仓溢出,边疆地区也得到很好的补给。在不增税的前提下,新政"均输"五百万匹帛,"天下用饶"。①

文士们自然做好了准备,对桑弘羊进行抨击。桑弘羊主持"均输"差不多四分之一个世纪。文士对此牢骚满腹、争论不断,有些意气用事地反对国家与私商竞争。有时他们的依据并非经济性而是社会性的。在其眼中,国家的措置,带来公共生活的商业化。其言:"今郡国有盐、铁、酒榷,均输,与民争利。散敦厚之朴,成贪鄙之化。"②"无用之官,不急之作,服淫侈之变,无功而衣食县官者众,是以上不足而下困乏也。今不减除其本而欲赡其末,设机利,造田畜,与百姓争荐草,与商贾争市利,非所以明主德而相国家也。"③"有司之虑远,而权家之利近;令意所禁微,而僭奢之道著。自利害之设,三业之起,贵人之家,云行于涂,毂击于道,攘公法,申私利,跨山泽,擅官市,非特巨海鱼盐也;执国家之柄,以行海内……舆服僭于王公,宫室溢于制度,并兼列宅,隔绝闾巷……是以耕者释耒而不勤,百姓冰释而懈怠。何者?己为之而彼取之。"④桑弘羊从一位成功商业政策执行者的角度,作出回答:"道悬于天,物布于地,智者以衍,愚者以困。"⑤"顾大农等以术体躬稼……军四出而用不继,非天之财少也?用针石,调阴阳,均有无,补不足,亦非也?上大夫君与治粟都尉管领大农事,灸刺稽滞,开利百脉,是以万物流通,而县官富实。"⑥

文士们还讨论了古代贤人的工作,认为荣耀是对其高尚目标的正确的奖赏。其言:"今则不然。亲戚相推,朋党相举,父尊于位,子溢于内,夫贵于朝,妻谒行于外。无周公之德而有其富,无管仲之功而有其侈,故编户跛夫而望疾步也。"⑦有关政府经济事业的讨论,揭示出两点内容:文士们对有着商业知识的职业管理者所取得的成功,心怀嫉妒;新体系会很自然地被用以实施腐败和谋取私利。已有迹象表明,财富对京城生活的影响正在上升。这些迹象也证明:有商人能够管理帝国的事务。正是这些商人的父辈,曾遭受过财产被没收的苦痛;他们的祖辈,则被完全排除在政治领域之外。

---

① 《史记·平准书》;沙畹:《司马迁的〈史记〉》第3册,第596、598-599页;《汉书·食货志下》。
② 《盐铁论·本议》;伽乐:《〈盐铁论〉:古代中国有关国家对工商业控制的争论》,第2-3页。
③ 《盐铁论·园池》;同上,第82页。
④ 《盐铁论·刺权》;同上,第55-56页。
⑤ 《盐铁论·贫富》;同上,第109页。
⑥ 《盐铁论·轻重》;同上,第89页。
⑦ 《盐铁论·刺权》;同上,第58页。

那些经常被征引的有关经济问题的争论,进一步反映出在武帝一朝后期,西汉政府和民间所取得的发展成果。二者无论在理论还是实践层面,都已经半成熟。譬如,桑弘羊宣称:中央政府通过"开园池""修沟渠"以及在北方边境垦田放牧,精心拓展国家的土地收入;有关部门每年都会详细计算所有来自自然资源的租金税款等等。① 这里,我们再一次看到桑弘羊的一位助手,起身为其政策的广泛性和效用辩护。这名助手说:"今大夫君修太公、桓、管之术,总一盐、铁,通山川之利而万物殖。是以县官用饶足,民不困乏,本末并利,上下俱足,此筹计之所致,非独耕桑农也。"②

不仅如此,桑弘羊还巧妙地利用历史资料,证明过度俭省和低水平的生活无法带来繁荣。借此,他反驳文士们对朴素节俭的要求。同时,桑弘羊对劳动分工与交换,反复加以强调。关于交换,他谈到了古代的偶像。桑弘羊说:"古之立国家者,开本末之途,通有无之用,市朝以一其求,致士民,聚万货,农商工师各得所欲,交易而退。易曰:'通其变,使民不倦。'故工不出,则农用乏;商不出,则宝货绝。农用乏,则谷不殖;宝货绝,则财用匮。故盐、铁、均输,所以通委财而调缓急。罢之,不便也。"③

反对他的人,不时借贵族式的地方主义来对抗重商主义新星倡导的权力中央化。这些人说道:"今天下合为一家,利末恶欲行?淫巧恶欲施?大夫君以心计策国用,构诸侯,参以酒榷"。④文士们又一次批评了武帝时期的扩张政策;因为扩张意味着采用应当受到谴责的增加财政收入的诸般手段。其言:"中国,天地之中,阴阳之际也,日月经其南,斗极出其北,含众和之气,产育庶物。今去而侵边,多斥不毛寒苦之地,是犹弃江皋河滨,而田于岭阪菹泽也。转仓廪之委,飞府库之财,以给边民。中国困于繇赋,边民苦于戍御。"⑤

但是具有法家思想的管理者认为,值得为获得边疆蛮夷的土地付出努力。这是因为:在过去,帝国的中心人口过多;在中国腹地,无论是水质还是炎热潮湿的夏天,都不适合饲养马匹和牲畜;而且,人们的生活水平随着开疆拓土,有所提高。⑥对此,文士反驳道:来自域外的奢侈物品,其价格高昂;君主喜好新奇的玩意儿,助长了浮夸;贸易更是让欺诈横行。桑弘羊的论争既精巧聪明又有指导性。其言:"今山泽之财,均输之藏,所以御轻重而役诸侯也。汝、汉之金,纤微之贡,所以诱外国而钓胡、羌之

---

① 《盐铁论·园池》;伽乐:《〈盐铁论〉:古代中国有关国家对工商业控制的争论》,第81—82页。
② 《盐铁论·轻重》;同上,第85—86页。
③ 《盐铁论·本议》;同上,第22—23、6页。
④ 《盐铁论·轻重》;同上,第86页。
⑤ 同上;同上,第90页。
⑥ 伽乐:《〈盐铁论〉:古代中国有关国家对工商业控制的争论》,"导论"第28页。

宝也。夫中国一端之缦,得匈奴累金之物,而损敌国之用。是以骡驴馲驼,衔尾入塞,驒騱騵马,尽为我畜,鼲貂狐貉,采旄文罽,充于内府,而璧玉珊瑚琉璃,咸为国之宝。是则外国之物内流,而利不外泄也。异物内流则国用饶,利不外泄则民用给矣。"①他甚至夸张地说,武帝开拓疆土以来,"匹夫莫不乘坚良,而民间厌橘柚"。②文士们则断定:边疆战争带来与桑弘羊所说适然相反且真实无疑的情况。③从这些得到充分展开的有关经济的争论中,可以看到一种让人感到不可思议的具有当代风格的套套双叠的逻辑。

桑弘羊感受到来自对手的压力,申明:武帝的开疆拓土并非一般意义上的征服;历史已经不是过去那般摸样。桑弘羊说:"先帝举汤、武之师,定三垂之难,一面而制敌,匈奴遁逃,因河、山以为防,故去砂石咸卤不食之地,故割斗辟之县,弃造阳之地以与胡,省曲塞,据河险,守要害,以宽徭役,保士民。由此观之:圣主用心,非务广地以劳众而已矣。"④

财富确实存在,其重要性日渐增加,并招致尖刻的批评。武帝政府实施的货币和税收手段,其背景是黑暗的。公元前120年,西汉发生大饥荒。司马迁写道:地方政府为救助贫民,以至于"县官大空"。但与此同时,"富商大贾或蹛财役贫,转毂百数,废居居邑,封君皆低首仰给。冶铸煮盐,财或累万金,而不佐国家之急,黎民重困。"⑤稍晚一个时代的文士,看到政府的努力中,存在谋取暴利的行为;甚至出租自然资源给人民,情况亦然。其言:"今县官之多张苑囿、公田、池泽,公家有鄣假之名,而利归权家。"⑥"食湖池,管山海,刍荛者不能与之争泽,商贾不能与之争利。"⑦

虽然武帝一朝有着开疆拓土、经济发展、学术进步的荣耀,但广大奴隶、囚徒甚至佃农,依旧挣扎在生与死的边缘。在《汉书·武帝纪》中,诸如"关东郡国十馀饥,人相食"之类的记载,何止一处。⑧

---

① 《盐铁论·力耕》;伽乐:《〈盐铁论〉:古代中国有关国家对工商业控制的争论》,第14-16页。
② 《盐铁论·未通》;同上,第92页。
③ 同上;同上,第93-94页。
④ 《盐铁论·地广》;同上,第101页。
⑤ 《史记·平准书》;沙畹:《司马迁的〈史记〉》第3册,第562-563页;
⑥ 《盐铁论·园池》;伽乐:《〈盐铁论〉:古代中国有关国家对工商业控制的争论》,第83页。
⑦ 《盐铁论·贫富》;同上,第107页。
⑧ 事发公元前114年。

第五章 早期中华帝国的行政

中华帝国的建立

在之前的章节中,已有相当的篇幅讨论过行政/管理的问题,涉及秦国及始皇帝的制度、汉高祖时期的组织、封国(诸侯国)地位的变化、武帝政府的军事功业、西汉国家的"儒化"、主要君主和首席大臣的政治工作,等等。

本章把西汉帝国的管理视为一个正在运转生效的体系,对西汉行政的讨论是描述性的,而非只是条列官名和礼仪。《汉书·百官公卿表上》给出了各类职官名称及其在西汉一朝的变化。通常情况下,该表能说明这些官职来自秦朝,但对这些职官的功能的叙述并不充分。①《汉书·百官公卿表下》提供了一份表格,逐年记录拥有最重要职位的已知人物。虽然这一份记录并不完全令人满意,但有实用价值。《后汉书》中有对《汉书·百官公卿表》的补充,提供关于职官薪资及分类的更加完整的记录,②但有时代上的错舛。更有价值的努力,或在于此:在更大范围内更深入地研究职官史料,借此把现任各类官员的活动条列出来并加以解释。

王充在其有关韩非子的讨论中,为管理/行政(administration)做出定义。他的话对理解西汉帝国早期的实践实有帮助。其言:"养三军之士,明赏罚之命,严刑峻法,富国强兵,此法度也。"(原文作者采用的"法度"英译是 administration——译者注)③当时,政府并没有按照现代意义上的职能标准进行划分。立法仅是行政调控,维持秩序、资源安排与战争紧密相关。即便是强调仁政与道德教诲的儒士也未对此加以否认。

君权首先通过丞相(整个国家的首席民事官员)④、太尉(最高军事主管)和御史

---

① 见沙畹:《司马迁的〈史记〉》第 2 册,第 513-526 页。沙畹对史料有选择和改动。
② 见《后汉书·百官志》(一至五)。
③ 《论衡·非韩》;英译见佛尔克:《〈论衡〉上:王充的哲学论文》,第 436-437 页。
④ "丞相"有时亦被称为"相国"。汉代有左右相之分,所以丞相的数量翻番。

大夫(对秘书事务负责、实际上的丞相助理)此"三公"加以实施。在形式上高于丞相、太尉和御史大夫,但明显是荣誉职位的太师、太傅、太保,在西汉时代少有人担任。这三个职位代表着皇帝导师及私人指导的身份。政府的大部分日常事务由"九卿"来完成。"卿"可被视为部长。本文有必要探讨其功能。除非另有所言,秦、汉两朝均有"九卿"及其从属。每一位"卿"都拥有下属机构以及各类职员。"九卿"如下:

太常(奉常)。太常主要负责祭祀工作。此外,其在音乐、天文、占卜以及(一定程度上的)医药事务中,也发挥着作用。"博士"一职隶属于太常。不过皇帝可以按照自己的喜好,对"博士"单独加以利用。

郎中令。郎中令是宫中工作人员的首领,与皇室及其成员联系紧密。郎中令手下有不同等级的大夫和护卫,更有数量庞大、可以派至任何政府及私人岗位的的助理和见习人员。根据散见在"列传"中的例子、国家对"郎"身份的出售以及《汉书》中提及的有关数字,郎中令必定拥有一个面向全国的招募机构,为政府寻找人才。郎中令可调动之部下,数以千计。

卫尉。卫尉负责管理宫廷禁卫军,(至少偶尔)在国都以外的重要宫殿中,也发挥相同的作用。

太仆。太仆监管皇室的车辆、马厩、牧场等。其管理任务非常重。在长达几十年的时间里,因为给移动频仍的帝国人员运送补给,担负最重要的运送军马任务,太仆的负担变得益加沉重。

廷尉。廷尉就是司法部长。在整个拙文所研究的时期,廷尉严整官员纪律、实施刑罚以及管理监狱,其表现得非常突出。

典客。典客掌管有贵族和蛮夷部落参加的宫廷仪式。目前尚不知典客对西汉政府与蛮夷部落之间的关系,是否真正发挥了影响。典客还负责监管每一位封王列侯在国都中的官方宅邸。其治下有译员机构,直接参与外交事务。

宗正。宗正负责监管皇室成员。在其承担的任务中,很重要的内容就是管理诸如公主等皇族的家务和财产。

治粟内史/大司农。其可被视为农商部长。在武帝时期,治粟内史/大司农堪称西汉国家的经济与财政"总经理",下属掌管全国的粮仓、公共土地以及各类官方贸易。

少府。少府是皇室大司库。与之对应的是治粟内史——几乎就是公共及军事财政部长。少府负有特殊责任,即打理来自山海河湖等皇室保留地的租金和收入。隶属少府的机构具有皇室私家的特点。这些机构的工作是秘书和半家用性质的,其中包括印章(和徽章)制作以及复杂的针对太监的管理,等等。少府还有一些机构负责管理地产,也多少参与实际的渔业、制盐、采矿等生产。皇室的收入,正来源于这些实际的生产。

地位略低于九卿的职官有:中尉——掌管国都地区的警察事务;将作少府——负责所有皇室工程;典属国——掌管向西汉降伏的蛮族部落事务;水衡都尉——负责经营皇室苑囿(也可能包括河渠、武帝时甚至负责铸造货币)。此外,还有一些官员负责太子、皇后、皇太后等的宫殿及其他事务。

据史料记载,在上面所提及的职官中,最重要的依次为:丞相、御史大夫、太尉、郎中令、治粟内史、少府、中尉。某一职官的重要性也体现在提升的顺序上。譬如,廷尉、郎中令被提升为御史大夫,这种情况并非罕见;他们更有可能被进一步擢升至丞相。将军是单独一个序列。当战事时,民事官员有时会被任命为将军;偶尔,特别是在一些将军来自外戚家族的情况下,行伍之人会在朝中占据主导地位。在有关高级官员薪资的等级序列中,无法查到将军的一般收入。但如果一位将军在具有很高风险的军事行动中功劳卓著,那么他就会获得极为丰厚的赏赐。

在讨论西汉采用的独特且受到限制的"半封建制"之前,描述一下主要采自秦朝的地方政府的主体,不无益处。据《汉书》,西汉社会最基层单位是"里"。① 按照传统,每十"里"组成一"亭"(村)。(据已知记录,到王朝结束时,每单位的数量有所减少)每"亭"设"长"。② 文献显示每十"亭"组成一"乡"(即镇)。(实际上到王朝末年,通常是每五"亭"构成一"乡")每"乡"有三名长官:"三老"教化和提升民人,"啬夫"调节纳税纠纷,"游徼"掌管治安。③

大体上,每百"里"构成一"县"。根据统计数字,一个"县"通常包括 4 个"乡"。"乡"的边界会随着人口的变化而不断被调整。整个"县"系统的存在与发展,取决于经过严密计算的中央政府收入。掌管"县"的,是"令"。如果一县所辖人口少于万户,其主管则称"长"。西方人有时把"县令/长"称为"sub-prefect"(直译为"地方次级长官")或"hsien-magistrate"(直译为"县推事")。无疑,"县令/长"有自己的工作人员;这样,一般地方政府的各种功能就可以得到发挥。大约 12 至 16 个"县"构成一

---

① 《汉书·百官公卿表下》。除非另有所示,本段内容均依据《百官公卿表下》。
② 亭长显然是一名长者,年龄在五十六岁以上,已被免除服役。参见《汉书》第 1 册,中华书局 1964 年版,第 38 页注释 1。
③ "三老"也是县政府的助理。关于其资质和特权,见《汉书·高帝纪上》。

个"郡"(commandery)。之前已提及"郡"在秦始皇帝和汉初的帝国组织中,系主导力量。

"郡"的长官是"守"或"太守"。郡守最应该被视为"地方长官"(prefect)。在帝国的整个行政体系中,郡守作用巨大、地位重要。郡守之下,是重要性正在削弱的"郡尉"和"都尉",二者负责所有军务如服役、装备等。在秦朝,郡的民事和军事长官相互独立,但二者均在一位影子一般的监督者之下。民事长官采用"守"(administrator)的名称。在西汉,郡守看起来负有全责,出现在军事事务中,颇为常见。州刺史是武帝时期的发明,之前对此已有讨论。

《汉书》中关于公元前4年的一条记载,可以帮助读者从数量的角度认识当时的制度。据记载,整个西汉,有1587个县,① 6622个乡、29635个亭。本文没有什么依据,可以去判断武帝之后县乡体制发生过重大变化。郡的数量从西汉之初的36增长至武帝时的100多一些。②郡的面积有所减小。其中原因,之前已经讨论过。相同的报告称:从中央至县,全部官员的数量是330285人。③当时的人口总数,在公元2年时接近六千万。西汉人口集中在陕西以东的黄河流域。④有学者绘制出地图,按区域详细描画了人口的分布。⑤似乎没有必要再提及这种论断:除去一般性的缺乏效率,地方官员与居民家庭之间有关征税、兵役、徭役等的博弈,都要受制于上下级政府之间的紧张关系。所以,有关的人口调查或让人心生疑窦。不过与人口相关的耕地总量的数字还是接近真实的。将之与后世中国及同时期罗马帝国的有关数字进行对比,即可知其合理。

通过《汉书》关于官员薪资标准的列举以及《后汉书》对之的详细阐释,可以看到有关中央与地方官员相对职阶的设想。⑥据记载,高居职官顶端的"三公"年薪1万石;在东汉,相应的职位,月薪350斛。⑦汉代有一个很重要阶层"二千石",薪资是"三公"的五分之一,划分为三等。在汉末,"二千石"的实际薪资有很大变化:最高等级的是九卿,每月180斛;次一等的是郡守、太子太傅和中尉,每月120斛;第三等包括郡尉以及武帝时期丞相的助理,每月100斛。"一千石"分为两个群体,月薪分别是

---

① 见《汉书·地理志下》,有关数字涉及的时间是公元2年。
② 具体数字是102;见《汉书·地理志下》(原文:"凡郡国一百三"——译者注)。
③ 关于这份公元前4年的行政报告,见《汉书·百官公卿表下》。
④ 见《汉书·地理志下》。
⑤ 见万国鼎:《中国田制史》,(上海)商务印书馆1933年版,第1册,第136页。
⑥ 《汉书·百官公卿表下》;《后汉书·百官》一至五。
⑦ 人们通常认为斛大体相当于石。不过,请参见本文第一章第二节。

90 斛和 80 斛。这两个群体包括：丞相、部长的辅助人员，大县的主管，以及中央政府中的局委负责人。"六百石"官员有刺史和小县主管，月薪 70 斛。再往下就是在朝中有一定职位的官员（特别是那些隶属于郎中令的人），月薪 60 斛。正如"二千石"，"六百石"是一个分水岭。薪资低于"六百石"的官员，被视为小官，在县级政府里担任助理，月薪 8 斛。

以上所列，只是说明性的，并非完整无缺。对本文要研究的时期而言，所列内容未必完全准确，但这些确实是可用的最好指南。有种倾向值得一提。在实践中，尽可能让薪资上的巨大差异，与规定好的官职位阶匹配起来。这样一来，县令的薪资就可以定级为御史大夫的十分之一；但县令的实际所得，比后者配额的四分之一还要多一些。郡守的近似于部长的地位也值得一谈。至少在东汉时期，相当多以粮食为单位计算的薪资，改由按照比额表以货币支付。这种改变让人颇感兴趣，但因为年代太过久远且太过模糊不清，无法加以研究。① 实际上，关于武帝时期的东方朔和贡禹的传记，以及《后汉书》对较早时代的提及，都暗示出：在公元前 100 年左右，近半官员的薪资由货币支付。②

中央与地方行政之间的关系在汉代变得复杂起来。其原因部分地在于西汉从一开始就实施分封制度。西汉依照权力中央化的要求，对分封制进行修改。对此，历史有详细的叙述。要想避开封建（制）术语，并非易事。这是因为：中文资料采用这些术语，西方研究者通常对之加以接受。当时没有通过合约形成的军事、经济及行政—司法利益的集中，利益的传播往往借世袭制来完成。这与完全意义上的封建制中的情况相同。封国在军事上的重要性，主要体现在西汉初年发生的事件中。当时，如果没有这一"半封建制"，就有可能出现异常情况。汉代封地的经济影响最有持久性。皇帝控制土地分封和封地收益，以之作为笼络大臣皇子、荣宠津贴皇帝欣赏之人的重要手段。这不仅仅是一种在秦朝的剧烈动荡中改头换面的古老传统，也是农业社会转向货币经济的自然结果。这里需要提及汉代封建制（即分封制——译者注）中的政府因素，以之作为之前有关讨论的补充。但首先要重复一点：西汉君主可以随意分封和取消封国，这与人们熟悉的欧洲已成定制的世袭制度，截然不同。此外，君主可以根据自己的喜好，不断地筛分封国、改变其边界；这就证明了地方之间缺少有力的联系。

---

① 斯宾塞：《叙述社会学：中国篇》，第 63 页。其中有一份采自《后汉书》和《文献通考》的列表。
② 有学者精心排列了与这一主题有关的史料；见瞿兑之：《汉代风俗制度考》，第 130 页。瞿著中的内容，并非都是完整且易于使用的。

对更加强大的君主和丞相而言,所谓合约责任并无实际意义。

正如我们所看到的,西汉君主把大量土地分封出去作为属地。依照高祖早年的实验,封地中面积较大的被称为"国",交由皇子治理,皇子由此获得"王"的称号。①一直到汉景帝时期,封王掌管着其封国的政府,封国管理仍袭中央政府的模式。封国丞相由皇帝任命,其不仅在封国政坛占据主导地位,也是对封国势力的抑制。此外,因为不少封王是第一次受封的未成年人,所以往往由有较大影响力的人担任其导师。②在封国中,"内史"主管民事;"中尉"负责军事。③

虽然封国的规模大小不一,但被视为与一个郡大体相当。文献中,"郡国"一词比比皆是。到了武帝时期,"郡国"成了"省"的同义语,在"郡"与"国"的传统意义之间已无区分。在历史中可以发现针对封国的侵蚀和削减。早在西汉成立之初,来自权力中心的立法、法令和司法程序,不仅由中央直接领导的地方政府在诸郡行使,也会被应用到整个封国。封国若不能遵从这些法令程序,朝廷也就有理由对其表示怀疑,甚至指责其叛乱。淮南王在遇到"麻烦"之前,就是如此。对所谓封王地位的不稳定性,不必强调太多。经常会有例子表明:在随着违抗朝廷意志而来的危险中,被取消封王资格其实是最安全的惩罚。

拥有侯爵的人通常被称为"列侯"(武帝之前称"彻侯")。就其与朝廷的关系而言,列侯往往与封王联系在一起,被视为西汉帝国的贵族阶层。皇帝分封土地给列侯,主要是为表示对之的支持和荣宠。但从政治的角度看,这些封土也被看作是"小国"。所以《汉书》有时把分封给列侯的县也称为与封国相同的"国"。④封赏的单位并非土地的面积而是人口数量;从封地内农人身上征得税收,这才是封赏的真正目的。通常情况下,封赏的起始数目从几百到万户不等,不过封赏户额亦可增加到惊人的数字。当时有一个被称为"关内侯"的特殊阶层。这些人居住在国都内,有侯爵,但无封地作为收入来源。皇后(皇太后)、公主等人享有被分类为"县(即邑)"的封地。

由封王和列侯组成的贵族阶级应承担的义务集中在两种仪式上,即宗庙献祭和觐见皇帝。为宗庙祭祀提供支持,是身为皇族的必然义务;但正如武帝时那样,这一义务也会被用作增加帝国收入的工具。不过,尚无令人满意的证据可以表明在西汉

---

① "王"或者"诸侯王";这是先秦时代的称呼。
② 譬如在公元前113年,西汉政府就与南越协商此事。史料还显示出:皇帝也任命了封国(南越)的"内史"和"中尉"。不过,甚少有人使用这一例子。见《史记·南越列传》。
③ 见《汉书·百官公卿表上》。
④ 见《汉书·百官公卿表上》。原文:"列侯所食县曰国"——译者注。

早期,朝廷对封王列侯参加两个仪式时应作奉献的具体要求。关于贵族赴京觐见,因为现有材料不足以及其在实施时的断断续续,故而显得模糊不清。朝觐,既象征着忠诚,也是对忠诚的测试。这一点,在许多有关君主与贵族之间纠葛的记录中,均可体现出来。在汉初的几十年中,朝廷要求列侯居住在国都中;后来,列侯除非得到特殊许可,否则不得居于国都。不过,当时禁令的执行并不严格。这些变化只能让我们对问题发生的环境有初步的了解。皇帝可以随时召见封王贵族。显然,封王贵族每三年要履行一次正式、完整的觐见;他们参加春秋两季的祭祀,亦很常见。①信奉严格纪律的晁错曾当着汉景帝的面断言:"不朝……于古法当诛。"②封王贵族觐见皇帝时,应呈上贡物或礼物。但是关于这些呈献的记录太没有规律,所以无从得知进贡的常规数量。

史籍中保留了一条皇帝在封爵时采用的誓词。这一誓词至少被高祖使用过。其言:"使河如带,泰山若厉。国以永宁,爰及苗裔。"③有关汉武帝三子受封全过程的记录非常详细,也让人颇为好奇,但并不能提供足够的信息。恰是这些记录展现的宫廷写作的礼仪和技巧,而非其内容,更有吸引力。④

帝国权力经过起起伏伏,最终摆脱由那些获得公认的"封建"(即分封制)因素制造出来的危险。重提这一点,并非没有必要。这一过程强调了这样一个事实:皇权在帝国行政中是至高无上的;但皇权无论是作为个人权力还是作为正式且神秘的权力,在秦始皇帝与汉武帝那里都不尽如人意。真正的封建贵族可以按照约定及习俗世代保持其职位。但是,在缺乏这样的封建贵族的情况下,也就缺少对君主绝对权力的稳定且有实质性的制约。雷海宗指出:为死者及生者建立祖庙;通过维护这些庙宇,几乎完全实现了对帝王的神化。⑤胡适差不多完全颠倒了这一观点。他过分强调在董仲舒及其后的儒学中,来自上天的认可逐渐超越了来自帝王的认可。⑥葛兰言则宁愿对那张被胡适过度撕扯的"天幕"(celestial canopy)的最直接的政治品貌,加以强调。当然,他根本没有提起过胡适其人。葛氏有言:"在由皇帝和上天共同建成的政府学院

---

① 参见《史记·南越列传》。
② 《史记·吴王濞列传》。
③ 《史记·高祖功臣侯者年表》;沙畹:《司马迁的〈史记〉》第3册,第121页。《汉书·高惠高后文功臣表》中的誓言有微小差异。泷川资言提供了梁玉绳发现的一个版本;见氏著:《史记会注考证》,文学古籍出版社1955年版,卷18页2。
④ 《史记·三王世家》。
⑤ 见雷海宗:《皇帝制度之成立》,第863页及以下。参见《汉书·文帝纪》中有关宗庙设置的内容及其注释。
⑥ 见胡适:《儒学在汉代成为国家宗教》,第20—41页。

里,后者其实是从属性的,前者才是事实上的原力。"①但葛兰言对皇帝的神秘性及神力的涂尔干式(Durkheimist)强调,走向了极端。他甚至认为,在君主与帝国之间,再无联系;具有国家特点的管理,已不复存在;任何神秘组织的头领,都能与皇帝并驾齐驱。②

不应该让学者之间的分歧,掩盖这样一种重要的"迷雾"(lofty haze),即皇帝(也有可能包括普通的农民)生活在观念的世界里。但对于那些为国做事的人而言,根本没有什么幻象。因为权力的绝对集中,他们饱受痛苦。然而,即便是拥有无上权力的君主,也无法做到无处不在、事事亲为。通常情况下,君主需要有人为自己做事;全体臣民、社会现实的惯性、行政传统的力量,这些都是自然而然形成的针对无限霸道的限制。本文之前的内容足以证实朝河贯一关于中国皇权的论断:皇权通过代表、责任和监管(机制),发挥着它的作用。③世袭的绝对权力,会无可避免地带来危机和滥权。君主年少、个人缺陷、朋党佞臣、后宫阴谋、数量庞大的皇亲国戚等,与那些希望从变革中有所斩获的人,混融在一起。在拙文所研究的5个完整世代中,既有秦始皇帝、汉高祖和汉武帝,也有秦二世、可鄙的傀儡以及邪恶狭隘的太后。政治家不得不在内廷充满背叛的火山口角力,还要不时与边疆地区凶暴的蛮族搏斗。

最难以对付的势力,是皇后帮派与重要政军人物形成的联盟。如果吕氏和窦太后家族不足以说明问题,那么有关武帝一朝的记录,确实会让人心生疑窦。就此而言,略显夸张的说法未尝不可。葛兰言就做好准备,曰:"汉代历史表明:皇权确实没有阻止将军权力的增长。大将军一职,通常由皇后的父亲或者兄长担任……帝国看起来像是一个有着各色客人的家庭的孑遗,只有挖空心思、想尽办法,才能把国家管理引入其中。"④又曰:"霍去病是卫太后的侄子;卫太后的弟弟是掌管全国军队的大将军卫青,她自己则为汉武帝生下嗣子。有一点确定无疑:只有一个人获准陪着汉武帝登泰山封禅,这个人就是霍去病的儿子霍嬗。武帝和霍嬗同乘马车;霍嬗尊敬武帝如父亲。在封禅大礼中,霍嬗神秘地死去了。历史学家表达得很清楚:霍去病的儿子就是封禅祭祀的牺牲品。虽然后来卫太后及其子都蒙受了羞辱,但因为武帝任命霍去病的弟弟霍光担任卫护太子的首席辅佐,所以这里所说的事实,更显重要。"⑤葛氏

---

① 葛兰言:《中国文明》,第469页。
② 同上,第465-466页。
③ 朝河贯一:《日本早期制度:大化革新研究》,第216-217页。
④ 葛兰言:《中国文明》,第455页。
⑤ 同上,第451页。

甚至得出结论:"西汉仍需努力才能成为一个国家。王朝利益仍旧是政府唯一的原则。一场继承危机,就足以毁灭王朝。"①但是,作为国家的西汉王朝依旧在发展。西汉的制度及其人事安排,在武帝时期已经很好地建立起来,足以帮助王朝克服发生在宫廷内的诸多困难,平安度日。这里可以比较一下马伯乐的观点。在评论荣哲儿(A. Jongchell)的《霍光及其时代:来自班固〈汉书〉的文本》(*Huo Kuang och Hans Tid: Täxter ur Pan Ku's Ch'ien Han Shu*)时,马氏称:"作者把重要的文本汇总起来并加以翻译。此举让了解紧随武帝去世后发生的事情,成为可能。那是一个让人好奇的时代:汉武帝组织起来的强有力的管理机器,依旧按照惯速运转;当时也没有任何试图将其变为一种即将被耗尽的气势的冲动。"②

西汉帝国行政上取得成功的原因之一:是虽然当时有不少官员未被善待,但是人才的举荐选拔可谓生机勃勃。回望这一时期的历史,从已有的关乎高祖和武帝麾下名臣大将的研究中,从观察帝国启用秉承各种政治原则的人才中,我们都可以清楚的看到论才取官、绝无偏颇的原则。这个时代对那些出身寒微的有才之人而言,充满了非同寻常的机遇。发生在旧制度与秦朝(对才能的)认可体系之间的最后一场对决,撬动了许多"藤壶"(barnacles,指依附旧体制的人),同时为不少"新生物"创造出机遇。一个世代后,楚汉相争与新帝国的建立,以全新的方式重复着之前的历史进程。处在一个主流体制领导下的庞大的地方管理网络,为那些擅长具体细微事务的人,准备好了崛起的机会。但就在一个世纪前,这些人只能在狭小的诸侯国里,忍气吞声。秦汉两朝风格粗犷的职官体系,让有军功者以及成功的商人群体在政治上变得显赫起来。

在武帝时期,西汉史无前例地同时训练和招募学者进入公共服务领域,并在政治上启用工商领袖。即便是战争和边疆问题,也不能阻止西汉政府对各种才能的测试和选择。在《汉书》写就的西汉整整一朝的历史中,数量巨大、出身各异的人才分任帝国的各个职位。这就证明:许多人通过提升从低级职位走向显赫,还有许多人通过选拔跻身名流。③确实,不止一代都出现了让人觉得可疑的显赫家族的例子;但是,足以证明裙带关系泛滥的东西,并不是很多。当然,应当客观地承认:一些家族的确为社会贡献出让人瞩目的公众人物。有一点也可以确认:在选拔和提升的过程中,一些政

---

① 葛兰言:《中国文明》,第 149 页。
② 见《亚细亚学报》(*Journal Asiatique*) 第 222 辑(1933 年附刊部分),第 28-29 页。荣氏的著作,1930 年出版于哥德堡(Goteborg)。
③ 瞿兑之:《汉代风俗制度考》,第 103-115 页。

治帮派的头子,确实发挥了负面影响。

关于秦朝时期的法律和司法,除去严厉的惩罚和大量人犯罪的恶名,我们所知不多。①汉初诸位君主简化、减轻刑罚的努力,并不意味着法律的原则与手段发生了彻底的革命。实际上,当时的情况,依旧严酷。有非常多证据表明:在武帝时期,刑罚的严厉程度在增加。②抛开各类死刑和人们熟悉,但名义上被文帝废除的肉刑不谈,刑罚的本质和最主要的作用就是惩戒。对犯罪者最严厉的惩戒是:削发,带上铁铐,劳动五年。更常见的是处以三年徒刑,剃去胡须,在宗庙中从事维护性劳动。那些被判处一年徒刑的人,通常会被送去戍边。女犯则被罚作官奴婢。文帝在位时,特意与臣下讨论笞刑的问题,并接受建议,以笞刑取代残损肢体的肉刑。但笞刑的实施,又会变得非常残酷。

汉律已经失传。但是有关汉律的痕迹很多,内含足够的信息以重建汉代法律的发展过程。萧何不仅利用秦朝的法律文书,据说还参考过公元前五世纪魏国政治家李悝的法典。高祖时期的叔孙通,还有武帝时期的张汤和赵禹,都以完善法典著称,正是他们让汉律条款达到 60 章。③更详细但也更加难以解释的,是《汉书》有关武帝时期法律的一段声明:"律令凡三百五十九章,大辟四百九条,千八百八十二事,死罪决事比万三千四百七十二事。"④这些内容的重要意义究竟是什么,现在还不得而知。但有一点确定无疑,即当时的刑事司法体系,复杂且让人敬畏。汉末的记录可以证明这一点。

应当将前述的严苛刑罚,放置在相应的境况中加以理解。早期刑罚的传统,并非理想之物。譬如,周代"五刑之属三千"。⑤如果汉律看起来更加严苛,那么南越应该在并入西汉政权时,就应放弃自己带有原始色彩的残酷刑罚。⑥西汉采取多个步骤,减轻刑罚。随着儒家关于刑罚的理论变得愈发有影响力,关于"象刑"的讨论日渐增多。"象刑"是一种古老的法律方案,意在通过象征性的处罚以震慑犯罪者使之不再犯罪,而非像通常那样诉诸真实的惩罚。在东汉时期,王充甚至委婉地说道:"《九章》象刑,非肉刑也。"⑦

---

① 关于秦代刑罚,见邓之诚:《中国通史讲义》,第 1 册,第 12—13 页。
② 《汉书·刑法志》的内容让人感兴趣;其中也包含了很多道德教化。关于这一点,陈淑德(音译)、韩履高(音译)详尽的论文,涵盖了两汉;参见瞿兑之:《汉代风俗制度考》,第 177 页及以下;邓之诚:《中国通史讲义》,第 1 册,第 49 页及以下。
③ 见戴闻达:《商君书英译》,第 126—128 页。关于萧何,见《汉书·刑法志》。
④⑤ 《汉书·刑法志》。
⑥ 《史记·南越列传》。
⑦ 《论衡·谢短》;英译见佛尔克:《〈论衡〉下:王充的各类文章》,第 81 页。

中华帝国的建立

在拙作最关注的秦汉时期,司法管理的品质看起来不算高。张释之是文帝时期的一位模范廷尉,恪守法律,甚至置帝王的冲动与愤怒于不顾。① 忠诚的酷吏张汤虽然获得来自君主的许可,但直至身殁,其所用手段都有所节制。② 但是,像张释之、张汤这样的法律官员非常少见。没有什么比这样的讨论——司法官员出于私利,试图让犯罪者的数量翻番——更让人诅咒。讨论中甚至引用了这样的俗语:"鬻棺者欲岁之疫。"③ 民众痛恨自己在法庭遭受不公正对待。有关的记载,清晰可鉴。④ 地方政府中严苛的官吏自作主张,强加死刑于人。此类记录,亦非罕见。⑤

在武帝时期,因为盗铸货币而起的诉讼,数量惊人;司法权力则被用来没收那些未能准确申报的财产。至于没收财产,即便法律允许,整个过程对个人而言也不可能公平。拙文必须强调,史学家对"酷吏"的指责,不可全信;有一些所谓的"酷吏",并非武断嗜杀,而是一丝不苟地执法。与廷尉杜周有关的记录,其主要关注的不是法律而是当时牢狱的糟糕状况。在杜周任内,"廷尉及中都官诏狱逮至六七万人,吏所增加十万馀人"。⑥

在西汉司法体系中,涉及训诫官员的内容不算少,均与发生在政府中的犯罪行为及错误有密切关联。从一个角度看,司法官员惩办普通及高级官员的勇气和魄力,值得称赞。从另一角度看,司法官的判决,与政治帮派、妒忌心以及个人的贪婪,也不无关系。如此看来,关于周勃的记载就很有意思。周勃于文帝时曾出任宰相,后被指谋反而入狱。他贿赂狱吏"千金",以确保自己可与外界联系。然后,经过太后的斡旋(周勃的嗣子与一位公主定有婚约),周勃获释,并惊讶于狱吏权力之大:"吾尝将百万军,然安知狱吏之贵乎!"⑦ 当时的制度是有灵活性的。这一点可以从涉及两位列侯的案件中看出端倪。两人在汉武帝对旧贵族的清除中,失去了封地和爵位。一位因为赌博和偷盗公主的马匹而被判有罪。不过另有资料表明:他犯下的罪过是与"县官"进行地产交易时有欺诈行为。⑧ 另一位则因为密谋去皇家园林偷鹿(《汉书》记载

---

① 《史记·张释之冯唐列传》。沃纳(Werner)在使用一则来自《佩文韵府》的史料时,未能得其意;见上引佛尔克著作,第95页。
② 《史记·酷吏列传》。
③ 《汉书·刑法志》。
④ 《汉书·贾邹枚路传》。其中所言,涉及随后的武帝一朝。
⑤ 《汉书·酷吏传》。譬如,文中所言义纵处死囚犯,几如屠杀。
⑥ 《史记·酷吏列传》;《汉书·杜周传》。
⑦ 《史记·绛侯周勃世家》。
⑧ 《汉书·高惠高后文功臣表》;《史记·高祖功臣侯者年表》。

除此之外他还参与赌博),而被判有罪。①两人均被判处参加军事劳动。

但不要忘记,正是纪律,让很多问题迎刃而解。汉初名臣贾谊曾对那些胆大妄为之人发出谴责:这些人伪造文件、假扮官员、豪取钱粮、招摇过市。②朝廷憎恨臣子私下串通一气;但暗中勾结的事情却每每发生,对国家实施管理构成障碍。在汉景帝时期,退休丞相周亚夫(即周勃)的儿子从政府武库里卖得500套盔甲,以备其父未来葬礼时用。但负责操办此事的苦力,没能从周氏那里拿到钱,于是举报了这一非法行为。皇帝把周亚夫的儿子交给廷尉处理。虽然周家非常有影响力,但是他并未受到优待。后周亚夫因为此事试图自杀,未遂后不久即去世。③持法家观点的人,为经常遭受谴责的廷尉及武帝时期的制度,挺身辩护。其言不无道理:"张廷尉论定律令,明法以绳天下,诛奸猾,绝并兼之徒……买官赎罪,损有馀,补不足,以齐黎民。"④卡莱尔(Thomas Carlyle)或许会像评论克伦威尔治下的爱尔兰那样,评价秦皇汉武的岁月:这绝非一个只靠讲奉承话(rose-water methods),就能大行其道的年代。

---

① 《汉书·高惠高后文功臣表》;《史记·高祖功臣侯者年表》。
② 《汉书·贾谊传》。
③ 《史记·绛侯周勃世家》。
④ 《盐铁论·轻重》;伽乐:《〈盐铁论〉:古代中国有关国家对工商业控制的争论》,第87-88页。讲这些话的人是桑弘羊。

第六章 政治原则

中华帝国的建立

前面章节所论述的建立帝国的史实中,已经谈到过政治原则。秦汉帝国政治原则的思想来源主要有三个:首先,商鞅和韩非子所代表的法家观点以及这一观点在秦代的应用,以及稍后由武帝时期大臣桑弘羊表述的类似观点;其次,尚未得到解释的道家思想,从高祖直至武帝时期,对君主和不少首辅大臣所产生的影响。再者,儒家学说在武帝时期的显著崛起,董仲舒及其同侪在其中居功至伟。现在有必要对前述重要但并不完整的思想图景,加以简略地补充。具体的做法是:讨论一般意义上的法家、道家和儒家的观点;涉及墨家以及儒法道家的重要人物如荀子、韩非和淮南子,这些人赫然耸立在秦汉时期的思想界;最后,综合讨论与文中前4个世代创建帝国的实验有关的政府理论,特别是其间的相互联系。显然,要想做到这些,只能采取最为简短、概括性的方式。不过,这样的尝试,会帮助我们更好地理解早期中华帝国的组织者及其主管人的思想和行为。

当我们去检视一张思想巨网延伸出的一角时,会发现各种思想的交错混杂,根本无所谓开始和结束。一种真实的印象,会不断地提醒我们:正是相互缠绕的材质构成了这张思想布料。汉代哲学是多种元素的融汇,这种观点已为人熟稔。不过,这一观点仍需应用到有关政治哲学的具体问题上。此处的政治哲学与公元一世纪的国家实践,以及在更大范围内与整个帝国,密切相关。胡适用两段文字集中描述当时的情势。胡适本人并不愿意把这两段文字并置一起。这些文字很偶然地泄露了那种极端的观点,即主要思想学派趋向合二为一。胡氏说:"'道家'是这个时期发明出来的一个词儿,用来指称发生在公元前二世纪的那场了不起的折中主义(eclecticism)运动。这场折中主义运动,试图把形形色色思想流派的核心学说,整合起来。这里的各色学派,在之前的哲学思考之年代,已经十分活跃。实际上,折中主义思想融合的中心在于由老庄发展起来的以'道'为体现的自然主义哲学。"①所有人都会承认当时的道家思想尚未完全成熟;但几乎没有人以这样一种全面认识的方式对之加以描述。胡适主要考察当时的道家代表人淮南子。如果"道家"确实是看得见摸得着的,那么淮南子的作品就是一锅"大杂烩",以至于他似乎很像、又很不像一位道家。胡适接着说:"估计是这样的:在一个轻信许多东西且不知餍足的君主的保护下,在同样是易于轻信的学者的领导下,一种新儒学建立起来。新儒学是一套了不起的经由混融而成的宗教,整合了所有大众迷信和国家崇拜的元素;它在一定程度上进行了合理化,以之消除那些最难站得住脚的成分。新儒学还披上了儒家和儒家以前经典的薄薄外衣,让自己看起来令人起敬、富有权威。这么看来,汉帝国的新儒学,真的就是中国的国家宗教。"②

胡适等人的论断让儒学和道家几乎能够包括一切。但儒士和中国史家自己会认为:经典文献就算是作为时人共享的大众信仰的附属物,其基本内容依旧发挥着作用。福兰阁对这一话题的讨论稍有不同。他认为:其时道家和儒家尚未分离。但福氏的观点看起来忽视了更早期的争议以及学派起源的不同。他考虑的,是董仲舒给出的概要。福兰阁宣称:在汉代,儒士承认刑罚的重要性,从而与法家达成妥协;他们也为自己的思想增加了形而上学(这样一来就让自己接近道家)。③这些宣称,并非毫无用处。看到韩非子对老子的依赖,人们也就不会对道法两家的联系,感到陌生;与此同时,西汉的首席道家淮南子,在实践上表明自己更像是一位法家。

理解儒家取得的政治成功,需要更进一步地比较儒家与其竞争对手在汉初的地位。最近,一位颇有些思想的中国学者这样评论儒家对中国的影响:从长期的角度看,正是武帝确立的东西,让中国的政治系统一直延续到1911年辛亥革命爆发,都不必经受任何根本性的变化。这位学者认为:儒家经典事实上发挥着宪法的作用;这或许意味着儒经一直都是据以裁判王朝的组织及其功能的标准。④王充用带着智慧、不偏不倚的语词,评说这一过程的开始。他认为敕令和法律书籍是重要的;同时,"五经亦汉家之所立,儒生善政,大义皆出其中。董仲舒表《春秋》之义,稽合于律,无乖异者……论者徒尊法家,不高《春秋》,是暗蔽也。"⑤

---

① 胡适:《儒学在汉代成为国家宗教》,第21—22页。
② 同上,第34—35页。
③ 福兰阁:《中华帝国史》,第1册,第287页。
④ 见Francis C. M. Wei(韦卓民)1934年在美国发表的演讲。据称这些演讲将由芝加哥大学出版社出版。译者注:韦氏有关思想参见其1947年出版的演讲合集THE SPIRIT OF CHINESE CULTURE,载《韦卓民全集》第11卷,华中师范大学出版社2016年版。
⑤ 《论衡·程材》;英译见佛尔克:《〈论衡〉下:王充的各类文章》,第63页。

中华帝国的建立

戴闻达按照上述方式,分析儒学在汉代成为主导学说的过程。随着秦朝的覆灭,法家的成功也就成了过去。但戴氏在如此论说之前,是否充分考虑了桑弘羊的例子,以及武帝即位伊始法家对儒者的打击?当西汉为建立一个权力中央化的体制而付出努力时,法家从中崛起的社会条件已不复存在,其严格的理论也不再为王朝所需。文化也好,学者亦罢,都在这一刻找到了空间和时间。此外,汉代儒学在其发展中,抛弃与旧式贵族—半封建社会的直接联系。越来越多人强调道德品质与教育要优于出身及财富;这种认识是反贵族的,甚至显得有些激进。皇帝个人可以很好地使用那些由他自己按照道德与教育标准选拔出来的人才。新类型的官员很快就证明了其地位的合法性,并将之合理化。于是乎,皇帝与调适过的儒家官员队伍之间,结成了非正式的联盟。

墨家学派此时已经衰落。虽然墨家的追随者相互影响着对方,但他们之间,缺少凝聚力。墨家衰落的最重要原因是:这个学派严苛的带有宗教色彩的道德,与当时占压倒性优势的社会传统,有着不小的冲突。道家在个人思想层面繁盛活跃。很多时候,道家思想是儒学的一个补充。具体说来,同一个人既可以把道家的形而上哲学,也可以把道家的一般实践,添加至自己的思想,同时与儒学保持一致。这么做,并不一定对公共事务产生影响。作为思想学派的法家当时已步履蹒跚;但国家结构、司法手段以及行政管理,依照的仍旧是法家诸子确立的原则,而非法家的批评者,如儒家及其他学派的乌托邦式说教。"礼"掌控着社会伦理,但并未排除纪律、调控和严厉的刑罚。① 张汤和桑弘羊,以及两人所代表的政府程序,就是在儒学地位确立后出现的。

有学者探讨儒学的成功,将其视为反对秦朝压迫的一种仁爱、文化和道德性的反应。这种反应(或者说倾向)对中国家庭及旧传统而言,根本就是一种自然和适意。儒学在维护社会秩序上的有效性,清楚地体现在它对连续性和教育指导的强有力的主张和实施上。这让儒家不仅具有很高的生存价值,也让政治家在早期的敌意退去后,更容易去欣赏、接受儒学。这位学者还正确地提到梁启超曾征引且为世熟知的儒家思想,如中庸之道、诉诸通情达理及调整而非冲突。这些观念,正是在19、20世纪之交,选择拥抱群体生活的中国人的特质所在。②

然而,总囿于被历史夸大的所谓"成功"之中,实则危险至极。朝河贯一为此增加

---

① 戴闻达:《中国哲学研究》,第414-416页。
② 见廖文奎(Wen Kwei Liao):《个人与群体:针对社会行为驱动因素的历史分析》(*The Individual and the Community: A Historical Analysis of the Motivating Factors of Social Conduct*),伦敦 Kegan Paul, Trench, Trübner & Co.1933年版。廖氏曾谈及儒学在中华国家的胜利,见氏著第212-213页。

了批判性的限定。其言:"这一点是真实的:继秦而起的西汉重新赋予道德哲学以活力,使之依旧可以作为一种道德力量而存在。但西汉所复活的,只是道德哲学的形式和外壳。道德哲学现在只是一些老生常谈,只是一种装饰,而非活生生的现实。与此同时,力与法的观念,自从其被秦国引入政治以来,直至西汉,甚至在随后的年代,依旧是股巨大的推动力,弥漫在中国政府这架庞大机器的各个部分。"①葛兰言则从妥协和分化的角度谈及当时的形势。其言:"无疑(也是必须地),所谓正统的倡导者离开国家立法机构,以此反驳国家的新需求。另一方面,他们宣称:民事官员是有文化的贵族,也是旧传统的新任守护者,所以他们借让君主听到古代的智慧,从而获得掌控政府实践的特权。"②

伽乐的分析,最适合用在武帝一朝行将结束时,法家观念与儒家立场之关系上。其言:"相反,即便是比之于秦朝皇室也算是新贵的西汉君主,把自己打扮成与'儒学'一致。他们为了获得威望,公开表明自己要遵从受人敬重的周王室的行止(但是我们相信,这些话只是说说而已)。西汉君主做好准备,完全遵照传统的古代礼仪与惯例。但就西汉实际采用的国家行政管理手段而言,它还是回到了秦朝法家政治人物创制的受人诅咒的政策上去。秦政的目的就是通过控制所有行为,以达到国家的统一。商鞅担任秦国国相的时候,一切都要服从于农战;比之于此,在西汉这个扩大了的帝国,国家对工商业的掌控,具有同等的重要性。正是在这一点上,汉初以《盐铁论》中的'文学'为代表的儒士,与诸如桑弘羊等法家人士,分离开来。儒士渴望复'古',于是回到一个可能是虚构出来的'封建'时代;法家则试图在实践中,恢复并激活秦代那种国家对私人事业的控制。据此,《盐铁论》中的似是而非,即儒者反对贸易、桑弘羊鼓吹古代实践,就能够被理解了。"③

这里还有此前在关于武帝时期的章节里,拙文着重讨论儒学在汉代获得成功的诸种原因。汉代儒学与权力中央化的半法家(semi-Legalist)国家相适应,结合了流行的道家信仰,为私人性的形而上学留有空间,甚至在关于"天"之运行的设想上接近墨家的观点。不过,所有修正儒学的言论,都不应该遮蔽这样的事实:保存下来的古典主义和教育形式形成一股合力,让"原初"儒学的影响力,在流行的评论和注解中,得以保持。至少,儒家经典恰恰如此。

---

① 朝河贯一:《日本早期制度:大化革新研究》,第180页。
② 葛兰言:《中国思维》,第576—577页。
③ 伽乐:《〈盐铁论〉:古代中国有关国家对工商业控制的争论》,"导论"第24—25页。

什么是儒家最根本的仁政原则？运用最可靠的史料《论语》，所做的最令人满意的当代分析，揭示出仁政主要包含五点：惠民的措施就是不要因为公共开销而浪费人民的资源；实施不会让人抱怨的税收，特别是推行不扰民的力役；实现富裕，而不去贪婪逐利；所有人都受到尊敬，保有尊严；政府受到人民的尊重，而非人民惧怕政府。与仁政形成对比，恶政的品质是残忍、压迫、害民、刻薄对待臣下。人口的增加与经济的改善，构成了社会道德教育的基础。在经济政策方面，政府应该避免专横，不要在奢华中堕落。政府不要垄断财富，也不要限制私人性的生产和收益。政府应该努力采取更加广泛的发展措施，如灌溉、蓄水工程等。政府不应该与民争利。实际上，因为一体化的需要，年代上相对晚一些的儒家经典，如《礼记》和《中庸》，更倾向于国家在交通甚至车船制造上采取主动。调节度量衡已被证明为古制。官府手工业的合法性在于：用征收上来的实物税，制造公用的器物，不应流入公开市场销售。更晚一些的儒经（指那些在汉代最终成书的经典著作）规定：君主及其官员应当与私人商业彻底分离。私人商业自身不值得君主和官员参与其中，反之会导致不公平竞争的出现。①

（成书年代有争议但对儒家政治思想而言极为重要的）儒经《尚书》中，有名为"洪范"的篇章。"洪范"勾勒出国家在社会财富领域的活动范围。所有这些活动都与食物和商品的生产有关；也涉及历法、贸易、劳作、货币。此外，在文化礼仪、公共工程、广义上的教育、司法、外交、军队、治安等，都看得到国家的身影。正是在这些事务上，国家要做到让人民满意。原则上，国家应轻税收，十而税一是规范。不过，《论语》建议把平等分配作为方向和目标，以之消灭贫穷、满足人民。②

最根本的传统承认，有必要通过刑罚，确保"小人"恪守规则。"君子"则会通过天生的道德和正确的训练，接受这些规则。即便如此，法律只是道德纪律的补充，并不值得完全信任。清楚明晰、富有效率的法律行动，是宽容怜悯之举；政府的职责，在于教育和治病救人。《论语》有言："子曰：'道之以政，齐之以刑，民免而无耻；道之以德，齐之以礼，有耻且格。'"③这就是贯穿整个儒家政治思想的道德理想，强调臣民的

---

① 许仕廉(Leonard Shih-lien Hsü)：《儒家政治哲学：解读孔子及其先导和早期弟子的社会政治思想》(*The political philosophy of Confucianism: An Interpretation of the Social and Political Ideas of Confucius, His Forerunners, and His Early Disciples*)，（纽约）达顿(E. P. Dutton)出版社 1932 年版，第 105、143 页及以下（其中有来自《论语》的引文）。对比伽乐：《盐铁论：古代中国有关国家对工商业控制的争论》，"导论"，第 23-24 页。亦见梁启超：《先秦政治思想史》，伦敦 Kegan Paul, Trench, Trubner 有限公司 1930 年版。第 191 页。
② 许仕廉：《儒家政治哲学：解读孔子及其先导和早期弟子的社会政治思想》，第 133 页及以下（含参考资料）。
③ 《论语·为政》。关于刑罚，见同上，第 125 页、163 页及以下。

个人道德以及君主的道德模范作用,同时把道德和习俗作为主要的调控力量。①

董仲舒提醒人们:人们根据当下的思想,颠倒了儒家传统中的历史元素。其言:"春秋之道举往以明来,是故天下有物,视春秋所举与同比者,精微眇以存其意,通伦类以贯其理,天地之变,国家之事,粲然皆见,亡所疑矣。"②

最后,如果不合适地考虑儒家的缺点,那么儒士及其(思想)体系为中华帝国提供的无可争议的优质服务,就不应该被提起。在儒家对自身道德和价值的喋喋不休中,既有团体自豪感的元素,(可能)也有在今天被称之为"赔偿机制"的东西。在本文研究的时期,当儒士不得不为那些从事战争和权力集中工作且更有效率的官员让出位置时,这些口号前所未有地被大声重复出来。他们的立场,在对"无权无势"者的宽慰和推荐中,在真正面对政府职责时,渐次确立。③

我们这个时代对这一点的评论,根本不能与汉代王充的评论同日而语。面对儒者,这名思想家不仅能够予以批评,更能够看出其价值所在。王充说:"使秦、汉在《经》《传》之上,说者将复为秦、汉作道德之说矣";④"世儒学者,好信师而是古,以为贤圣所言皆无非,专精讲习,不知难问";⑤"夫儒生之业,五经也。南面为师,旦夕讲授章句,滑习义理,究备于五经,可也。五经之后,秦、汉之事无不能知者,短也。夫知古不知今,谓之陆沉,然则儒生、所谓陆沉者也";⑥"故以旧防为无益而去之,必有水灾;以旧礼为无补而去之,必有乱患。儒者之在世,礼义之旧防也,有之无益,无之有损。"⑦

有一点值得注意:在儒学和有关国家事务思想的进展中,荀子有其地位和重要性。荀子被认为是韩非和李斯的老师;以直接或间接的方式,韩非和李斯又启迪了一批汉代的学者和官员。本文所用史料中,有对荀子的称引,甚至有用荀子著作充实"礼"论的情况。董仲舒对荀子尊敬有加。毋庸置疑的一点:荀子极力主张教育和礼的重要性,影响了汉代的思想家和政治家及其方案。马伯乐称:"荀子对其同时代人的影响,是巨大的;直到公元二世纪,荀子依旧是汉代文士的标志。直至孟子被再度

---

① 比较梁启超在《先秦政治思想史》中做出的社会—道德分析;尤见氏著第 33 页。
② 《汉书·五行志上》。胡适的英译见其文"儒学在汉代成为国家宗教"(第 38 页)。
③ 桑弘羊说:"儒、墨内贪外矜,往来游说,栖栖然亦未为得也。……故尊荣者士之愿也,富贵者士之期也。"见:《盐铁论·毁学》;伽乐:《〈盐铁论〉:古代中国有关国家对工商业控制的争论》,第 62、70 页;佛尔克:《〈论衡〉上:王充的哲学论文》,第 435 页。
④ 《论衡·正说》;英译见佛尔克:《〈论衡〉上:王充的哲学论文》,第 459 页。
⑤ 《论衡·问孔》;英译见同上,第 392 页。
⑥ 《论衡·谢短》;英译见佛尔克:《〈论衡〉下:王充的各类文章》,第 76 页。
⑦ 《论衡·非韩》;英译见佛尔克:《〈论衡〉上:王充的哲学论文》,第 434 页。

发现,荀子的影响才开始减弱。"①

荀子(约公元前300—前235年。荀子确切生卒年不可考——译者注)生活在先秦时代的楚国,曾任县令(或者同等级的官员)。不过,他以重要的思想家而名垂青史。虽然荀子本质上有些保守,希望在社会政治中保有旧政权,但在很多方面,这位思想家以现实主义的务实方式,更多地接近法家的观点。荀子以两种方式,掩盖自己对"真正"儒学的偏离。首先,他坚称:没有谁能够知道最早期的君主究竟做过什么,所以一个人有必要根据最接近自己的历史先例中的经验,选择立场。再者,孔子采用修订过的方式,以让自己的理论能够适合普通人的需要,有时甚至回避了自己的真实所想。荀子认为人性本恶,但人性可以化而改之、至于完美。从这一点出发,荀子支持预防性的惩罚,以之作为由礼仪和教育完成的社会控制的补充。②

荀子在怀疑与观察上的天分,让其更像一位了不起的法家。在严格的人本主义中,来自上天和神话人物的约束力,被大大削减。"所谓'天命',就是一个人的今世所遇";"政府应该遵从古代的传统;这是因为:毕竟传统已被证明,不仅提供了有用的经验,也可以被实验性地加以改变以适应新环境。"③此外,荀子主张的社会伦理,并未沦为模糊不清的所谓"德"。"礼,法之大分也。"(《荀子·不苟》)"礼者,人主之所以为群臣寸尺寻丈检式也。"(《荀子·儒效》)梁启超在这些出自《荀子》第十七章(原文如此——译者注)的内容中,指出:礼,正在快速地接近法家所说的"法"。④荀子对术语正确性的兴趣仍旧是儒家的。他承认:正确与否,应当依据"礼"来判断。但,是君主而非知识阶层,可以做出判断;也只有君主,才能够维持这些标准。荀子清楚地将之比作度量衡;此举与法家所作几无区别。他同时还强调抑制论争及无序的必要性。这种客观性,与典型的儒学有很大的不同。⑤荀子自己的陈述,大多是恪守主要传统的精确的论断。譬如,"治则复经,两疑则惑矣。天下无二道,圣人无两心。"《荀子·解蔽》"传曰:'天下有二:非察是,是察非。'谓合王制不合王制也。"

---

① 见马伯乐:《古代中国》,第576页;施莱奥克:《孔子国家崇拜的起源与发展》,第14页;高本汉:《〈周礼〉及〈左传〉文本的早期历史》,第18-19页。
② 戴闻达:《中国哲学研究》,第375页及以下。亦见廖文奎:《个人与群体:针对社会行为驱动因素的历史分析》,第176、180页。
③ 顾立雅(Herrlee Glessner Creel):《中国风:有关中国人世界观之演进的研究》(Sinism: A Study of The Evolution of The Chinese World View),芝加哥奥本考特(Open Court)出版社1929年版第86页。参见戴闻达译出的带有人文、半物质主义色彩的段落;见氏著"中国哲学研究"第381页。
④ 梁启超:《先秦政治思想史》,第114-115页。
⑤ 见梁启超,同上,第69-70页;葛兰言:《中国思维》,第568、570-571页;胡养蒙(Hu Yan Mung):《中国法律中的"名、分"之设计:一份哲学和法学的研究》(Étude philosophique et juridique de la conception de "Ming" et de "Fen" dans le droit chinois),巴黎Les Éditions Domat-Montchrestien 1932年版,第46、48、53-54页。

(《荀子·解蔽》)"选贤良,举笃敬,兴孝弟,收孤寡,补贫穷。如是,则庶人安政矣。庶人安政,然后君子安位。"(这是一位假想出来的君主;《荀子·王制》)以及,"故有良法而乱者,有之矣,有君子而乱者,自古及今,未尝闻也。"(《荀子·王制》)等等。①

《荀子》中有不少段落强调了人类的野心勃勃和贪婪本性;这种野心和贪婪只有通过接受品阶、财富和职业上的"分"(区别),才能受到约束。"分",只有通过"礼"才能得以保持。《荀子》有言:"礼有三本:天地者,生之本也;先祖者,类之本也;君师者,治之本也。无天地,恶生?"(《荀子·礼论》)②

但在其他主题上,荀子更接近法家一些。很自然地,他作为韩非和李斯的老师出现。绝大多数儒士也乐意把荀子视为一名非正统的思想家。荀子在"王制"篇中,勾画并详细说明了一个有着精密调控的国家。③他在谈及仁义之王奉行的原则时(亦见"王制"篇),甚至向"效率"(efficiency)妥协。荀子说道:"朝无幸位,民无幸生。尚贤使能,而等位不遗;析愿禁悍,而刑罚不过。"(《荀子·王制》)④然后荀子的话,变得严格了许多:"夫征暴诛悍,治之盛也……刑称罪,则治;不称罪,则乱。故治则刑重,乱则刑轻。"(《荀子·正论》)⑤虽然,他还是努力为儒法两家各自保留一片边地。荀子说:"故法不能独立,类不能自行。得其人则存,失其人则亡。……有君子,则法虽省,足以遍矣。无君子,则法虽具,失先后之施,不能应事之变,足以乱矣。"(《荀子·君道》)⑥"故公平者,听之衡也;中和者,听之绳也。其有法者以法行,无法者以类举,听之尽也。偏党而不经,听之辟也。"(《荀子·王制》)⑦"隆礼至法则国有常……公察则民不疑。"(《荀子·君道》)⑧

法家原则对建构早期中华帝国框架的影响,显而易见。在长达数十年的时间里,由具体个人体现出来的法家原则的重要性,比通常所认识到的,还要大一些。就具体人物而言,不仅有商鞅、秦代早期的政治家如韩非和李斯以及这些名臣所服务的君主,还有把秦朝的手段带入汉高祖一朝的那批人。此外,晁错、主父偃及其他地位较轻的官员,也位列其中;更莫提桑弘羊及其助手,特别是站在他们制定出来的政策后

---

① 这四段引文的英译见德孝骞(Homer H. Dubs):《荀子》(*The Works of Hsüntze*),伦敦 Arthur Probsthain 出版机构 1928 年版,第 259、277、125、261 页(应当是 123 页——译者注)。
② 英译见同上,第 216 页。
③ 相关内容的英译见同上,第 139—144 页。
④ 英译见德孝骞:《荀子》,第 132 页。
⑤ 英译见同上,第 195 页。
⑥ 参见梁启超:《先秦政治思想史》,第 119 页。
⑦ 英译见德孝骞:《荀子》,第 123 页。
⑧ 参见梁启超:《先秦政治思想史》,第 133 页。

面的汉武帝。所有这些人,都告诉我们,一种强大的传统,延续至武帝的时代。荀子是一名儒者;淮南子是一位道家。他们分别代表着互为对手的思想学派及其影响力。在这一点上,不必考虑这些世代中的成千上万的官员,他们与本质上是法家的体制融为一体,同时有着千差万别的理论观点;也不用去提及商鞅和韩非伟大著作的研读者。至于当时法学家的荣耀,更无须赘言。

这里引用四位学者就法家学派影响力所做出的简要判断。"法家……成为一种有系统的政治学说,秦人用之已成统一之业。汉承秦规,得有四百年秩序的发展。"①"虽然秦朝存在的时间如白驹过隙,但是它采纳并将之应用到帝国政府的法家理论,强烈地影响了中国人心灵的形成。"②"但在另一方面,我们认为,韩非学派通过清晰地讲明法律信条,为中国作出了巨大的贡献。这一学派的思想家看到依靠君主及其大臣的道德,毫无用处。于是他们为解决困难,提出绝佳的方案,让法律机器独立于变动频仍的人与事构成的环境而运行。为法律站台的,必须是一名坚韧不屈、毫不动摇的君主。这名君主既不相信他的大臣,也不信任他的人民。我们觉得这样的认识不会有错:法家信条的精神(如果不是细节的话),已被整合进中国政治的历史。"③(南宋学者亦言)"《商子》者,公孙商鞅之书也,始于'垦草''督民''耕战'。其文烦碎不可以句,至今开卷于千载之下,犹为心目紊乱。况当时身被其祸者乎?然殿中与御史之号实用此书,事必问法官,亦出此书。后世一切据法为断者,亦合省所自出矣。或疑鞅亦法吏之有才者,其书不应烦乱若此,真伪殆未可知。"④

有关法家原则的详细呈现,不可能比已经尝试过的内容以及韩非的补充,走得更远。但法家的立场,应该从其与道家的联系之角度,得到更清楚的解释。韩非坦承自己的学说始自道家。一般说来,法家整体上和道家相连。戴闻达小心翼翼地写下:"乍一看,在道家无为无涉的理想中,除了关于权力和战争的哲学外,再无其他可以剔除的东西。惩罚与法律,只是一些达到目的的手段而已。在一个理想的政府中,它们不再是必需品,从而被'消除';所有事物,自行管理。那种强烈的反文化倾向,与道家的信条一致;理当保存的人民之'朴'(自然纯真),更是道家的关键词。"⑤戴氏继续做出有关商鞅学派"法"之观念的有价值的分析。其言:"在这一系统中,法主要包含了

---

① 梁启超:《先秦政治思想史》,第 131 页。
② 马伯乐:《古代中国》,第 528 页。
③ 朝河贯一:《日本早期制度:大化革新研究》,第 178 页。
④ 见(南宋)黄震:《黄氏日抄》卷五十五"《商子》"。此段引文的英译,见戴闻达:《商君书英译》,第 141 页。
⑤ 戴闻达:《商君书英译》,第 88—89 页。

赏罚的规则……法这个字有两种含义——典型/标准；法律/刑法。这两种含义已经完全合二为一。国家法律就是行为准则；这一法律抛开了道德（从而与礼形成了对比）。这里，法律与道德彻底分离。无论这一法律有多么粗糙，它终究是法律。法律可以确定无疑、完全公平地应用到所有人和公共事务上。这确实是新原则。根据诸如《礼记》等提供的旧规则，贵族则能免受刑罚，正所谓即'刑不上大夫'。"①

韦利（Arthur Waley）对法家立场的阐释，堪称精辟。他说："道家的准则'合于一'脱离了形而上，成为一条政治准则：一切绝对统一于国家。正如已经发生的那样，不少道家的教义也连带着被接而纳之。道家和现实派（即法家——译者注）都鄙视所谓贤人（有着了不起道德的人）、书教、仁德、商业和不必要的矫揉造作。两派也都公开反对礼仪，鼓吹回归简朴的生活"；"离开'法'的'德'，不过是无用的因素；因为自身的不确定性和不规律的运作，这一因素走向解体。'德'与现实派的重大原则'一'无法调和；这是因为：'德'引入一种私人、从属性的法律"；"的确，巨大的赏罚体制，会抵消任何诉诸公众情感、风俗及道德的努力。把所谓的'德'，与两种活跃且显著的人类动机'追名''逐利'加以对比，就会发现'德'之功能的发挥，确实是零星分散、毫无规律可循。"②

如果说之前对商鞅学说的引述，主要是有选择地说明其对秦（帝）国的影响，那么只有例示商鞅及其学派掌握着宏大原则，才能说公平地对待这一思想家/学派。试举几例。"凡人主德行非出人也，知非出人也，勇力非过人也。然民虽有圣知弗敢我谋，勇力弗敢我杀；虽众不敢胜其主；虽民至亿万之数，县重赏而民不敢争，行罚而民不敢怨者，法也"（《商君书·画策》）。③"夫利天下之民者，莫大于治；而治莫康于立君；立君之道，莫广于胜法；胜法之务，莫急于去奸；去奸之本，莫深于严刑。"（《商君书·开塞》）④"国皆有禁奸邪刑盗贼之法，而无使奸邪盗贼必得之法。"（《商君书·画策》）⑤"故圣人之治国也，不法古，不循今，当时而立功，在难而能免。"（《商君书（佚文）·六法》）⑥"强国知十三数：境内仓口之数，壮男壮女之数，老弱之数，官士之数，以言说取食者之数，利民之数，马牛刍藁之数。欲强国，不知国十三数，地虽利，民虽众，国愈弱至削。"

---

① 戴闻达：《商君书英译》，第89页。
② 韦利（Arthur Weley）：《道与其力：有关《道德经》及其在中国思想中之地位的研究》（*The Way and Its Power: A Study of the Tao Te Ching and its Place in Chinese Thought*），伦敦 George Allen & Unwin 出版机构 1934 年版，第 84—85，81 页。
③ 英译见戴闻达：《商君书英译》，第290页。
④ 英译见同上，第232—233页。
⑤ 英译见同上，第287页。
⑥ 英译见同上，第161页。

(《商君书·去强》)①

法的至高无上,需要良好的政府管理来使之生效。不是空想家,而是追求立竿见影效果的务实者,教导出杰出的法家。

本文通过简短讨论韩非,尝试揭示其最与众不同的观点,以之作为对此前所言商鞅等法家一般观点的补充。这里也会称引一些韩非做出的最好的论述。通常认为,现有版本的《韩非子》,基本上出自韩非之手,但存有尚未解决的增补和编辑内容。伊万诺夫(A. Ivanov)并未触及这一棘手问题。②胡适自以为是又含混不清地把《韩非子》中的7篇列为所谓"真作"。葛兰言在其《中国思维》的开篇,批评胡氏立论存在逻辑问题。马伯乐质疑胡氏所论的内容。马氏本人曾对《商君书》做过与胡适相似的处理。③戴闻达在完成其《商君书英译》中,考虑过胡适的观点,但并不完全同意之。戴氏还注意到,《韩非子》中有不少段落在思想和语言上都和《商君书》一致。这也是一个未解的难题。关于《韩非子》,还需要更具根本性的研究。

韩非的哲学—政治家身份,在汉代批评家王充那里,得到了最完满的展现。王充说:"韩子之术,明法尚功。贤无益于国不加赏;不肖无害于治不施罚。……故其论儒也,谓之不耕而食,比之于一蠹。"④这就是韩非,看重法律和结果,主张国家不沉溺道德说教而取得成功,对所谓反对者,即儒学之士,鄙夷有加。佛尔克用"二元论"(dualism)来解释这名思想者的行动论(activism)。他说:"韩非的心灵有两张面孔。他的本心,是道家的;在宽泛的意义上,他又是一名鼓吹实力政治的思想者。这两面,无法调和。他展现出一名国家和法律论者的特质所在。韩非作出很多出色的评论,表达了自己的思想。正是这些思想,告诉中国的第一位皇帝:君道何在。"⑤

关于韩非政治性地应用一般意义上的道家哲学,朝河贯一的分析,要出色许多。他说:"韩非子声称:'相互正义'(mutual justice),是君臣之间的纽带;政府哲学,源自自然之法(天道)……虽然韩非有自然法(天道)的概念,但是他几乎完全把君主等同

---

① 英译见戴闻达:《商君书英译》,第205页。比较用英国俗语 all out for facts(全身心关注事实),译出的"切事情"(司马迁对法家的描述:"韩子引绳墨,切事情,明是非,其极惨礉少恩。"见《史记·老庄申韩列传》——译者注)。详见休斯(E. R. Hughes)《公元前3—4世纪中国的政治理想主义与现实主义者》(Political Idealists and Realists of China of the Fourth and Third Centuries B.C.),皇家亚洲文会北华支会会刊,第63辑(1933年),第59页。
② 见伊万诺夫(A. Ivanov):《中国法家哲学资料:韩非篇》(Materialy po kitajskoj filosofii Shkola Fa. Han' Fej-tszi),圣彼得堡1912年版。在这本书中,因为编者的主观臆断,《韩非子》中约有三分之一的内容被忽略了;翻译的质量也不算好。参见戴闻达的评论,见氏著《商君书英译》第144页。
③ 见胡适:《中国哲学史大纲》,上海商务印书馆1919年版,第365页;马伯乐:《古代中国》,第522页注释1。
④ 《论衡·非韩》;英译见佛尔克:《〈论衡〉上:王充的哲学论文》,第433页。
⑤ 佛尔克(Alfred Forke):《中国古代哲学史》(Geschichte der alten chinesischen Philosophie),汉堡 Friederichsen 出版机构1927年版,第482页。

于国家,认为人民应该完全服从于君主……他继而指出强势之王如何获得其地位。雄心勃勃的君主,不应该雇佣缺乏忠诚、效率低下的大臣。这样的君主,对那些了不起的臣民,也不要有太多信任,以免他们不能为君所用……法律与司法之事,绝不能落入臣民之手。君主也绝不允许臣民结党营私";"韩非认为,君主应该让自己看起来平静且冷漠,不要让臣下知道自己的好恶;否则,臣下就会无限制且有害地对之加以模仿或者夸大。君主应该允许聪明的大臣充分发挥自己的才能。君主不要使用自己的判断,而是让事实自己说话,让名称和具体事物定义自己。也就是说,君主可以自由支配简明且可实施的法律,有功必赏、有过必惩。法律不会考虑关系和情感。没有国家会永远强大或者永远软弱;法,可以让国家变得强大抑或柔弱。法,反对个人目的和自私的行径;法,不在乎所谓贵族抑或智者。没有哪个圣人可以躲开法;也没有哪位武人可以与法争辩。法,可以惩罚丞相,也可以重赏普通官员。法让全国人遵从一种秩序。君主不可能看清楚所有人、所有事;但当君主休息时,法依旧在清醒地工作……韩非的法在哲学意义上,只是君主的一个手段。"①

戴闻达亦强调:韩非认为法的自我运作是不可改变的;"力"(mighty)在自身的领域,一如"道"在宇宙中。在这种对政府手段的归纳中,杰出的道德范例没有了位置。现实必定如此:不必没完没了地等待,启用普通人即可。正所谓,像尧舜这样的智慧圣人,"千世"方才"一出"(《韩非子·难势》)。②

我们以韩非深刻的论断为例证,让韩非按照自己的意愿去定义"法"。据《韩非子》:"法者……设之于官府,而布之于百姓者也。"(《韩非子·难三》)"法者,宪令著于官府,刑罚必于民心,赏存乎慎法,而罚加乎奸令者也。"(《定法》)③该书还说:"释规而任巧,释法而任智,惑乱之道也。"(《韩非子·饰邪》)"效功取官爵,廷虽有辟言,不得以相干也,是谓以数治。"(《韩非子·饬令》)④(皇帝可以依据个人好恶,但国家只能遵从法律;所以应当)"奉公法,废私术。"(《韩非子·有度》)⑤"为治者用众而舍寡,故不务德而务法。"(《韩非子·显学》)⑥

韩非对变革与连续性之问题的处理,最具智慧。他说:"故圣人之治民也,法与时

---

① 参见朝河贯一:《日本早期制度:大化革新研究》,第 170-172 页。这里是对原文内容的概写。
② 参见戴闻达:《中国哲学研究》,第 406-409 页。
③ 参见梁启超:《中国政治思想史》,第 114 页。
④ 译者注:原文中所用,取自《商君书·靳令》:"效功而取官爵,虽有辩言,不得以相干也,此谓以数治。"英译见戴闻达《商君书英译》第 316 页注释 2、第 257 页。
⑤ 参见梁启超:《先秦政治思想史》,第 116 页。
⑥ 参见佛尔克:《中国古代哲学史》,第 478 页。

移。"(《韩非子·心度》)①"治大国而数变法则民苦之,是以有道之君贵静。"(《韩非子·解老》)②"不知治者,必曰:'无变古,毋易常。'变与不变,圣人不听,正治而已。然则古之无变,常之毋易,在常古之可与不可。"(《韩非子·南面》)③"圣人不期修古,不法常可,论世之事,因为之备。……故事因于世。"(《韩非子·五蠹》)④

韩非明确提倡建立一个严苛的政府。这样一个政府,既有严格的刑罚,也有强大的管理。他说:"上古竞于道德,中世逐于智谋,当今争于气力。"(《韩非子·五蠹》)"夫虎之所以能服狗者、爪牙也,使虎释其爪牙而使狗用之,则虎反服于狗矣。人主者、以刑德制臣者也,今君人者、释其刑德而使臣用之,则君反制于臣矣。"(《韩非子·二柄》)"明君无为于上,群臣竦惧乎下。"(《韩非子·主道》)⑤"国无常强,无常弱。奉法者强则国强,奉法者弱则国弱。"(《韩非子·有度》)⑥

毫无用处的空谈与写作,被斥责为惑乱。这一指责并非仅是反对开化大众,更是对国家制度统一性的的严重关切。据《韩非子》:"明主之国,令者、言最贵者也,法者、事最适者也。言无二贵,法不两适,故言行而不轨于法令者必禁。"(《问辩》)⑦"故知者不以言谈教,而慧者不以藏书箧。"(《韩非子·喻老》)⑧"故明主之国,无书简之文,以法为教;无先王之语,以吏为师。(《韩非子·五蠹》)"⑨"儒以文乱法"(《韩非子·五蠹》);⑩"法者,编著之图籍,设之于官府,而布之于百姓者也。"(《韩非子·难三》)⑪

最后,本书无法拒绝这样的诱惑,即称引3条不同的论述,展现韩非在社会分析上的敏锐度。韩非说:"古者……人民少而财有馀,故民不争……今人有五子不为多,子又有五子,大父未死而有二十五孙,是以人民众而货财寡,事力劳而供养薄,故民争……今之争夺,非鄙也,财寡也。"(《韩非子·五蠹》)⑫"夫民之性,恶劳而乐佚"

---

① 参见《商君书·壹言》("下修今而不时移"——译者注);戴闻达《商君书英译》第237页注释5。
② 见佛尔克:《中国古代哲学史》,第478页。
③ 见吴国桢:《中国古代政治理论》(Ancient Chinese Political Theories),上海商务印书馆1928年版,第201页。
④ 恒慕义(Arthur William Hummel Sr.):《一名中国史家的自传:兼做〈古史辨〉序》(The Autobiography of a Chinese Historian: Being the Preface to a Symposium on Ancient Chinese History (Ku shih pien)),莱顿博睿(Brill)学术出版社1931年版,第15页。
⑤ 这三段引文,参见佛尔克:《中国古代哲学史》,第475、473页。
⑥ 参见吴国桢:《中国古代政治理论》,第205页。
⑦ 参见同上,第209页。
⑧ 参见佛尔克:《中国古代哲学史》,第471页。
⑨ 参见同上,第481页。
⑩ 参见马古烈:《中国古文选编》,第89页。原文见《史记·游侠列传》。
⑪ 参见葛兰言:《中国思维》,第465页。
⑫ 参见梁启超:《先秦政治思想史》,第128-129页。

(《韩非子·心度》）"今上征敛于富人以布施于贫家,是夺力俭而与侈惰也。"(《韩非子·显学》）①"宋人有耕田者,田中有株,兔走,触株折颈而死,因释其耒而守株,冀复得兔,兔不可复得,而身为宋国笑。今欲以先王之政,治当世之民,皆守株之类也。"(《韩非子·五蠹》）②

另一路法家思想,即管子的理论,和本文所涉历史进程的联系并不直接。但在汉初,不时可见人们对管子的称引。武帝麾下商业重臣奉行的理论,与管子思想非常相像。因此,管子在这里值得一提。据说,管子对公元前7世纪的齐国政府产生过巨大影响。以其名字命名的著作《管子》的起源,极为模糊不清。通常认为《管子》一书成于公元前4或者3世纪。批评家对《管子》的成书年代尚未有定论。譬如,保守的佛尔克认为在现存的《管子》76篇中,有17篇体现管子主张的原则。③在《管子》中,有不少段落与《商君书》和《韩非子》中的内容相似。拙文关注的,只是得到很好陈述的理想主义的法家观念,以及构成《管子》一书最显著特色的国家商业主义（nationalistic commercialism）。是书"法法"篇有言:"明君置法以自治,立仪以自正也……禁胜于身,则令行于民";"不为君欲变其令,令尊于君";"不为爱民亏其法,法爱于民。"④《管子·明法》篇亦云:"今主释法以誉进能,则臣离上而下比周矣;以党举官,则民务交而不求用矣。"⑤

齐王问管子:对建筑材料、家畜、人民等征税,如何?管子回答:既不合理,又为人厌烦。那么,政府该如何运营?管子的答案是:"官山海"(《管子·海王》)。然后,他开始计算男、女和孩子每月在食盐上的开销,以及政府可以从日常食盐销售中获得的收入。随后他还谈到了铁:"今铁官之数曰:'一女必有一针一刀,若其事立。耕者必有一耒一耜一铫,若其事立。行服连轺辇者必有一斤一锯一锥一凿,若其事立,不尔而成事者,天下无有。'令针之重加一也,三十针一人之籍也。刀之重加六,五六三十,五刀一人之籍也。"(《管子·海王》）⑥此论与古代人头税相比,极具启发性;文中所显示的铁器获得广泛使用,也很有启发性。但最让人感到可惜的是:无法确定文中所说情况的准确时期。自然资源以及文献记录确证,山东自古就是盐铁生产的中心,并且

---

① 参见韦利:《道与其力:有关〈道德经〉及其在中国思想中之地位的研究》,第74页。
② 参见戴闻达:《商君书英译》,第117页。引文在《韩非子》《商君书》均可见。
③ 详见佛尔克:《中国古代哲学史》,第71—75页。
④ 参见梁启超:《先秦政治思想史》,第130页。
⑤ 参见戴闻达:《商君书英译》,第323页注释3。
⑥ 参见梁启超:《先秦政治思想史》,第189页。

很可能早于其他地区在生产活动中使用盐铁。从农民的日用品中获得利润,以及把女性消费者考虑在内,这些都非新点子。《管子》中还提及国家贸易。"国蓄"篇言:"岁有凶穰,故谷有贵贱。令有缓急,故物有轻重。然而人君不能治,故使蓄贾游市,乘民之不给";"人君非能散积聚,钧羡不足,分并财利,而调民事也。则君虽强本趣耕,而自为铸币而无已,乃今使民下相役耳,恶能以为治乎?"①

名家以一些间接的方式,触及政治领域,也为理解当时的学派间关系提供线索。这一学派最重要的文献就是《尹文子》。②梁启超在自己的研究中,最大限度地利用了名家的中间立场。其言:(尹文)"盖合儒家所谓'名正则言顺,言顺则事成',墨家所谓'中效则是,不中效则非'之义,而归宿于以与律度量衡同性质之'法'整齐之而使归简易,则聋瞽可以与聪察同治,而道家'无为'之理想乃实现。此即法家应用儒道墨之哲理以成其学也。"③

《尹文子》以道家思想为背景,将其分析辩证之技巧,应用到法的问题上。是书"大道上"篇言:"道不足以治,则用法;""名定,则物不竞;分明,则私不行。物不竞,非无心,由名定,故无所措其心"。④相同篇章中还有:"万事皆归于一,百度皆准于法。归一者,简之至;准法者,易之极";"法有四呈……一曰不变之法,君臣上下是也;二曰齐俗之法,能鄙同异是也;三曰治众之法,庆赏刑罚是也;四曰平准之法,律度权量是也。"⑤胡养蒙把此类分析应用到儒法皆主张的"正名"之上。儒法两派的共同点:出于对社会安全的考虑,应当使用刑罚。但儒家宣称:刑罚之类的社会控制,必须遵从礼乐的发展;这种控制的有效性,取决于知识和个人意愿的发挥。"正名",有助于这种发挥。与之不同,法家把刑罚的使用,完全置于法的发展之上。"正名",则会让法的形式和应用变得万无一失。⑥

在本书研究的历史时期,墨家学派没有可圈可点的代表人物。一般认为,当时该学派的影响力已经很分散且日渐式微。不过,它也确实影响了一些人。实际上,有些文本可证明,当时一些占领导地位的文人,把墨家视为一支重要的力量。《吕氏春秋》

---

① 参见梁启超:《先秦政治思想史》,第188页。伽乐也简要概括了管子的思想;见氏著:《〈盐铁论〉:古代中国有关国家对工商业控制的争论》,"导论"第22页。
② 一份带有逻辑学家调调的译文见:马松奥赛(P. Masson-Oursel)、周嘉健(Kia-kien Tchou,音译):《尹文子》(Yin Wen-tseu),《通报》(T'oung-pao)第15辑(1914年),第557—622页。
③ 梁启超:《先秦政治思想史》,第115页。
④ 参见胡养蒙:《中国法律中的"名、分"之设计:一份哲学和法学的研究》,第61、71页。
⑤ 参见梁启超:《先秦政治思想史》,第115、114页。
⑥ 同上,第62页。

就以调和的口吻,谈及孔、墨及其追随者。是书"当染"篇云:"举天下之显荣者必称此二士也。皆死久矣,从属弥众,弟子弥丰,充满天下,王公大人从而显之……孔、墨之后学显荣于天下者众矣,不可胜数"。①《史记》以为荀子受到墨学的影响,有言:"荀卿嫉浊世之政,亡国乱君相属……于是推儒、墨、道德之行事兴坏,序列著数万言而卒。"(《史记·孟子荀卿列传》)②《韩非子》亦称:"世之显学,儒、墨也。"(《韩非子·显学》)③(司马迁的父亲)司马谈对墨家很感兴趣,将之列为6个最重要的思想学派之一,简明扼要概述其学说。④《淮南子》提供了最"新"的有关墨学在汉代有一定市场的证据,认为墨学在秦末楚汉相争时逐渐走向衰落。是书"泛论训"言:"逮至高皇帝存亡继绝,举天下之大义,身自奋袂执锐,以为百姓请命于皇天。当此之时,天下雄俊豪英,暴露于野泽……当此之时,丰衣博带而道儒、墨者,以为不肖……逮至暴乱已胜,海内大定,继文之业,立武之功……总邹、鲁之儒、墨,通先圣之遗教。"⑤

墨学中直接关乎政府问题的观点是什么?墨家认为:国家从混乱中兴起,为秩序而生,而人的目的则五花八门。《墨子·尚同下》曰:"此皆是其义,而非人之义,是以厚者有斗,而薄者有争。是故天下之欲同一天下之义也,是故选择贤者,立为天子。天子以其知力为未足独治天下,是以选择其次立为三公。"⑥"是故里长顺天子政,而一同其里之义。里长既同其里之义,率其里之万民,以尚同乎乡长,曰:'凡里之万民,皆尚同乎乡长,而不敢下比。乡长之所是,必亦是之,乡长之所非,必亦非之。'……乡长固乡之贤者也。"(《墨子·尚同中》)⑦"举国人以法国君,夫国何说而不治哉。"(《墨子·尚同中》)"义者政也,无从下之政上,必从上之政下。是故庶人竭力从事,未得次己而为政……;天子未得次己而为政……。天子为政于三公、诸侯、士、庶人。"(《墨子·天志上》)⑧"天子唯能壹同天下之义,是以天下治也。"(《墨子·尚同上》)⑨"贵且智者,为政乎愚且贱者,则治;自愚且贱者,为政乎贵且智者,则乱。是以知尚贤之为政本也。"(《墨子·尚贤中》)⑩

---

① 参见梅贻宝(Yi-Pao Mei):《墨子:一名被忽视的孔子的竞争对手》(*Motse, the Neglected Rival of Confucius*),(伦敦)A. Probsthain 出版机构 1934 年版,第 165 页。
② 参见梅贻宝:《墨子:一名被忽视的孔子的竞争对手》,第 178 页。
③ 参见同上,第 165 页。
④ 见《史记·太史公自序》。
⑤ 参见梅贻宝:《墨子:一名被忽视的孔子的竞争对手》,第 179 页。
⑥ 参见同上,第 110 页;顾立雅:《中国风:有关中国人世界观之演进的研究》,第 110 页。
⑦ 参见同上,第 111—112 页。紧随其后的英译见顾立雅的作品。
⑧ 参见顾立雅:《中国风:有关中国人世界观之演进的研究》,第 106 页。
⑨ 参见梁启超:《先秦政治思想史》,第 109 页。
⑩ 参见梅贻宝:《墨子:一名被忽视的孔子的竞争对手》,第 118 页。

墨家主张仁德的普遍性,强调统治阶层的道德和个人优越性。这样一来,它和儒家更容易结为一派。但墨家倡导的被统治阶层应当完全听命于那种被强加的一体化,则几乎是法家抑或霍布斯式(Hobbesian)的。墨家"兼爱"和"天"的原则,与实际上的权力集中,并不冲突。本文并未讨论墨子的经济功利主义、复杂精巧的逻辑学以及对战争攻防技巧的论述。墨子在个人消费上,主张节俭苦行。这与儒家对葬礼等社会礼仪的要求相悖。在广泛的道德要求与家庭责任之关系上,儒墨两家亦相抵牾。

关于在这一时期,道家对公共生活的影响,本文提出四点。第一,如前所述,道家为法家准备了一些原则。第二,道家对汉初的皇室及重要人物产生了影响,其中一些人公开声明自己是道家的信奉者。第三,董仲舒及其同仁形成汉代儒学,道家思想于其中不无贡献。第四,淮南子(即淮南王刘安)是位列诸侯王的道家作者,既是当时最重要的道家人士,也是一名一流的思想家。除了淮南子的思想,之前的章节以及本章,都谈到过这几点。奉上提醒:一些已知的道家观点具有政治含义;从吕不韦到董仲舒,道家的影响是可见的。有学者称:"就老子而言,吕不韦认为他高于孔子,比孔子更有大义。"①"(董仲舒云)'人君'深居宫中,'安养精神,寂莫无为。'(《春秋繁露·立元神》)这名无为之君以公正无私的原则为法宝,'谋于众贤,考求众人'。(《春秋繁露·立元神》)看似无所作为,实则成功满身。"②

一些重要的文本,如主要史家为吕后及文帝本纪撰写的结语、陈平和曹参列传的开篇等,都很清楚地声明:从高祖到武帝,这几十年中,道家原则是政府的根基。对这一主题有所涉及的现代学者,譬如相互间差异巨大的赖德烈和廖文奎,亦持类似看法。③胡适甚至说:"汉初七十年,占据领导地位的思想学派,就是道家。"但胡氏所谓的支持性证据,完全不够用。他用以证明自己主张的是:曹参在三年丞相任期中,采取放任自由政策,自己则每日醉酒沉沉;以及,笃信黄老之学的窦太后影响力巨大。④在承认这些显而易见的例子确实支持了前述观点的同时,通常要对之保持谨慎。

在汉代史家的脑海里,是否有这样的迷惑:在相对宽松的政府(其与以严苛著称的秦始皇帝及武帝政府形成对比),与真正把道家的想法作为政府手段的努力之间,如何取舍?汉高祖、他的亲信和文武大臣以及继承者,是否有自己的政治哲学?这些

---

① 佛尔克:《中国古代哲学史》,第541页。参见《吕氏春秋》,第1章。
② 同上,第61页。参见《春秋繁露》第6章。
③ 见赖德烈:《中国人:他们的历史,他们的文化》,第105、107页;廖文奎:《个人与群体:针对社会行为驱动因素的历史分析》,第216、225页。
④ 胡适:《儒学在汉代成为国家宗教》,第21页。

人在一个更偏向法家而非道家的体制里,其所作所为是有规律的,并非仅仅为了维持权力。那么,曾经存在一个道家的政治组织吗? 一位皇帝或丞相接受道家的法术或形而上学,将之作为私人的实践或信仰;如此作为会让一般意义上的政府也变成道家吗? 这一点是可能的:承认道家在高层有巨大影响力;同时不必怀疑政府在任何程度上曾被道家塑造。仅仅靠温和与随意这两点,不足以证明一个道家政府的存在。比较司马谈对道家的简明扼要的描述,其中具有政治意味的,恰恰是被选中的官员都来自其他学派。①下面的引文,和这一时期儒家的走向是一致的。《老子·第五十七章》说:"天下多忌讳,而民弥贫;民多利器,国家滋昏;人多伎巧,奇物滋起;法令滋彰,盗贼多有。"②《孟子·滕文公上》则曰:"贤者与民并耕而食,饔飧而治。今也滕有仓廪府库,则是厉民而以自养也,恶得贤?"③君主从未走这样的极端。当他们采取温和立场时,就和文士一道反对法家。

就政治方面而言,《淮南子》对道家的多方面发展,更多倒向了法家这边。出自《淮南子》、关乎法的重要性和制度变革问题的几条引文,能说明这一点。"主术训"篇言:"今夫权衡规矩,一定而不易,不为秦、楚变节,不为胡、越改容,常一而不邪,方行而不流,一日刑之,万世传之,而以无为为之。"④"所谓亡国,非无君也,无法也。变法者,非无法也,有法者而不用,与无法等。"⑤"泰族训"中说:"故圣人事穷而更为,法弊而改制。"⑥"泛论训"又言:"(知法治所由生,则)应时而变。"⑦"故变古未可非,而循俗未足多也。"⑧

如果我们尝试去察看中华帝国建立的全过程与这个帝国的首领及思想者的政治原则之间的关系,那么会发现法家和儒家无疑是最有影响力的两个学派。法家创建了帝国;儒家维持并改善着帝国。道家的直接影响是偶然性的。但后来有一些道家的追随者在一定时期内,变得非常显赫。道家通过其他学派(如韩非和董仲舒的),间接地影响了帝国。墨家加强了儒家的"德"与"天"之观念;除此之外,它没有产生什么直接的影响。不过,墨家对(上级)权威的极力主张,为法家(而非儒家)所甚喜。

---

① 《史记·太史公自序》。英译参见胡适:《儒学在汉代成为国家宗教》,第 21—22 页。
② 参见梁启超:《先秦政治思想史》,第 78 页。
③ 参见同上,第 89 页。
④ 参见同上,第 115 页。
⑤ 参见佛尔克:《中国中古哲学史》,第 44 页。
⑥ 参见吴康:《董仲舒天人三策》,第 136 页。
⑦ 参见恒慕义:《一名中国史家的自传:兼做〈古史辨〉序》,第 15 页。
⑧ 参见佛尔克:《中国中古哲学史》,第 44 页。

各个学派之间有互动,这早已为人所知。这也解释了为何不同学派可以并肩存在,而不必陷入极度对立、相互排斥。

最有指导意义的,是总结出学派间多少存在、至少适用于两大相互竞争的学派(即儒、法)的共同点。这一共同点,为帝国体制所喜爱;在相当程度上,它就是帝国体制的基础。在不同的政治理论间,一方总想摧毁另一方;但每一种理论,都支撑着帝国。对一个务实的政府而言,每一种政治理论,都对自己有所贡献。无论什么样的理论,都抬高了君主及其代理人的权威,也让民众向之臣服。这些理论一道发展出高度的国家调控和管理。如果说不同学派对国家行为的动机及精神的阐释有所不同,那么它们却是联起手来,通过延伸中央的权威而使之加强。儒、法两套体系通过组织权力和家长式制度,孕育出帝国的官僚体系。儒、法两家公开表明:其所信奉的原则是量才取能,看重候选者的效率、道德和所受教育。各个学派一致主张国家政策和政治思想的整齐划一。当然就这种整齐划一的程度,各有不同的认识。各家学派都把农业作为国家的根基,齐心用力。各家也都表明,应用法律,要做到公正清明。但在实施具体政策上,各学派之间差异巨大。

就本书所知,在中华帝国中发挥着作用且彼此竞争着的思想包括:绝对权力、严格的家长制、官僚化、整齐划一、农耕立国、法制清明以及(官员的)循规蹈矩,等等。

第七章 经济因素

经济是构成帝国故事的重要因素。拙著在前面各章,尚未对经济事务着以笔墨。文帝和武帝两朝对农业问题有较多考虑。①武帝一朝对税收、财政、铸币(材料)、商业关注较多;②秦始皇帝时期和武帝朝晚期的公共工程也得到讨论;③武帝推行的国家专卖亦是话题之一。④还有一些信息,可以帮助读者更好地了解当时经济的整体形势以及帝国创建的不同阶段。这些信息,要么是对已经讨论过的事物的直接补充,要么提供新的线索。本章将依次讨论以下内容:农业、货币、价格(在努力理解货币价值的脉络中)、税收、公共开销、交通、贸易、矿冶及金属(尤其是铁)。最后还有对经济诸因素的整体观察。

关于这些主题,在中国史研究中,并无先例可循。本文所涉及的年代,亦非例外。通常情况下,相关的史料稀少且分散,偶被提及,很难加以解读。此外,研究者没有就整个话题达成令人满意的普遍标准,个中原因主要在于无法确定货币价值及相关术语。但尝试一下,总比无所作为要好。因为这相对于只是看到未获解决的问题而言,还是能够提供一些线索。

中国是一个主要由农民构成的国家,国家组织主要依靠以粮食缴纳的土地税。政府很自然地坚持农业的重要性。商鞅敏锐地意识到:"欲农富其国者,境内之食必贵,而不农之徵必多,市利之租必重,则民不得无田。无田,不得不易其食;食贵则田者利,田者利则事者众。"⑤相对于农业,其他经济活动很明确地被视作次要的。当然

---

① 此举与晁错还有董仲舒有特别的联系;见本文:第三章第四节;第四章第五节。
② 这里有最不同寻常的权宜之计;见本文:第四章第四、五节。
③ 见本文:第二章第三节;第四章第七节。
④ 盐铁专营、平准等;见本文第四章第七节。
⑤ 《商君书·外内》;英译见戴闻达:《商君书英译》,第313页。

这一局面在武帝朝末期,时而会变化。伽乐曾引用一段很有价值的旧论:"汉代以前,中国的士人和政治家,不管其后世被指认为来自哪一个思想学派,都毫无例外地强调农业的重要性。农耕被视为国家财富的根本;而工商业,不过是农人的辅助。工匠提供铁制的农具,商人则销售田里的农产品。"①

但这并不意味着农人真实的生活,是轻松惬意的。汉代的文人,依旧很喜欢使用魏国李悝在公元前5世纪以个人为单位作出的有关农业生产与消费的分析。李氏分析的基础是:一位成年男性耕种100亩地,养活5口人;收成是150石,其中的十分之一作为地税上缴。除去每月的消耗,这位农人每年可余下45石粮,价值1350钱(每石30钱)。农人每年向村庄缴纳300钱,用于祭祀和各种社会活动;还要为家里的每一位成员准备300钱购买衣物。所得与消费相抵,"不足四百五十。不幸疾病死丧之费,及上赋敛,又未与此。"②但是在长达2300多年的历史中,中国的农业经营技术,几乎没有什么变化。李悝与汉代的史家,都梦想着通过提高耕地的单位产量和储存余粮以备荒年,让王朝走出困境。

汉代产量更具弹性,因土地和季节的不同而变化,相对于李悝时代要低一些。这些数据都可获得。当时有很多指责和暗示,认为商鞅和秦朝能更加自由的土地买卖,导致严重的土地集中,佃农甚至要把一半收成交给地主。③前述有提及汉代田赋。据本人所知,汉初十五税一,文帝朝时有豁免,至公元前155年景帝将之改为"三十税一"。这一数字遂成为汉代标准。但这一估定稍显仓促。西汉末年的批评者认为,若考虑到勒索等原因,农人实际的税负高达50%。共享农业的赋税情况,尚不得而知。

完全不可能知道大地主所占土地的百分比。瞿兑之在分析大量证据后,认为这一比例会非常高。④稍后将提及一个作为部分财富量的数字,现在只略举几例。丞相萧何曾被指控"贱强买民田宅数千万";⑤文景时期的酷吏郅都,"乃贳贷买陂田千馀顷,假贫民,役使数千家。"⑥这里有必要提示,有不少次皇帝赠与高官的地产,多达万家甚至更多。《史记·货值列传》所述巨额财产,系由在大片土地上放牧所致。

关于当时的农业生产力,通常认为:一名成年男性,可以养活一个5口上下的家庭。在前引李悝的话之外,孟子在《尽心上》有言:"匹夫耕之,八口之家足以无饥

---

① 伽乐:《〈盐铁论〉:古代中国有关国家对工商业控制的争论》,"导论",第20页。
② 《汉书·食货志上》;英译见戴闻达:《商君书英译》,第43页。
③ 《汉书·食货志上》。
④ 见瞿兑之:《汉代风俗制度考》,第4—5页。
⑤ 《史记·萧相国世家》。
⑥ 《史记·酷吏列传》。文中所言人物,或为景武时期的宁成——译者注。

矣。"《吕氏春秋》讲,"上田,夫食九人。下田,夫食五人";①晁错曰:"今农夫五口之家,其服役者不下二人。"②《礼记·王制》篇亦云:"农田百亩。百亩之分:上农夫食九人……下农夫食五人。"在这几条记载中,有3条列出一名农夫可耕种的农田数目是一百;这大概是华北平原的情况。值得一提的是,据称武帝时期开始采用改进过的耕地轮休制度及农具。在犁地过程中采用畜力也特意被提起,仿佛这是一种新发明。艾伯哈德认为这应该与铁器使用的增加联系在一起,二者一道构成汉代农业的根本性变革。③通常,较晚产生的著作,如写于公元6世纪的农学名作《齐民要术》,将不少农业技术的进步归功于汉代。这些进展包括:抗旱稻米;中耕(inter-tillage)及早晚熟作物;改进过的土地轮休(间种豆类);用坡地种植竹子、水果、蔬菜;养林及制造燃料;借条沟开发利用荒地以提高生产能力等。④

除去"本纪"中的信息,有关这一时期货币的记载集中在《汉书·食货志下》。随着秦帝国取得巨大成功,贝币还有其他实际上用作货币的贵重物品看起来已经消失,让位于金币(高价值货币)和铜币(普通货币)。必须承认从一开始,中文里的"金"就给研究者带来了不小的困难。通常情况下,"金"指的是黄金;除非文中脉络另有所指,该字亦应被译为黄金。但是,"金"也指一般意义上的金属,包括银。当然,无论古代还是现在,用"金"指代"银"都非常罕见。在本文所用史料中,因为有时会与"黄"字并用,所以"金"变得更为复杂。这一问题在"一斤金"中最为突出。有关的注释反复声称:"黄"字出现时,一"金"价值一万钱。在这一语境中,"斤"说的是黄金的真实重量。⑤

绝大多数中国和西方的研究者都对当时看起来价值低廉、数量较大的所谓"金",加以评价;对黄金斤数过于巨大的记载,予以怀疑。实际上,如果没有更好的证据,则无法发表评论。有些学者如翟林奈(Lionel Giles),不加解释地直译"银"或者用"铜"来解释黄金。不管怎样,本文都不得不去处理"金"这个已经成为惯例(或者说技术性)的表达。实际上早在东汉,虽然史料中有几处陈述黄金的斤数与巨额现金可

---

① 《吕氏春秋·上农》;德语译文见卫礼贤(Richard Wilhelm):《吕氏春秋》(*Frühling und Herbst des Lü Bu We*),耶拿(Jena)Diederichs 出版机构 1928 年版,第 453 页。
② 《汉书·食货志》。
③ 艾伯哈德:"论汉代农业",(柏林)《东方论坛》,第 36 辑(1932 年),第 88-91 页。另参见:《汉书·食货志》。
④ 见李萍华(即李美步,Mabel Ping-hua Lee):《农业视角下的中国经济史》(*The Economic History of China: With Special Reference to Agriculture*),纽约哥伦比亚大学出版社 1921 年版,第 149-151 页。李著主题是地力的消耗,其中收集有不少史料;但作者对这些史料的处理不太理想。
⑤ 《史记·平准书》载:"黄金一斤";其下注释曰:"《索隐》按:如淳云'时以钱为货,黄金一斤值万钱',非也。又臣瓒下注云'秦以一溢为一金,汉以一斤为一金',是其义也。"见《史记》第 4 册,中华书局 1963 年版,第 1418 页。

以互换,但注释者在开展其工作时,仍需要对"金"进行说明。一个不那么严重的问题是"铜"。"铜"可以指黄铜或者青铜。在本文所涉及的史料中,"铜"通常与采矿联系在一起,故而更多指纯铜或非纯铜。考古发现支持这一点。但对"金"的问题,研究者依旧束手无策。①确实,不少古代及当代学者都不相信当时有金币。当时已经使用有关金的刻度、获得批准并公布的金的重量单位,这倒是可能的。一条重要的记录表明,有被制成动物形状的"金"。②

这里无需讨论当时发行的一系列货币的种类及重量的细节。秦代货币因为分量过重且粗糙,结果被西汉抛弃。这或许意味着货币使用的增加;当然也可能有其他的解释。汉初允许自由铸造货币"荚钱"。结果,这一货币数量太多、重量太轻,在民间竞相仿造货币的过程中,质量严重下降。前面的章节已经讨论过武帝时期的实验,即用锡银合金制币让钱币形式更加复杂精致。最终,这些实验在国家垄断货币制造权后,一一结束。放任货币铸造,给社会带来了巨大的混乱,也让一些人大发横财。即便这是万花筒中的惊鸿一瞥,也足以揭示这两点:研究中称引过的不同君主当政时期的"钱",相互之间不可比较;与之相关、被用来衡量巨大价值的万钱之"金",亦不稳定。这一点或许会让人觉得不可思议。各色研究者提供放弃货币的证据,但又试图以变动频仍的"钱"为单位,给出不合格的计算。

看待这一问题,必须要有高度的相对意识,且要参考价格以及其他有比较性的标准。在中华帝国的早期阶段,无法确知在变分法中,将有什么样的新符号会被发明出来。秦汉时期的米价,每石从 5 钱到 10000 钱不等。③米石万钱当然是饥荒时出现的极端情况,应该是地方性且很短暂的。还有每石 5000 钱的情况。秦始皇帝时,有每石 1600 钱的记录。最低数字出现在武帝元光年间(公元前 134—前 129 年),无疑也是地方性的,由过度的供大于求造成。每个人都可以根据自己的喜好,对价格加以猜测。但各种各样的记录或多或少都支持艾伯哈德的"豪赌":当时的平均米价是每石 30—50 钱。④如果艾氏把注意力转向土地,应该会发现地价与粮价之间,有一定的比率。据记载,长安以南的优质土地在武帝朝末年,价值一亩万钱。⑤另外李蔡曾"盗

---

① 对西方读者而言,最方便使用的资料见斯坦因:《西域》第 2 册,第 617 页。斯氏著作记录了发现于敦煌附近的公元前 2 世纪的铜钱。
② 《汉书·武帝纪》:"今更黄金为麟趾裊蹄以协瑞焉"。事发公元前 95 年。
③ 《汉书·食货志》上下;《史记·秦本纪》;《汉书·高帝纪》。
④ 艾伯哈德:《论汉代农业》,第 101 页。
⑤ 《汉书·东方朔传》。

取"位于今天河南的"三顷"土地,以"四十万钱"出手;据此可知,地价每亩1300钱。①

斯坦因发现这样一条证据:驻扎西域的一位助理哨卡主管的日薪是20钱。这位主管可能来自蛮族部落,当地购买的物品的价格远远低于内地大都会中的价格。②据《汉书》注释:汉末,维修堤坝的薪资是每月2000钱。③但也有豪杰大肆挥霍的情况。武帝时期,曾允许罪犯用钱50万,买死罪减刑一等。④武帝的妻子陈皇后为求子,"与医钱凡九千万,然竟无子"。⑤这样的开销,足以确保皇后及其家族的地位。

汉文帝在一条声明中有言:"中民"之家家产的平均数量是十金即十万钱(《史记·孝文本纪》;这里暂且不论他究竟如何定义所谓的"中")。到公元1世纪末,汉成帝下令资产在三万钱及以下的家庭,免纳税一年;汉哀帝时,家资不足十万钱的,一年内不用缴税。当时皇帝对高官宠臣的赏赐,数量有时会变得极其巨大。前文已提及数起例子。一赐千金,司空见惯。据记载,"(梁)孝王未死时,财以巨万计,不可胜数。及死,藏府馀黄金尚四十馀万斤,他财物称是。"⑥官员的家产通常是50至100金不等,富商则高达万金。

关于借贷,史料中有不少地方显示利息是两成甚至更高。⑦发生在"七国之乱"时期的一次借贷最能说明问题。据《史记·货殖列传》:"吴楚七国兵起时,长安中列侯封君行从军旅,赍贷子钱,子钱家以为侯邑国在关东,关东成败未决,莫肯与。唯无盐氏出捐千金(即一千万钱)贷,其息什之。三月,吴楚平,一岁之中,则无盐氏之息什倍,用此富埒关中。"

所有这些关于货币及其应用的片段都显示出,中国社会正转向以货币和商品为形式开展的自由贸易。回想一下,如果不是更早,至少到武帝一朝,各级官员的收入一半已经以现金支付。一般而言,以货币计算(收入)已经大大挤占了以粮食和布匹计算(收入)的做法。在一条记载中,偶见西汉政府转输资金和资源。当时武帝正在华南展开大规模行动,下令:中央政府将付钱给那些可以把粮食运送到四川各郡的人。⑧在国家的经济事务中,存在一个权力中央化的政府;而大规模"平准"市场,正是

---

① 《汉书·李广苏建传》。
② 斯坦因:《西域》,第2册,第758页。
③ 《汉书·沟洫志》。
④ 《汉书·武帝纪》。
⑤ 《史记·外戚世家》。
⑥ 《史记·梁孝王世家》;《汉书·文三王传》。如果外行"冒险"对当时的各种货币加以计算,那么一切看起来会像是美联储1933年报告所言:世界各国政府和中央银行手里的黄金是四千万磅(常衡)。
⑦ 参见《史记·平准书》:"岁万息二千"。
⑧ 《史记·平准书》;沙畹:《司马迁的〈史记〉》第3册,第551页。

这一政府想要做的。

关于税收,迄今尚未见到真正的统计资料。有关征税手段的不完整的记录,实际上提供了更多有关非正常索取(如武帝时期)的信息。这也反映出:在中国文献中,基本税收已被视为理所当然。一条关于公元前196年的史料显示,汉高祖对不规范征收的祭祀费表示担忧,因为该款项已成为官员和贵族勒索民众的借口。而同时,地方各郡显然得到很好的管理。于是高祖下令,地方按人均每年63钱的标准征收,上缴中央府库,供每年十月的祭祀用。①即便是在高祖的"封建"之国,这一标准化的"献费"也是至关重要的。遗憾的是,现有材料不足以支撑重建关于"献费"的完整故事。最有参考性的资料涉及之前或之后的情况,但注释者提供的内容,过于平淡无奇。或许应该尝试重新评估为祭祀而于公元前112年实施的"酎金令"。

关于这一时期的人头税"算赋",则有较多信息。但这些信息未必确定无疑。加藤繁(Shigeru Kato)仔细研究算赋,②得出结论:武帝时期的标准是每人190钱;此类证据,如文帝时每人40钱,并不具有太多说服力;西汉末年的标准是每人120钱;东汉时期的注释者坚持认为从汉高祖开始,每人120钱就是根本税率。从西汉建立伊始,在每年的第八个月,中央政府计算税收。③加藤繁认为"算赋"本质上是一种军事税,有时是为筹措军事装备而设置;其由商鞅在秦国推行,它处不见。其他税收有时也会提到"算",即用以清点估算物品或价值。譬如,前文有言武帝在征收船税和财产税时,就使用了"算"。这可能会带来一些困惑。《汉书》的注家在谈及惠帝时期的"五算"时断言:对商人和奴隶征收双倍的人头税。④武帝时期针对儿童的人头税("口钱")似乎是7-23钱。其依据的是《汉书·昭帝纪》中的有关注释。

强制服役是税收的重要形式之一。在汉代,在兵役与徭役之间,很难有明确的区分。当时,人们经常要到边塞劳动,也要频繁参与军事或半军事目的的运输。无论从社会功能还是从国家与臣民关系的角度看,戍边与转输都是重叠的。原则上,成年男子服役的年龄是23-56岁(景帝时把服役起始年龄降至20岁)。董仲舒说,古时的传统,是人民在地方官的带领下服役一个月;同时抱怨现在"一岁屯戍,一岁力役,三十倍于古。"(《汉书·食货志上》)这可能是汉初官方要求服役的最大值。不过,我们必

---

① 《汉书·高帝纪》。
② 加藤繁(Shigeru Kato):《汉代人头税算赋研究》(A Study on the Suan-fu, the Poll Tax of the Han Dynasty),《东洋文库研究部纪念文集》(*Memoirs of the Research Department of the Toyo Bunko*),第1辑(东京1926年版),第51-68页。
③ 《汉书·高帝纪》。注家称人头税起征年龄为15-16岁;这样的规定或许与军事作战有关。
④ 《汉书·惠帝纪》。

须考虑到秦朝和楚汉相争时期的兵役几无限制，许多征招都是在非常情况下发生的。这无可避免地带来折钱免役。据记载，公元前80年后不久，也出现过类似情况。① 史料的注释者提供细节：一名男子可以缴纳两千钱，免服徭役一个月；三百钱，免戍边三天。这些钱，将被用到真正按年服役的人身上。这里，我们再一次看到中国社会正在走向货币经济。

前述章节中有这样的内容：皇室和国家财产巨大并继续开拓财源、官阶和职位可被用来出售、可以通过花钱来减轻刑罚、罚款众多且没收频仍、武帝时实行专营和紧急征收，等等。所以，这里没必要再多着笔墨。《太平御览》曾引用公元1世纪的名士桓谭说过的话："汉定以来，百姓赋敛一岁为四十馀万万。吏俸用其半，馀二十万万，藏于都内为禁钱。少府所领园地作务之八十三万万，以给宫室供养诸赏赐。"（第627卷"治道部八•赋敛"）② 这是较晚时代的数字，不能涵盖全部。另载："孝元皇帝（公元前48—前33年在位）奉承大业，温恭少欲，都内钱四十万万，水衡钱二十五万万，少府钱十八万万。"（《汉书•何武王嘉师丹传》）③ 注释者将其解释为国家的储备。这两组数字，看起来有几分相像。《汉书•王莽传》亦言："时省中黄金万斤者为一匮，尚有六十匮（约六十亿钱），黄门、钩盾、臧府、中尚方处处各有数匮。长乐御府、中御府及都内、平准帑藏钱帛珠玉财物甚众。"不管前述财富究竟价值多少，从中可以清楚地看到两点。首先，国家和皇室财富规模势均力敌；再者，王朝的收入足以应对积年累月的战争。

正如我们所见：汉代，尤其是在武帝一朝，投入巨大金钱，用以支持、赏赐军队；更耗费惊人的财富，用于河渠、堤坝和救灾上；调拨大批官员充实建筑和运输业。譬如，大将军卫青荡平匈奴，武帝耗资20万金（二十亿钱），用以奖赏将士。④ 每一条新主干水渠的修建费用都在十亿钱左右。⑤ 西汉设有皇家工坊，生产军事装备及其他物品。关于这些工坊的规模，可以从汉元帝时期大臣贡禹的传记中，略知一二。元帝与武帝之间，相隔两任君主。贡禹在上书中说："方今齐三服官作工各数千人，一岁费数钜万。蜀广汉主金银器，岁各用五百万。三工官官费五千万，东西织室亦然。厩马食粟将万匹"；"今汉家铸钱，及诸铁官皆置吏卒徒，攻山取铜铁，一岁功十万人已上，中农

---

① 《汉书•昭帝纪》。
② 参见瞿兑之：《汉代风俗制度考》，第90—91页。
③ 参见同上。
④⑤ 《汉书•食货志下》。

食七人,是七十万人常受其饥也";此外还有"诸官奴婢十万馀人戏游亡事,税良民以给之。"①这些话,出自一名(未来的)改革者之口。贡禹描述的情况,虽然并没有发生在本文所研究的时期内,但其言论非常有针对性,完全适合我们对之缺乏足够了解的武帝时期。

还有一笔特殊的开销——马匹。马匹与战争及运输的许多重要事项都有关系。有记录显示,在对抗匈奴的战役中,有时会用到、失去成千上万匹战马;在边地设有上等的马苑,必要时可以饲养数以万计的战马;各县都设有喂养马匹的站点;为西北防卫区域内的住户提供母马(以供饲养),等等。《史记·平准书》《汉书·食货志》中有十多条与此相关的记载,更莫说分散在本纪和列传中的有关内容;所有这些都显示出在军事和日常生活中马匹获得更多应用。司马迁说:与之前的马匹稀少、依赖牛车的情况形成对比,武帝执政没多久就出现了马匹繁盛的局面。②军队依赖民间的马匹,以之补充政府的马厩;私人马匹会被注册、征用,马主人可获得一定的特权。③当时还设置关卡,以防马匹跑出禁区,特别是要防止其落入匈奴手中。④

马匹对庞大的西汉官方驿传系统而言非常重要。这一系统继承自秦,在汉代变得更加精细。譬如,根据官员的层级以及对速度的要求,划分出不同的运送等级。通常,每30里设置一所驿站。一条记载偶然揭示了通过驿传前往京城的速度:7天,1450里。"列传"中有更多记载:地方官必须到边界恭迎来其辖地访问的上级,并备好车马;为驿传服务的私人马匹应该受到优待,等等。⑤

这一时期,货物交换有了显著的增长。当时,人口增加、技术改善,贸易自然会随之发展。更重要的,公共秩序的完善、国土面积的增加、在更广阔边疆开展更加自由的贸易、度量衡单位及政府行为的规范化、交通的改善,还有一些政府商业,都为这一发展,推波助澜。另一方面,战争的影响、非正常税收、政府的限制、国家垄断经营等,又限制商业的发展。商业发展的一则证据,就是城镇在这个农业国家的增长。马伯乐断言即便是在东汉,整个中华帝国也只有三、四个拥有10万以上居民的城市。⑥在严格的意义上,马氏所言或许是对的,但亦有误导性。有关国都的描述,会把当时城

---

① 《汉书·王贡两龚鲍传》。
② 《史记·平准书》;沙畹:《司马迁的〈史记〉》第3册,第539、544-545、593-594页。
③ 《汉书》之《惠帝纪》《武帝纪》。
④ 《汉书·景帝纪》。
⑤ 瞿兑之收集了有关的资料,让人颇感兴趣。见氏著:《汉代风俗制度考》,第84页及以下。
⑥ 见马伯乐:《中国汉代的个人生活》(La vie privée en Chine à l'époque des Han)《亚洲艺术评论》(Revue des arts asiatiques)第7辑,第185页。

市的发展拔高许多。据记载,秦始皇帝曾令全国各地的12万富商大族,迁居咸阳。①位于今天山东的临淄城,"十万户,市租千金。"(《汉书·高五王传》)规模(至少在论说的目的上)比国都长安还要宏大。前面曾提及大型皇家工坊雇佣的工人,数以千计。其中的一家反映出四川某座城市人口集中的情况,工匠数量暗示当地人口已过10万。

有太多证据表明,时人已经认为商业在国家生活中发挥着巨大的作用。桑弘羊曾提及13座城市,其中临淄及河北的邯郸最为现代学者熟知。其言:"(名城)富冠海内,皆为天下名都,非有助之耕其野而田其地者也,居五诸之冲,跨街衢之路也。"(《盐铁论·通有》)"此天地所以均有无而通万物也。今吴、越之竹,隋、唐之材,不可胜用,而曹、卫、梁、宋,采棺转尸。"(同前)"天下烦扰,而有乘羡之富。"(《盐铁论·力耕》实为"文学"而非"力耕"之言——译者注)。②

《史记》名篇"货殖列传"就是一份富豪名录。这些富豪通过贸易、采矿、制造、牧业等致富,同时把借贷生息作为副业。富豪的出身更是五花八门,"贩脂""掘墓""博戏"……这些行业,应当是商贾之家刚起步时的营生。据称某山东老户在其巅峰之时,拥有多达3000辆货车。奴隶在财富和礼物列表上是大宗项目;在富商手下,奴隶作为矿工和匠人更是重要的生产力。拥有几百名奴隶的主人很常见,吕不韦占有的奴隶数量高达万人。③这表明(奴隶的)销售和运输可以自由进行。四川某地以出产奴隶而著称。④罪犯和战俘也是奴隶最常见的来源之一。值得一提的是,董仲舒建议实施改革,废除主人可以随意杀害奴隶的特权。在运输、采矿以及官府日常事务中,官奴婢数量巨大。由此可知,奴隶劳动在这一时期的经济领域中发挥着非常显著的作用。⑤

武帝及其前任对矿冶都很关注。矿冶与货币及政府对铁器的专营,密切相关;一些人也正是通过矿冶,获得了巨额财富。考古证据表明,在秦汉时期,铁器的使用在增加;这亦合乎文献的记载。詹奥洛(Olov Janse)在其详细的研究中,得出结论:西汉建立后,华北地区已不再使用青铜剑;至迟在公元前1世纪,铁剑获得广泛使用。这种渐进的变化,主要集中在具有关键意义的秦统一中国前后时期。或许整个青铜时

---

① 《史记·秦始皇本纪》;沙畹:《司马迁的〈史记〉》第2册,第137页。
② 英译见伽乐:《〈盐铁论〉:古代中国有关国家对工商业控制的争论》,第18、20、17页。
③ 《史记·吕不韦列传》;《史记·货殖列传》。
④ 《史记·货殖列传》。
⑤ 这一话题,见梁启超:《中国奴隶制度》,《清华学报》,第2卷第2期(1925年),第527-543页。这是一篇简短的笔记,概览了中国古代的奴隶制度。参见瞿兑之:《汉代风俗制度考》,第47页及以下。

代的时间很短暂。"目前尚未发现可以确定无疑地回溯至西周以前的中国铜剑"。詹氏非常看重位于朝鲜半岛东北部中国营地的考古发掘。①洛阳一座公元前4世纪早期的古墓,提供最新的物证。古墓出土两件铁制基座,每件都大于1立方尺。在建筑中发现铁制连接板,另有精心放置的轴头和银、铁制环形物,以及有可能是铁制的耳型装饰物。从技术角度看,这些物品都非常出色;但是其总数量只占出土物总量的很小一部分。究其根本,主要发掘者指出:"其时铁器的使用并未普遍"。②

这里应该呈上朱希祖就文本证据提出的总结性论断:正是在长江而非黄河中下游地区,铁制兵器获得普遍使用,其效果令人满意。朱文广泛参考了《墨子》《尚书》《荀子》《韩非子》《史记》《盐铁论》等著作。在这些著作中,都有关于铁制兵器及其他设备使用情况的记载。朱氏还指出,一般而言,楚地铁器的数量和质量,值得称道。③《孟子》中亦曾说南方使用铁制农具。④本文所用材料也显示出:铁在其他领域亦获得广泛使用。譬如,张良试图用重达120斤的大铁椎刺杀秦始皇;另一处记载了40斤的铁椎。⑤铁槌亦被提及,多用作戴在某些罪犯左脚踝上的刑具。⑥"铁器者,农夫之死士也。"(《盐铁论·禁耕》)⑦这是"文学"反对桑弘羊时说的话。"文学"反对随着国家专营铁器而来的标准化,理由是:不同的土地,需要不同型号和规格的农具。

最后,有更加普遍、更加重要的证据表明:铁器在中华帝国的经济和公共事务中,发挥着广泛且重要的作用。司马迁在他制定的财产目录里,这样说道:"通都大邑"的居民若拥有千石"铁器",就可比肩"千乘之家"。⑧吕后时期,朝廷通过关闭铁器贸易,对南越施加压力;南越将之视为战争信号,准备发兵长沙。⑨武帝时,靠近边地的城镇不得向蛮族部落出售军需品、铁器和货币。⑩在权力中央化的帝国抗击内外敌人的事业中,铁器无疑是一个重要的因素,一如它在农业、矿冶和工商业走向繁荣的过程中所扮演的角色。

---

① 詹奥洛(Olov Janse):《目前所见中国古剑研究》(Notes sur quelques épées anciennes trouvées en Chine),《远东博物馆学报》(Bulletin of the Museum of Far Eastern Antiquities),第2辑(1930年),第67-175页(尤见第92-94页)。
② 怀履光(Willam Clarence White):《洛阳老城古墓:金村公元前550年前后王室墓葬群的建筑和葬品》(Tombs of Old Lo-Yang; a Record of the Construction and Contents of a Group of Royal Tombs at Chin-ts'un, Honan, Probably Dating 550 B. C.),(上海)别发(Kelly and Walsh)出版社1934年版,第19、73页。
③ 朱希祖:《中国铁制兵器先行于南方考》,《清华学报》,第5卷第1期(1928年),第1475-1487页。
④ 见《孟子·滕文公上》:"'许子以釜甑爨,以铁耕乎?'曰:'然。'"
⑤ 分别见《史记·留侯列传》;《史记·魏公子列传》。"四十斤"铁椎出现在公元前4世纪的一起刺杀事件中。
⑥ 参见《史记·淮南衡山列传》。
⑦ 英译见伽乐:《〈盐铁论〉:古代中国有关国家对工商业控制的争论》,第32页。
⑧ 《史记·货殖列传》。
⑨ 《史记·南越列传》。
⑩ 《汉书·张冯汲郑传》。

结语

公元前3世纪前半叶,华北平原上诸国争战;公元前140年开始,汉武帝建立的帝国在精彩表演。在这两个时代之间,有着天壤之别。实际上在更早的时候,就已经出现了有利的社会、制度和文化因素;这些因素结合起来,势必带来现在清晰可见的具有历史意义的结果。百家学派的多样竞争,让儒学传统变得生机勃勃,更让儒学重新定义自己。当时,儒家学说正在发展,与中国人的思想和习惯是如此地相合相投。在暴烈的战争以及通过征服以巩固国家的努力中,那些尚未被人完全理解的经济和社会变革高歌猛进,旨在削弱古旧的贵族组织和世袭王侯。充满活力但又铁腕无情的秦国,与来自蒙古和中亚的游牧部落展开了漫长的军事斗争,从中学到并掌握了骑兵的技、战术及相关设备。商鞅花大力气重组秦国政治,保障所有权威尽归君主,更让秦成为农战立国的典范。

非同寻常的人事与环境之结合,把这样一个人送上秦王的宝座。在韩非尖刻思想的刺激下,同时得益于李斯强有力的主张和管理,秦王横扫所有对手,把秦国体制加诸华夏。金戈铁马征伐,残酷无情;这种无情,却被随之而来的宏伟功绩和超凡智慧所冲淡。最重要的,秦国为让人精疲力竭的战争画上句号;亦为此后2100年间诸朝代解决现实问题,提供可资借鉴的、以强力法制约束的方案。这些彻底稀释了所谓的残酷和所谓的无情。秦始皇帝自己,创造出历史中的伟大一刻。始皇帝的继承者完全不合时宜,人们找到机会去反抗随着秦国达至巅峰而来的沉重负担。在粗鲁的反叛者当中,亦有智者。这些智者意识到:必须接受,并调适而非摧毁他们宣称早已痛恨至极、由秦帝国创建的那一整套制度。

大体而言,汉朝要做的就是延续这些事业:具有明确优先性的社会一般秩序;国人对匈奴劫掠者的联合抵抗,以及与共有文化协调一致的商业与政治的统一。因为汉与秦之间的天然不同、汉对光荣过去的珍视,以及秦末叛乱中军事及地方首领之间的互惠需求,新建的汉政权在统一帝国的外壳下设置出一套明确无疑的"封建"制度(即"分封制")。汉高祖经过十年努力,让自己的族人逐一取代昔日的盟友和对手。在随后几朝,"封国"渐次与普通的郡县整合起来。由新王朝"(西)汉"控制的帝国组织平安度过因吕氏家族而起的风暴,然后经历风平浪静的文景时期,最后进入威猛剧烈的武帝一朝。此时,相对于已经牢牢建立起来的制度,没有任何竞争者能够获得足够的制度—思想支持以取得成功。换言之,中华帝国,真真正正建立起来。

秦汉两朝建成非凡的道路与运河系统。强大的骑兵可以对任何刚刚发生的叛乱展开快速打击,无惧其遥远。中央政府掌控的经济资源在增加,地方的经济利益随之下降。财富转移和集聚的速度愈发快捷。虽然要面对很多限制,强大的商人、矿主和工商业家阶层进一步走向繁荣。在商业环境日趋一致的条件下,他们获利甚丰。在思想领域,法家思想的重要性有所降低,因为人们务实地选择与法家对立的学派。儒者在困境中不屈不挠。儒家学说有着深厚的社会基础,更大大改善自己的传承。儒学的传承以具有确定无疑权威性且价值获得承认的儒家经典为基础。同时,儒者乐于吸收、敢于妥协,让儒学能与道家学说相适应,与大众信仰并存,甚至借荀子与法家学说通融。汉帝国最终认可由儒士和儒家思想占据主导地位。有汉一代,没有其他学派可与儒学比肩。在思想领域,正如同在经济和政治领域,不同学派之间几近彻底协调。

一致性的优势,是那种可以让热情迸发的思想趋于多样化,以及之前几个世纪中的不同政权间的竞争。行政管理上的整齐划一与思想体系上的协调一致,相互关联。汉代董仲舒式的一家独尊,堪比秦代法家的不容异议。当然,在手段上,前者远没有后者严苛。更进一步的代价,是所谓"专制"。缺少贵族或联邦式的制衡,只剩下官僚体制的惰性和模糊不明的来自上天及儒经的标准。此外,一致性、那种较早且容易获得的比周边民族的高人一等、教育及政治原则集中于古老的经典等,都增强着社会传统中天然的保守性。在某种意义上,无与伦比的帝国体制的稳定性彰显出"复古"的趋向,这种"复古"的内在需求是如此之全面又如此之成功。

《史记》《汉书》中的那些鲜活的历史人物,侧身移步不朽的历史长河,让中华社会生生不息。

参考文献

艾伯哈德(Wolfram Eberhard):《论汉代农业》(Zur Landwritschaft der Han-Zeit),收入(柏林)《东方论坛》(Mitteilungen des Seminars für orientalische Sprachen),第36辑(1932年)。

奥洛索(L. Aurousseau):《公元前3世纪汉对交趾地区的征服》(La première conquête chinoise des pays annamites (IIIe siècle avant notre ère)),收入《法兰西远东学院学报》(Bulletin de l'Ecole Frangcaise de l'Extrem Orient),第23辑(1923年)。

彼得·科兹洛夫(Pyotr Kozlov):《蒙藏探险之旅中的考古发现》(Les decouvertes archeologiques de l'expedition mongole-tibetaine),收入《亚洲艺术评论》(Revue des arts asiatiques),第7辑(1931-1932年)。

伯希和(Paul Pelliot):《评沙畹〈魏略〉中的西域》(Reviewed Work:Les pays d'Occident d'après le Wei lio. —(T'oung Pao, II, VI) by Ed. Chavannes),收入《法兰西远东学院学报》(Bulletin de l'École française d'Extrême-Orient),第6辑第3/4期(1906年7-12月)。

伯希和:《高地亚洲》(Le Haute Asie),1931年版(出版社信息不详)。

朝河贯一(Kan'ichi Asakawa):《日本早期制度:大化革新研究》(The Early Institutional Life of Japan: A Study of the Reform of 645 A.D.),东京集英社(Shueisha)1903年版。

朝鲜总督府(Government-General of Chosen):《古乐浪地区考古研究》(Archeological Researches on the Ancient Lo-lang District),1925年版。

崔适著、张烈点校:《史记探源》,中华书局1986年版。

戴遂良(Léon Wieger):《历史文本》(Textes historiques),河北献县1929年版。

戴遂良:《中国宗教信仰与哲学观点史》(Histoire des croyances religieuses et des opinions philosophiques en Chine),河北献县1922年版。

戴闻达(J. J. L. Duyvendak):《商君书英译》(The Book of Lord Shang),伦敦Arthur Probsthain出版机构1928年版。

戴闻达:《中国哲学研究》(Etudes de philosophie chinoise),收入《法国及外国哲学评论》(La

Revue philosophique de la France et de l'Étranger),第 110 期(1930 年)。

德高(J. A. Decourdemanche):《古今货币与度量衡:印度与中国》(*Traite des monnaies, measures et poids anciens et moderns de l'Inde et de la Chine*),巴黎 Ernest Leroux 出版机构 1913 年版。

德孝骞(Homer H. Dubs):《荀子》(*The Works of Hsüntze*),伦敦 Arthur Probsthain 出版机构 1928 年版。

邓之诚:《中华二千年史》上册,上海商务印书馆 1934 年版。

方法敛(Frank H. Chalfant):《秦代标准度量衡》(*Standard Weights and Measures of the Ch'in Dynasty*),收入《皇家亚洲文会北华支会会刊》(*Journal of the North China Branch of the Royal Asiatic Society*),第 35 辑(1903 年)。

佛尔克(Alfred Forke):《〈论衡〉上:王充的哲学论文》(*Lun-Heng;Part I:Philosophical Essays of Wang Ch'ung*),莱比锡 Otto Harrassowitz 出版机构 1907 年版。

佛尔克:《〈论衡〉下:王充的各类文章》(*Lun-Heng;Part II:Miscellaneous essays*),柏林 Londres 出版社 1911 年版。

佛尔克:《中国古代哲学史》(*Geschichte der alten chinesischen Philosophie*),汉堡 Friederichsen 出版机构 1927 年版。

佛尔克:《中国人对世界的认识:他们对天文、宇宙、物理及哲学的思考》(*The World-Conception of the Chinese:Their Astronomical, Cosmological and Physico-Philosophical Speculations*),伦敦 Arthur Probsthain 出版机构 1925 年版。

佛尔克:《中国中古哲学史》(*Geschichte der mittelalterlichen chinesischen Philosophie*),汉堡 Friederichsen 出版机构 1934 年版。

福兰阁(Otto Franke):《儒学教义史与中国国家宗教:〈春秋〉的问题与〈春秋繁露〉》(*Studien zur Geschichte des konfuzianischen Dogmas und der chinesischen Staatsreligion:das Problem des Tsch'cunts'iu und Tung Tschung-schu's Tsch'un-ts'iu fan lu*),汉堡 Friederichsen 出版机构 1920 年版。

福兰阁:《中华帝国史:起源、本质及其从古至今的发展》第 1-5 册(*Geschichte des Chinesischen Reiches;eine Darstellung seiner Entstehung, seines Wesens und seiner Entwicklung bis zur neuesten Zeit*),柏林德古意特(de Gruyter)出版社 1930-1952 年版。

伽乐(Esson McDowell Gale):《〈盐铁论〉:古代中国有关国家对工商业控制的争论》(*Discourses on Salt and Iron:A Debate on State Control of Commerce and Industry in Ancient China, Chapters I-XIX*),莱顿(Leyden)博睿(Brill)学术出版社 1931 年版。

高本汉(Bernhard Karlgren):《〈周礼〉及〈左传〉文本的早期历史》(*The Early History of the Chou Li and Tso Chuan Texts*),收入《远东古物博物馆馆刊》,第 3 辑(1931 年)。

高延(de Groot):《有关亚洲历史的中文文献》(*Chinesische Urkunden zur Geschichte Asiens*),柏

林与莱比锡第 1 册 W. de Gruyter & co. 出版机构 1921 年版。

葛兰言:《中国思维》(*La Pensée chinoise*),巴黎 Albin Michel 出版机构 1934 年版。

葛兰言:《中国文明:公共与私人生活》(*La civilisation chinoise: la vie publique et la vie privee*),巴黎万丽书海(La Renaissance du livre)1929 年版。

葛玛丽(A. V. Gabain):《王者之镜:陆贾〈新语〉译文》(Ein Fürstens spiegel: Das Sin-Yü des Lu Kia (Übersetzung)),(柏林)《东方论坛》(*Mitteilungen des Seminars für orientalische Sprachen*),第 23 辑(1930 年)。

顾立雅(Herrlee Glessner Creel):《中国风:有关中国人世界观之演进的研究》(*Sinism: A Study of the Evolution of the Chinese World View*),芝加哥奥本考特(Open Court)出版社 1929 年版。

顾泰利(Telly Koo):《西汉宪政之发展》(The Constitutional Development of the Western Han Dynasty),收入《美国东方学会会刊》(*Journal of the American Oriental Society*),第 40 辑(1920 年)。

恒慕义(Arthur William Hummel Sr.):《一名中国史家的自传:兼作〈古史辨〉序》(*The Autobiography of a Chinese Historian: Being the Preface to a Symposium on Ancient Chinese History* (*Ku shih pien*)),莱顿博睿学术出版社 1931 年版。

胡适:《儒学在汉代成为国家宗教》(The Establishment of Confucianism as a State Religion during the Han Dynasty),《皇家亚洲文会北华支会会刊》(*Journal of the North China Branch of the Royal Asiatic Society*),第 60 辑(1929 年)。

胡适:《中国哲学史大纲》,上海商务印书馆 1919 年版。

胡养蒙(Hu Yan Mung):《中国法律中的"名、分"之设计:一份哲学和法学的研究》(*Étude philosophique et juridique de la conception de "Ming" et de "Fen" dans le droit chinois*),巴黎 Les Éditions Domat-Montchrestien1932 年版。

怀履光(Willam Clarence White):《洛阳老城古墓:金村公元前 550 年前后王室墓葬群的建筑和葬品》(*Tombs of Old Lo-Yang; a Record of the Construction and Contents of a Group of Royal Tombs at Chin-ts'un, Honan, Probably Dating 550 B. C.*),上海别发(Kelly and Walsh)出版社 1934 年版。

加藤繁(Shigeru Kato):《汉代人头税算赋研究》(A Study on the Suan-fu, the Poll Tax of the Han Dynasty),收入《东洋文库研究部纪念文集》(*Memoirs of the Research Department of the Toyo Bunko*),第 1 辑(东京 1926 年版)。

贾杰(F. Jager):《〈史记〉研究现状》(Der heutige Stand der Schi-ki-Fors-chung),收入《亚洲专刊》(*Asia Major*),第 9 辑(1933 年)。

京都帝国大学(Kyoto Imperial University)文学院:《考古研究报告》(*Reports Upon Archeological Research*),第 11 辑(1928-1930 年)。

克劳塞(René Grousset):《远东史》(*Histoire de l'Extreme-Orient*),巴黎保罗·盖特纳东方图书馆(Librairie Orientaliste Paul Geuthner)1929 年版。

克劳泽(F. Krause):《周、汉及三皇时期史料中的河流与舟战》(Flüss und Seegefechte nach chinesischen Quellen aus der Zeit der Chou-und Han-Dynastie und der drei Reiche),收入《东方论坛》(Mitteilungen des Seminars für orientalische Sprachen 柏林),第17辑(1915年)。

李萍华(即李美步,Mabel Ping-hua Lee):《农业视角下的中国经济史》(The Economic History of China: With Special Reference to Agriculture),纽约哥伦比亚大学出版社1921年版。

赖德烈(Kenneth Scott Latourette):《中国人:他们的历史,他们的文化》(The Chinese: Their History and Culture),纽约麦克米伦(Macmillan)1934年版。

劳弗尔(Berthold Laufer):《中国-伊朗:中国对古伊朗文明历史的贡献》(Sino-Iranica: Chinese Contributions to the History of Civilization in Ancient Iran),芝加哥田野自然史博物馆(Field Museum of Natural History)1919年版。

雷海宗:《皇帝制度之成立》,收入《清华学报》,第9卷第4期(1934年)。

李奎耀:《史记决疑》,收入《清华学报》,1928年第4卷第1期。

梁启超,《先秦政治思想史》,伦敦 Kegan Paul, Trench, Trubner 有限公司1930年版。

廖文奎(Wen Kwei Liao):《个人与群体:针对社会行为驱动因素的历史分析》(The Individual and the Community: A Historical Analysis of the Motivating Factors of Social Conduct),伦敦 Kegan Paul, Trench, Trübner 有限公司1933年版。

泷川龟太郎(Takigawa Kametaro,即泷川资言):《史记会注考证》(Shiki kaichu kosho)第1-10册,日本东方文化学院东京研究院(Toho Bunka Gakuin Tokyo kenkyujo)1934年版。

泷川资言:《史记会注考证》,北京文学古籍出版刊行社1955年版。

罗振英(Lo Tchen-ying):《中国史学的形式和方法:一个史学家族及其作品》(Les formes et les méthodes historiques en Chine: une famille d'historiens et son oeuvre),巴黎 Paul Geuthner 出版机构1931年版。

吕振羽:《秦代经济研究》,收入《文史》,第3辑(1934年)。

马伯乐(Henri Maspero):《〈左传〉的文本和成书时间》(La composition et la date du *Tso tchouan*),收入《融合:中国与佛教》(Mélanges Chinois et Bouddhiques),比利时中国高等研究院(Institut Belge des Hautes Etudes Chinoises)出版,第1辑(1931-1932年)。

马伯乐:《中国汉代的个人生活》(La vie privée en Chine à l'époque des Han),收入《亚洲艺术评论》(Revue des arts asiatiques),第7辑(1932年)。

马伯乐:《古代中国》(La Chine antique),巴黎博加德(de Boccard)出版机构1927年版。

马古烈(Georges Margouliés):《中国古文选编》(Le kou-wen chinois: Recueil de textes),巴黎保罗·盖特纳东方图书馆(Librairie Orientaliste Paul Geuthner)1926年版。

马松奥赛(P. Masson-Oursel)、周嘉健(Kia-kien Tchou 音译):《尹文子》(Yin Wen-tseu),收入《通报》(T'oung-pao),第15辑(1914年),第557-622页。

梅贻宝(Yi-pao Mei):《墨子的伦理及政治作品》(*The Ethical and Political Works of Motse*),伦敦 Arthur Probsthain 出版机构 1929 年版。

梅贻宝:《墨子:一名被忽视的孔子的竞争对手》(*Motse, the Neglected Rival of Confucius*),伦敦 Arthur Probsthain 出版机构 1934 年版。

密迪乐(Thomas Taylor Meadow):《中国人及其叛乱》(*The Chinese and Their Rebellions*),London: Smith, Elder & co.; Bombay: Smith, Taylor & co.1856 年版。

瞿兑之:《汉代风俗制度史》,上海商务印书馆 1935 年版。

沙畹(Edouard Chavannes):《司马迁的〈史记〉》(*Les mémoires historiques de Se-ma Ts'ien*)第 1-3 册,巴黎 Ernest Leroux 出版机构 1895-1904 年版。

沙畹:《斯坦因在新疆沙漠所见汉文文献》(*Les documents chinois: découverts par Aurel Stein dans les sables du Turkestan oriental*),牛津大学 1913 年版。

邵弗特(Wilhelm Seufert):《有关汉代国家重组的文献》(*Urkunden zur staatlichen Neuordnung unter der Han-Dynastie*),收入(柏林)《东方论坛》(*Mitteilungen des Seminars für orientalische Sprachen*),第 23-25 辑(1922 年)合集。

施耀克(J. K. Shryock):《孔子国家崇拜之起源与发展初探》(*The Origin and Development of the State Cult of Confucius: An Introductory Study*),纽约/伦敦美国历史学会(American Historical Association)1932 年版。

斯宾塞(Herbert Spencer):《叙述社会学:中国篇》(*Descriptive Sociology: The Chinese*),伦敦 Williams and Norgate 出版机构 1910 年版。

斯坦因(Marc Aurel Stein):《西域:一份有关在中亚及中国最西部探险的详细报告》(*Serindia: Detailed Report of Explorations in Central Asia and Westernmost China*)第 1-5 册,伦敦及牛津克莱伦登(Clarendon)出版社 1921 年版。

孙念礼(Nancy L. Swann):《班昭:中国最早的女学者》(*Pan Chao: The Foremost Women Scholar of China*),纽约美国历史学会(American Historical Association)1932 年版。

汤因比(Arnold J. Toynbee):《国际事务概览》(*Survey of International Affairs*),牛津大学出版社 1926 年版。

王国良:《中国长城沿革考》,上海商务印书馆(1931 年版)。

王先谦:《汉书补注》,长沙王氏虚受堂 1900 年版。

韦利(Arthur Weley):《道与其力:有关〈道德经〉及其在中国思想中之地位的研究》(*The Way and Its Power: A Study of the Tao Te Ching and its Place in Chinese Thought*),伦敦 George Allen & Unwin 1934 年版。

卫礼贤(Richard Wilhelm):《吕氏春秋》(*Frühling und Herbst des Lü Bu We*),耶拿(Jena) Diederichs 出版机构 1928 年版。

吴国桢：《中国古代政治理论》(Ancient Chinese Political Theories)，上海商务印书馆1928年版。

吴康(Kang Woo)：《董仲舒天人三策》(Les trios theories politiques du Tc'oven Ts'ieou)，巴黎Ernest Leroux 出版机构1932年版。

夏德(Friedrich Hirth)：《张骞：中国探索亚洲西部的先锋》(The Story of Chang K'ien, China's Pioneer in Western Asia)，收入《美国东方学会会刊》(Journal of the American Oriental Society)，第37辑(1917年)。

休斯(E. R. Hughes)：《公元前3-4世纪中国的政治理想主义与现实主义者》(Political Idealists and Realists of China of the Fourth and Third Centuries B. C.)，收入皇家亚洲文会北华支会会刊(Journal of the North China Branch of the Royal Asiatic Society)，第63辑(1933年)。

许仕廉(Leonard Shih-lien Hsü)：《儒家政治哲学：解读孔子及其先导和早期弟子的社会政治思想》(The Political Philosophy of Confucianism: An Interpretation of the Social and Political Ideas of Confucius, His Forerunners, and His Early Disciples)，纽约达顿(E. P. Dutton)出版社1932年版。

叶慈(W. P. Yetts)：《科兹洛夫探险之发现》(Discoveries of the Kozlov Expedition)，收入《伯灵顿杂志》(Burlington Magazine)，第48期(1926年)。

伊万诺夫(A. Ivanov)：《中国法家哲学资料：韩非篇》(Materialy po kitajskoj filosofii Shkola Fa. Han' Fej-tszi)，圣彼得堡1912年版。

原田淑人(Yoshito Harada)：《乐浪》(Lo-lang)，1930年。

翟理斯(Herbert Allen Gilles)：《中国文萃》(Gems of Chinese Literature)，上海别发(Kelly & Walsh)出版社1922年版。

翟林奈(Lionel Giles)：《孙子兵法》(Sun-Tzu on the Art of War)，伦敦 Luzac and Company 出版机构1910年版。

詹奥洛(Olov Janse)：《目前所见中国古剑研究》(Notes sur quelques épées anciennes trouvées en Chine)，收入《远东博物馆学报》(Bulletin of the Museum of Far Eastern Antiquities)，第2辑(1930年)。

朱希祖：《中国铁制兵器先行于南方考》，《清华学报》，第5卷第1期(1928年)。

贝德士先生的博士论文未列"Bibliography"(参考书目)。译者仅据原文所引证文献，特为编制，并做适当补充。因原文没有提供充分的出版信息，一些书文的出版机构、地点、时间等，仅能凭推测增补。特此说明。

——译者

附录一

中华帝国的形成:公元前第二世纪的阐释[*]

在近代世界、甚至一般历史意义上,中国国家制度的连续性独一无二。这种连续性优于埃及,古埃及早已灭绝,而且其规模通常较小。从公元前221年至公元1911年,实际上直到现在,在很多方面,中国的政治传统和框架能够通过无数次的兴衰变迁而延续和自我重建。统治达千年之久的罗马帝国本身,却缺乏有效的统治时期。因此,在中国全部历史中,围绕组织、体制的基本理论研究,必须着眼于早期准封建社会"周"被建成为真正帝国的时代和过程。

本文将简述公元前5世纪到公元前2世纪期间有利于权力集中的基本条件,指出秦国能在公元前221年完成统一的原因;有选择性地考察增进帝国非凡稳定性的、持久却步履蹒跚式的调整和制度建设。对上述问题的解释,源自于对秦始皇中央集权胜利的认真研究。秦始皇以"焚书"和修筑长城为世所周知。随着伟大始皇帝的驾崩,秦王朝崩解。汉朝在民间动乱中兴起,汉高祖刘邦在公元前202年建立起经过改良的帝国体制;在朝代更替下,制度建设经历惠帝、吕后、文帝、景帝的兴衰变迁,最后到令人钦佩的汉武帝的统治。在此期间,中华帝国持久不朽的特性更加明显地形成。本文的目的是理解和认识上述过程,而非编年记载历史事件。

在战国时代,尤其是公元前4世纪和公元前3世纪,古老的半仪式的战争方式——由豪华的战车方阵和朝秦暮楚式追随者的高谈阔论相伴,被秦国拓疆式风格压倒,最终秦国成为强大的统治国。改良的弓箭、具有一切能横跨较为干燥和开阔的黄河流域的军事优势的骑兵、专业的将领——帝国精英——指导的训练有素的军团,由于在西北平原与匈奴骑兵长期接触和战斗,秦国有效地发挥这些军事特质。秦国新的策略不仅加速战国时代的步伐,使实力最强大的国家在大规模的冲突中胜出;而且,一般来说,有助于凭借组织化的军事力量的机动性来独自控制更大的领域。

---

[*] 译自贝德士自拟(时间不详)博士论文概要本 The early consolidation of The CHINESE EMPIRE:An Interpretation of THE SECOND CENTURY B.C.

在公元前第 3 世纪、尤其在公元前第 2 世纪,也有证据表明:当时有大规模的道路建设和通讯设施的改进;帝国政权认识到马在运输和战争方面的巨大重要性;随着新的集中控制和组织生产的发展潜力,铁越来越多地用于武器与工具的制造;不断发展的工业和贸易,为中央税收以及财富与权势的转移提供更多的机会;货币大量使用,其显著的优势,是国家能够通过特别地方税的增收,以支付臣子、士兵和长途贩运者的俸禄和报酬。所有这些与战争相关联的因素,打破了原有的社会、政治、军事政权,恰好帮助主要的军事政权成为权力中心。因此,秦国强化体制,为征服他国而大胆利用地理位置及人力资源,在系列非凡领袖出现的关键时刻,也创制出有利于成功的技术与社会的变化。假使我们未能观察到这些潜在而根本条件,即此前实现统一的空想已转变为可行性,那么秦国致力于统一的速度和果断性就会被视为政治和个人的奇迹。

值得重视的是,新秦国的属性,与商鞅及自公元前 4 世纪以来的追随者相关。旧贵族被制服,受到当权者严厉地监管。当权者通过不容变通的法律和对固定区域的定向集中管理以行使权力。宗族—家族势力遭强力分解,其巨额财产被分割而由众多族人各自持有。军事胜利和农业生产力的提高,是国家不断追求的双重目标。建立在为战争服务的官僚机制,完全由专制君主严厉统治。这与儒家传统钟爱的宽松的封建文化截然相反。无论是《商君书》,还是《韩非子》,即与秦的理论与实践密切相联的法家经典,都包含"虱子"的条目,对儒家的邪恶统冠以耻辱的骂名。例如:"六虱"即为:礼乐、诗书、修善、孝悌、诚信、贞廉、仁义、非兵和羞战。

随着法家思想精神的建立,秦王国注定要统治全中国。秦国通过艰苦和长期的胜战开疆拓土,其统治者建立并检讨战时系统的国家措施,认识到除非王权没有什么能代表国家意志和权力,因而对帝国予以严厉管理。

当公元前 221 年秦始皇完成征服伟业,谨慎地将小国的王权系统扩展并覆盖整个帝国。始皇帝拒绝与封建领主妥协,将征服所得的王国组建为 36 个至 40 个被称"郡"的军区,在整个国家推行郡县制。统一法度、度量衡,实行车同轨、书同文,这些适时推出的措施基本上达到预期目的。尽管现代学人认为此类变化仍限于社会局部且成效缓慢,但显而易见集权的皇帝为推进相关制度付出巨大努力。

新政权的威权不限于中原地区,而且扩展到中国人居住的西北——巨大的黄河圈内外,还辐射到从长江水道的南岸直至现在广东省。为在西北展开新的征战,"长城的建造"只不过是巨大防御力量的一部分。重修的燕、赵长城,由现在的河北大体延展至现在的陕西和甘肃东部。"焚书"同样出于对新政权的防护,旨在打击富于影响力的饱学之士。该群体致力于建立完全与帝国中央集权不相调和的政治体制和原则。《诗》《书》两部权威著作,因地方贵族反对而分别被禁止。同时,遭受非难的哲学论述还包括历史轶事、思想家的评论和其他不同政见者的文献。讨论毒害人心的《诗》《书》的有关团体之士,将会被执以死刑。那些以反动复古名义直接攻击政权之人,却会被施以可怕的"连坐法"。技术性和实用性的著作因特别保护,则从狂热官员的火堆中幸存下来。勿庸置疑,完全根据严苛的法家理论,秦始皇对文化进行残酷地摧残。但是,早期书籍的实际损毁,仅在轻微程度

中华帝国的建立

上归咎于短暂且可能是间歇性的政治法令的实施。

第一皇帝以非凡的武力和毅力,在不断的实践中,似乎要将秦国原创的治理原则实施于大帝国之中。以现代标准来看,秦始皇极其迷信严苛法令,但并非昏君。他虽然残酷,但能够得到众多卓越的将领和如李斯一般非凡政治家的持续支持。

中国人处于一元统制的理论概念,现在已为这样简单和直接的形式所证明,即此后的思想家和重要的统治者都坚执这一信条。法律和行政实践的基本原则,被置于反对地方分权主义的基础之上。当时中国人控制的地区,勾勒出此后历代的基本疆界。这样,国家架构不仅加强,而且由于中国文化以黄河下游为基地,且更有效地影响到四面八方的"非汉人",疆域由此拓展。这一过程有利于更大领域的经济交流,这一领域实际盛行开放、统一的贸易。对原有国家和不同种族实行一元统治,仅仅是领土扩张,即能刺激以律法和准律法加以统治。这与旧有贵族的个人传统统治截然相反。

"周王朝"负面的、政治非现实性被消除,正如有其形但无实体的前诸侯国。原有基础已经被清理,以形成一个新的统一的传统,更加符合在一定的地理和社会环境中获得技术和经济的发展的需要。在秦始皇之后,中国明显不同于此前的形态,这些变化主要与其成就和政策相关。

但是 12 年来的伟大统治,并不足以建全制度和王朝。在继承权中遭到痛苦的个人失败,因兵役和特大规模公共工程所累积的负担,令精疲力竭的地方不满者相联合。这一切意味着强大统治智慧的终止,而叛乱随至。著名楚汉时期的浪漫主义的理念,无法掩饰来自地区和个体敌手的危险;但它在某种程度上却被"帝国"概念所兑取。这意味着秩序、和平,以及许多甚至不完美的形式能被接受。此外,叛乱者的胜利,是因为有深思熟虑的治国才能。他们放弃自己的局部利益而接管秦朝首都,采纳秦朝的公文和相当一部分的系统。

不过,汉高祖得到许多地方领袖的帮助,在反抗过度中央集权的动乱中获胜。这些人因履行诺言或长期对刘邦忠诚而得到奖赏和报答。百余忠实伙伴和要人获得"侯爵"头衔,并获赠有征税权的"封地"。有 9 个诸侯王得到承认,它们在三个方向构筑了帝国的边界。其中一些王国由数十座有城墙的城市合组而成。天子直接控制帝国的西部,即总计约 40 个郡中的 15 个郡。凡非属皇帝直接管理的区域,则一致实施郡县制。实际上,各诸侯包括领地侯爵的自主权虽受到皇权节制,他们之间的联合对中央是一个潜在的恐怖的威胁。精力更加充沛的皇帝和大臣倾向于将行政控制、法律和措施推进到各诸侯国,但是权力分配却因人而非因制度调整而不断变化。

然而,在短短的 7 年里,汉高祖以其地位较低的亲属替换了王国中那些战时的功臣。计划进行得令人惊恐,甚至遭到一致的怀疑:反叛、叛乱阴谋的报告,以及随之而来的讨伐、清除或替换。这样,虽然王国分立的形式仍然存在,但汉朝的中央集权已接近于秦朝水准。一个真正帝国的出现,似乎成为可能。必须记住,帝国的概念永远取代了旧有的贵族政治,帝国拥有税收、地方管理的权限、广阔疆域及之内的族群,正所谓汉承秦制。表面的放纵或偏好领地分封,与实际统治并不相符。

汉高祖死后,帝国遭受到动乱,中心的统治相对薄弱;同时,大部分地区和平繁荣,因统一而人口正常增长。王国与侯爵群逐财富及相应的影响力,原有盟约、伙伴间的忠诚历经时间和代际更替所导致的分歧而减弱。文景时期,大臣们不断提议"削藩",即"众建诸侯而少其力";但其后公元前154年发生的"七王之乱"即因之而起。这一政策的真正实施,是由随后的汉武帝坚定所为。而且,中央政府借职务任命打压王国自治权,在税收方面亦是如此。诸侯国坐大及其因臣服皇室而隔阂的危险已经风蚀,在汉高祖和汉武帝两代之间唯一的凶险叛乱被果断地压制。皇族与吕后外戚的争斗,一夫多妻家庭中所存在的王位继承权问题的困难考验,都已过去。一个相对安全、繁荣的帝国,已经为汉武帝蓬勃发展的伟业打下基础。

以所有常见的标准衡量,在中国历史长河中,汉武帝统治了中国最伟大的时期,从公元前140年至公元前87年,将近历经两代人。其间重要时期当属于公元前第2世纪。凭借着对帝国的强力控制,汉武帝动用帝国一切资源,经过一次次战役驱逐了匈奴;将中国的天威和影响远推至中亚;将北朝鲜并入中国政治系统;征服长江流域南部地区,并组建持久有效的行政统治区。在其统治53年的35年中,军事力量有重大的进步发展。战争和扩张的负担,迫使政府对人民进行强烈的经济剥削,并大胆进行货币与国家贸易的实验。尽管在实际治理中,特别是在处理与战争及经济战争密切相关的事务中,儒家思想只能发出部分的声音;但汉武帝仍将帝国政治原则的平衡倾向于儒家的传统标准,有德识之士被选为官,教育强调礼仪、历史及儒家思想。

帝国为抗击北部及西北野蛮人,付出巨大的人力、财力,此举虽然缓解了固有边境地区的紧迫危险,但也增加了边疆新垦区的负担。因开通至中亚的路线,在贸易、文化交流中获得部分信誉,我们心中不禁联想到著名的有关张骞的故事。根据日本考古学家在乐浪及附近地区考证,帝国经营东北边疆的结果,是在现在的北朝鲜建立4个郡,这在王朝稍晚时期极为重要。对中国更具意义的是,对长江流域以南的拓殖和将此地纳入帝国体制。所构筑的帝国边界,恰与中世纪及近代所知的18省"中国版图"相类似。虽然遥远的南方地区的组织较为正规,当地首领仍保持权威,但汉人势力与移民仍能得到长江区域族民的信任。南方人开始在帝国事务中占居重要地位,南方问题影响到北方的统治重心,而这一切在秦朝时期几乎从未发生过。

军事血统影响着皇权、地方利益、税收、货币、公共工程,及受雇于帝国朝臣的质量和类型,影响帝国的全部命脉。上述各方面既服务于帝国,也是帝国的主体,决定着帝国的全部命脉。中央政府的权力显著增强,为开疆拓土大业,帝国在全国范围内强行进行资源配置。军事或半军事管理区域的极度扩张,增加了帝国谋求利益的实力,以对抗旧有地方利益,以致于地方在帝国全部利益中的比率下降。帝国早期虽然较弱,有离心倾向,但在汉武帝统治的53年中,固有领土中只有一次真正的叛乱,但很快就被平定。

皇帝和大臣通过分割诸侯国和免职的方法,持续执行削弱王国和诸侯的政策。事实上,以准法律程序,使半数的贵族失去土地和身份。而且,有文献清楚地表明一个长期却不明显的趋势:即诸王已经像世袭贵族一样,均非合法的政治权威,仅能从所分得的不动产中获得收益。

为巩固对整个帝国更有效的管理,帝国政府继续"削藩",并力图更完全彻底地治理诸郡。汉高祖开始沿袭秦始皇的原有统治模式,在全国建36个郡。但到武帝时期,因原有政区的细分、帝国疆

中华帝国的建立

域的扩大,郡的数目已过百。疆土的扩展和统治单元的增加,特别是在那些通信交流缓慢的时期,都似在大规模版图中划分出某种局部组群的充分理由。因此,皇帝设立新的职官"刺史",由其巡视、调查郡国的行政机构及管理。刺史监督13个"州",平均各负责七八个郡。作为巡查区的"州"并没有成为一个新的行政单位。一个有趣的对比是,巡查区的数量、规模非常接近于近代的省份。如果任命总督或州长,巡查区几乎就是"省"。同样的证据是,从郡、王国到中央政府的系统会计报表。然而,递增的命令的表象,带着强盗和宫廷阴谋的污点。此外,在军费的压力下,不计其数的卖官鬻爵妨害政府的行政能力,降低政府的行政水平。

儒家学派有着顽强的传统,符合中国的社会精神和拥有浸淫于经典的教育优势,赢得官方的认可和汉武帝的支持。秦始皇粗暴地视儒学为异类,汉高祖对儒学有粗疏的理解,文帝、景帝则有所采纳儒学;直到汉武帝,始将儒家原则作为国家的正统理论予以接受,用于制度表达,对行政机构产生实际影响。随着选官应有"资格"之说,常被提及的是:以教育优势选官,其最高目的是以可依赖的道德和社会教义(植根于哲学与历史)的化身影响整个国家。现实与目标相差甚远,各派论争、以及统治中充斥着残暴与贪腐,当可证明。但更进一步来说,统治系统本身有利于固有的巨大的保守主义,而缺乏统治的现实活力。天命、近乎神圣的历史、圣人和敬畏准则的制裁,所有这些都集中于倍受推崇的古老的惯习之中;父权制家族中祖先仪式、仪式化社会习俗的强大影响,也将保守主义植入到统一的政治教育体制之中。选才加以思想训练,但训练的结果却使之固守传统。

一项对统治者中30名公众人物的研究表明,他们来自于国土的广大地区,因学识而选择执政方式,并且提升公务水准,取得军事成就,还推进商业、金融官员的任命。这样,中国历史上第一次出现一个真正的国家官员群体,汉帝国似乎已建立遍布各地的官员基础。

现实的中央集权体现在政治经济方面。地区和私人铸币引起的问题接踵而至,帝国最终以决心、更好的技术和管理能力,予以制止,且有成效。私人依靠贸易、工业、放款生息,加之对铸币及相关矿业的高度重视,财富不断增长。这为我们勾勒出一幅向货币经济发展的图谱。至汉武帝时期,而非此前,官员们半数俸禄以现金而不再以实物支付。货币结算早已大为侵蚀以谷物、布匹折价的老方法。

再者,从原始资料中可以看到,帝国在吕后或者文帝统治时期,只有几十万石的粮食经由水路或陆路从山的东面运到首都。但到公元前114年前后,经水运而来的粮食有4000000石,这是因为一定程度上使用了公奴。公元前110年国家贸易系统运转后,这一数字接近6000000石。帝国开凿大量运河用于运输与灌溉,出于同样目的及防洪,还疏浚河流。其功绩福泽于现代。事实上,内容丰富的故事给我们一些有关经济、技术经验方面的启发,可用于诸如宫殿、庙宇、道路、桥梁、有组织的交通和通信、国家采矿和制造业,而相关特定资讯鲜有得到保存。国家实行盐、铁、酒专卖制度。特别是铁业,由汉武帝的官员掌控,以此集中财政、政治力量,反对贵族和地方剥削者;尽管专营常因反对强迫劳动的哀嚎、质量差、浪费和官员自负而遭到抨击。而且,帝国建立一个庞大的公共贸易系统,试图以此从地方实物税、充公土地上的产品及其他国家工商业中获利。其利远比将货物运至首都为丰厚。

必须记住,帝国所有的成就,建立在剥削佃农、强迫劳动、使用一些奴隶、榨取大量罪犯和战俘的基础之上。不能因扩张的辉煌、工艺和经济发展的财富、思想与艺术的进步,而否定因资源有限、降雨量不充沛所决定的人口压力。王朝编年史中,不止一次出现这样的条目:"十多个郡和侯国闹饥荒,出现人吃人的现象。"

帝国的实验成功的一个原因,是有相当数量的充满活力之士被选入政府,与此相伴却是行政人员的滥任。塑造我们时代的世纪,是一个为兼备谦逊本质和有能力者提供不寻常机会的年代,大量政治人物的传记因此面世。对旧王朝的最后战争,以及在秦帝国动荡局面下的改组,放松许多钳制,给新人以机会。楚汉之争,汉高祖重建;一代人之后,历史又以新的方式重复着"过去"。在一个主要体制之下,设立一个地方行政管理的巨大网络,给那些"小事"干得出色者提供崛起的新机会,这些人若在一个世纪前也许就被微不足道的原则所吞噬。武帝的辽阔疆域、经济成就、以及他新奇的训练和选才的方式,能保障帝国在与小团体的影响反复斗争中,保持着健康进程。我们不能忘记,帝国在3个卓越的君主统治时期有着非同寻常的好运。从秦王称霸开始的150年来,秦始皇、汉高祖、汉武帝统治将近1个世纪。

一位有思想的中国学者,最近检讨儒家对中国影响的历史时,指出由汉武帝确立的政治体制的根基,直到1911年也没发生根本改变。他宣称这是儒家经典发挥着根本的效用。在某种意义上,我们认同这一表述。儒家经典是从理论上判断帝国的组织、职能的参考标准,也是训练国人思想的首要材料。但必须记住,汉代儒家思想已远离原典的儒家。儒学已经被改编,以与中央集权和半法家的国家相适应。国中的贵族政治,经严厉的一元化统治而基本被压制。董仲书辈将"道家"信仰糅合进儒学之中,同时为个人的形而上学留下自由的空间,诸如准墨子概念"天人感应"。

如果尝试考察帝国确立的过程与其政治首领的政治原则和哲学母题的关系,我们会发现法家和儒家是对此产生最大影响的学派。法家创造了这个帝国,儒家则改善、维持这个帝国。道家的直接影响是偶然性,尽管道家的追随者都是一时之名流。道家的间接效应是通过其他学派,诸如韩非子、董仲舒来实现。实际上,各派间相互影响,这就是为什么各派存在巨大分歧、甚至遭到禁行却能共存。但是,最具启发性的是,总结各派或多或少的基本共同点,至少有两个主要的互相竞争的学派。这种共同基础不仅有利于帝国体制,而且在相当大的程度上是帝国的基础。众多政治理论即使试图互相摧毁,但每个理论都支持帝国。对抱持实用主义的政府来说,每种理论都有其贡献。同样,儒家、法家理论赞成君主及臣子的权威,而驱使人民接受统治,臣服君威。儒、法共同倾向于发展国家法规,实施高压控制;虽然两者对国家活动的动机和精神的解释大相径庭。法家与儒家交相为用,共同强化中央威权。两大系统通过其机构推动家长式统治,培育着官僚政治制度;还声称:无论从严谨的效率而言,还从美德和教育而言,其原则、道义都值得推崇。两者都致力于农业生产,以农业为帝国的基础。同时,两者虽然在各自原则应用上无异于天壤之别,但都宣称必须要有明确、公正的法律程序。

因此,正如我们所知,相互论战的学派一直共同为帝国服务:推崇仁爱,却行使专制主义和严厉的父系族权;官僚政治、相同原则依靠乡民而行,而乡民却受制于法律文化、官僚的墨守成规。

(田彤 白进伟 译)

附录二

从汉学到中国学：贝德士与秦汉史研究

田 彤

在1930年代"汉学"向"中国学"转变的关键时期，贝德士于1935年向耶鲁大学提交博士学位论文《中华帝国的形成》，有别于德、法以文献、名物考订为要旨的"汉学"传统，顺应英、美立足现实问题而溯源古代历史的"中国学"潮流，从公元前221年至公元前87年的秦汉史入手，以西方实证史学的传统、世界史的视野、社会学与政治学交叉的方法，探讨中国集权政治框架延续及不断自我重建的本质。其特点：一是构建出威权、地域(族群)、文化三位一体的"中华帝国"的分析模式；二是剖析制度、组织及其内在的以儒、法为核心的政治理念；三是在历史的因果链条中评价秦始皇、汉高祖、汉武帝的政绩及其制度、组织的特性。贝德士指出，正是儒、法交相为用的政治原则，造就并强化着专制政体。惜因论文未公开出版，贝氏学术旨趣隐而不彰。虽然直至1980年代，随剑桥系列中国史的出现，"中国学"的地位最终确立。但无论是从理论预设、论述框架的提出，还是从政治制度、社会结构和文化特性的总结来看，贝氏论文与1986年出版的《剑桥中国秦汉史》都具有高度一致性。在从"汉学"到"中国学"转变的学术系谱上，贝氏论文堪称典范之作，理应具有"界标"性意义。

经章开沅教授的"发掘"性研究，贝德士在南京大屠杀期间抗击日军暴行、捍卫正义之举"回到"公众视域；同时，作为学者的贝德士也"回到"学术界。

贝德士自1920年获得牛津大学硕士学位后，即接受教会派遣远赴金陵大学任教，直至1950年返回美国。30年来，曾任政治系主任，后将主要精力转入创办、发展历史系。他先后主讲政治学、经济史、国际关系、史学方法等课程。仅此而论，其研究领域、颇有心得之处似乎与中国古代史研究毫无关涉，但实际上贝德士对此却颇有建树，这集中体现于他在1935年向耶鲁大学提交的博士学位论文《中华帝国的形成：公元前第二世纪的阐释》之中。回溯西方学界对中国的研究，可以发现：贝德

士的博士学位论文从研究视角、研究问题上均堪称典范之作,在从汉学到中国学转变的学术系谱上具有重要的"界标"性意义,遗憾的是其学术价值尚未能得到中西方学界应有的肯定。

一

贝德士学位论文完成前后,西方学界有关中国研究正处于转型之中。19世纪以来,法国、荷兰、德国、英国、美国一些名校开设汉语课程、开办讲座、设立学会,庋藏及翻译中文典籍、出版研究刊物,全力推动汉学研究。其中,法、德重语言、名物、文献、考古,英国之"学风"则"重概念,尚实用,多从事于政治、地理、商业、语言之研究,与法德空气略异。"比如:牛津大学苏熙洵1906年任山西大学校长,辅助过李提摩太义赈、传教,著有《中国三教》等书。剑桥大学翟理斯曾为驻中国领事,出版有关中国文学史、中国古代宗教、中国文化、中国与中国人等著述;接任其汉学讲席者莫尔,有游学中国经历,著有《元代基督教史》。曼彻斯特大学巴克尔也曾为驻华领事,撰有《中国古代史略》、《鞑靼千年史》。大学以外汉学者,大率出于外交官与教士。外交官出身的历史学家、人种学家霍渥斯即以研究中国西北边疆史著称,其所著4卷本《蒙古史》影响甚大。

美国研究中国者,同英国研究者一样多具有在中国履职之经历,因而关注中国现实问题。美国耶鲁大学第一位中国语言与文学教授卫三畏,曾为驻中国外交官,著有《中国总览》一书,叙述中国地理、历史、人民、政治、文学、社会、艺术等,首开美国之中国研究。美国驻华公使罗志意1914年为袁世凯顾问,独对中世纪东西交通多有研究。①

20世纪初,法国沙畹、伯希和,英国斯坦因和德国米勒、哥隆维德,以敦煌吐鲁番文书的发现、考古闻名于世。美国随国力强大,益加关注远东,一些大学延聘异国学者,加大对中国研究力度,成就斐然。哥伦比亚大学首任汉学教授夏德,德国人,1902年起任职中国海关、上海统计局,居华25年,对中国古代文化起源、中西文化交通及绘画源流均有研究,曾任英国皇家亚洲学会华北分会总裁。哥伦比亚大学教授卡德也留华10年,乐与中国学者交往,著有《中国印刷源来史》。德国人卫特夫移席哥大,着重从生产力、生产流通环节分析中国亚细亚农业社会。这一研究取向被冠以"马克恩、恩格斯之研究方法"。拉脱雷特1914年入职耶鲁大学,出版《中美之初期交涉》《中国基督教史》;1934年出版《中国历史及文化》(第1卷讲述先秦至当时的史实,第2卷谈论文化)。该书成为学习中国史入门之名著。哈佛大学更创建远东语文系,开办中国文学、史学科目,聘请法国叶理绥为主任教授。1934年,哈佛燕京学社成立,叶理绥出任首任社长。芝加哥大学教授马克奈阿,于1921年至1926年间任教上海圣约翰大学,著有《中国人之发展》《中国之新国家主义》《中国之国际关系》《现代中国史》《革命中之中国》。②

至1930年代,美国的中国研究已然出现与欧洲大陆法、德不同的研究趋向:前者重在探讨中国社会物质及精神文化的本源;后者注重语言文字、版本、文物等解读与释古。后者更多是将中国作为

---

① 莫东寅:《汉学发达史》,北平文化出版社1949年版,第119、120、121、122、125、141、142页。
② 同上,第143、145、146、147页。

一个文化标本加以解剖,而前者之目的在于有助于美国现实需求。如果将前者称为"汉学",后者则已然与后来费正清主导的"中国学"并无本质之区别。费氏"中国学"只不过更重视对现当代中国问题的开掘及对现实问题的历史追溯。

1932年10月25日,美国大学俱乐部于上海礼查饭店举行月会,盖尔博士在主题演讲《美国各大学中汉学之进展》中,明确指出美国"汉学"的两种路径:一是博古、种族学、古生物学者仅凭"一片头盖或一片股骨"即能考求中国史前若干特质,"重新构成一史前之完全时代";二是"正在重新构造"中国"古代社会"者,则"打开一独无二之世界,此世界足可与古希腊或竟与更早之地中海文化相媲美。"从现实功用的考量上,盖尔更强调应着力于第二种研究。原因在于,中国"人民对于人生问题之思考,极为透彻",其内蕴的"富藏",即"从现实入手"而总结出的美德、"哲学学者之智慧"、"政治科学及治国术",及有关经济问题的思考,对"现今""开始暴露"出"烦恼"的西方世界,"亦可有解决之方法"。学者尤需对此"精究",并"宣露与西方之人"。① 盖尔所提倡的第二类研究就是"中国学",或称为"中国研究"。盖尔的发言实际上表明:美国"中国学"已经逐渐从西方"汉学"中剥离出来,形成独特的问题域和问题意识。

贝德士对西方中国学的脉络、状况了然于胸,更对西方中国学的研究重点、要旨有着自己的理解。1930年,他协助著名图书馆学家、目录学家李小缘创建金陵大学"中国文化研究所",有意识地在一定程度上引领该所的研究方向。该所出版丛书分为甲、乙两种,共刊印17种27册。甲种有13种22册,乙种计4种5册。两种出版物中"甲种"以"传统学问"为主,如:"甲种"包括有商承祚《殷契佚存》《十二家吉金图录》《福氏(开森)所藏甲骨文字》,陈登原《范氏天一阁藏书考》,黄云眉《邵二云先生年谱》等;"乙种"尚有李小缘《云南书目》、王伊同《五朝门第》等。② 贝德士用中文撰述的《西文东方学报论文举要》作为"乙种"出版。《举要》所列学报以"中国"为题者除《中国评论》《皇家亚洲文会北中国支会会报》外,还有《中国教务杂志》(1869年创刊)、《新中国评论》(1919年上海创刊)、《中国杂志》(1923年上海发行);其余14种从1827年至1926年创刊的学报中,冠以"亚洲"者有7种,以"东方"、"远东"为名者的6种。其实,学报名称"主题词"多少能够反映出西方学术界首先重视埃及、巴基斯坦等国、再行"发现"中国的过程,同时也反映出西方学术界力图将中国与亚洲其他国家加以比对的研究视野。

贝德士辑录《举要》在较为全面反映西方学术路径的基础上,更通过个性采选,努力向中国学界灌输富于"贝氏"标记的"中国学"特性。贝氏强调,《举要》所收录的英、法、德三种西文东方学报19种、375篇代表性论文目录,均"较有用而易于觅得"且"材料丰富、方法可采"、"解释精当、观念准确"。其目的有三:第一,向中国学者揭示西方"研究中国学术之价值";第二,为中国学者介绍"西人关于中国之著作"的"方法及观点";第三,引起中国学者"研究中国文化各方面之兴趣"。③

---

① 《盖尔博士讲美国研究汉学之热心》,《外论编译社通信稿》第210次,第3页,1932年10月31日。
② 章开沅:《实斋笔谈》,上海东方出版社中心1998年版,第215页。
③ 同上,第216页。

曾任美国学术团体联合会常务秘书长的摩提梅·格雷夫(Mortimer Graves),正是从《举要》中看到贝德士的学术视野、学术追求与学术潜力,才选中贝德士于1933年至1934年到耶鲁大学做访问研究,又推选贝氏作为洛克菲勒学者从1934年6月至1935年6月间在哈佛大学完成博士学位论文。①

二

在某种意义上来说,英语国家的中国学研究植根于中国本土。裨治文1832年于广州创刊《中国丛报》,1856年于上海创办《上海文理学会会报》(1858年上海文理学会改为皇家亚洲文会北中国支会后,该刊改为《皇家亚洲文会北中国支会会报》),其目的无疑为改造中国社会。1872年《中国评论》又在香港出版,直至1901年6月终刊。19世纪后半期,正是西方汉学快速发展,"也是西方业余汉学向职业汉学转型的过渡时期",英美在华传教士、外交官、公务员、记者等,其中包括"当时英语国家最有影响或学术潜力的中国研究者评论者,大多在《中国评论》上发表过论文,有的还将自己有代表性的一些研究成果刊发于此。"②特别是西方人士在中国营造的中国学的研究氛围,势必激励着贝德士从事此项研究工作。

贝德士在博士学位论文中,开宗明义地强调其目的,就是探讨为什么从公元前221年直到1930年代"中国的政治传统和框架能够通过无数次的兴衰变迁而延续和自我重建"。为此,其论文考察秦统一六国至汉武帝基本建立起以皇权为中心的中华帝国的史实,解析中国国家制度的连续性的内在根源。贝德士的选题、立论,与他作为基督徒所恪守的价值"底限"和学术训练相关联。作为倾向于"现代派"的基督徒,贝德士认同中国基督教大学逐步确立的"服务社会"的宗旨,以"社会重建"为己任,与中国宗教改革家吴耀宗、吴雷川合作,热心参加青年会的事工。③ 但这一切受到国民党一元化的意识形态的挑战。"党国"以实行总理纪念周、用三民主义代替宗教课程、将军训列为必修课等措施,改造教会大学。凡此国民党政府行为对贝德士来说,就是以"政"害"教"。贝德士早年在牛津大学受过近世欧洲史与英国史的学术训练,由此形成的"追本溯源"的思维惯性,自然将贝德士引向对中国政治体制的探究,驱使他溯寻中国威权的政治传统。

贝德士在耶鲁大学的老师为赖德烈。两人都对现实中国抱持强烈兴趣,但兴趣点并不完全相同。赖氏在辛亥前后任教于雅礼学堂,精研中美关系、基督教在华传教史、远东史、中国历史与文化。从目前掌握的材料来看,贝德士与赖德烈的学术交集更多在中国基督教史编纂方面,1950年返美后又继续赖氏的工作。其实,贝德士作为"在职博士生"时,已年近四旬,早已形成自己的历史观、思维方式。因此,贝德士的博士学位论文体现着其自身的学术预设与旨趣。

自公元前221年秦朝建立,到汉朝结束,约有440余年。不过,贝德士博士论文的研究下限定在公元前87年。在他看来,"中华帝国持久不朽的特性",固然归因于汉高祖刘邦在秦王朝基础上建

---

① 章开沅:《传播与植根:基督教与中西文化交流论集》,广东人民出版社2005年版,第283页。
② 段怀清:《前言》,《中国评论》第1册,国家图书馆出版社2010年版,第2、3页。
③ 章开沅:《传播与植根:基督教与中西文化交流论集》,广东人民出版社2005年版,第43页。

立起"经过改良的帝国体制",而此特性"更加明显地形成"则归因于汉武帝刘彻的文治武功。

贝德士在理论预设中,将"中华帝国"解析为威权、地域(族群)及其传布的文化之三者统一体:威权专制是帝国的外在特征,地域、族群是帝国的疆域和臣民,文化则是帝国的灵魂。他同时强调,"组织、体制"是维系专制威权的工具。

秦王朝的威权政治建基于"天下一统"的征伐和诸侯国的臣服之上,但贝德士指出"一统天下",并非仅仅是秦王的"政治和个人的奇迹",也不仅是改良的弓箭、具有战斗力的骑兵和专业将领之功,而是社会发展的必然要求。大规模的道路建设、通讯设施的改进、铁的广泛应用、货币的大量使用,解构着原有的社会、政治、军事权力,"这些潜在而根本条件",决定着统一的"可行性"。他的论断合乎史实,强调着"统一"的历史必然性。

在贝德士的论述逻辑上,"统一"不是秦王的"个人奇迹",但以王权代表国家意志和权力却是始皇帝的首创。秦始皇完成统一大业后,为军事胜利服务的战时专制体制,不仅有利于压制旧贵族,而且有利于推行郡县制、统一度量衡、车同轨、书同文的社会改革。秦始皇还以法家思想压制儒家思想,将军事专制体制转化为帝国的常态性政治体制。他同时强调,正是这种"一元统治"架构,保障了帝国能在原有诸侯国和新征服地区以"律法和准律法加以统治"。直此,秦朝虽亡,一个新的专制帝国的传统却开始形成。

"汉承秦制"之说,汉末已有之,然学界对其内涵的理解则各不相同。有学者明确指出:汉初因循着秦朝某种政治体制、官僚体制、财政体制、法律制度等。实质上,司马迁也从未同意此说。① 钱穆在《秦汉史》中指出,汉初"朝廷政制,则多沿秦旧,未遑兴革。"其较著为律令、仪法、财计及章程等"开国设施"。② 其所强调的更多是措施,而非体制结构的承袭。贝德士也用过"汉承秦制"的表述,与上述各家注重制度、措施层面不同,而是注重实绩层面,借以彰显汉高祖刘邦初创汉朝的 7 年中的功绩。刘邦一面采纳郡国制,一面压制贵族、诸侯,强化威权统治,汉初"帝国的概念永远取代了旧有的贵族政治",帝国拥有税收、地方管理权,掌控着广阔疆域及族群。贝德士借用"汉承秦制",不过是强调汉初高度中央集权的程度"已接近于秦朝水准"。

汉武帝是贝德士着墨最多的帝王,也是给予评价最高的皇帝。贝德士同样注重在因果联系的链条中,凸显汉武帝对中华帝国的形成之劳绩。汉高祖死后,帝国一度蒙受动乱,中央统治相对薄弱。但经过"文景之治"后,诸侯、贵族之间争相竞逐销解着相互忠诚,加以平定"七王之乱",中央收紧王国自治权,"一个相对安全、繁荣的帝国,已经为汉武帝蓬勃发展的伟业打下基础"。在贝德士看来,汉武帝充分利用这一有利条件,成就并统治了"中国最伟大的时期"。在疆域上,汉武帝通过对帝国的强力控制,动用一切资源,驱逐匈奴,"将中国天威和影响推至中亚","将北朝鲜并入中国政治系统",拓殖长江流域以南地区,"所构筑的帝国边界,恰与中世纪及近代所知的 18 省'中国版图'相类

---

① 朱永康:《"汉承秦制说"质疑》,《上海师范大学学报》1987 年第 2 期。
② 详见钱穆:《秦汉史》,九洲出版社 2011 年版,第 41—44 页。

似"。以军事为先导的政策取向,促使税收、货币、公共工程等政策向中央倾斜;与之相应的则是皇权的高度集中与地方势力的极度弱化。不断"消藩",设置刺史,以准法律程序,剥夺贵族的土地和身份,诸王仅能从不动产中获得收益。

贝德士还特别强调,汉武帝中央一统专制政权擅于平衡帝国的政治原则,即儒、法交相为用,以法家创造帝国,以儒家改善、维持帝国;这一原则同时成就、强化专制政体。与秦始皇将儒学视为异类不同,也不同于汉高祖对儒学的粗疏理解,而是利用文景两帝"有所采纳儒学"的基础,将儒家原则作为国家的正统理论。政府以儒家式教育与道德标准,培养、拔擢官员,天命、圣人、父权深植于政治、教育体系之中,构筑帝国的稳定基石。当时有中国学者指出,由汉武帝确立的政治体制的根基,直到1911年也没有发生根本变化,正是儒家经典发挥着根本的作用。贝德士基本认同这一观点,但强调"汉代儒家思想已远离原典的儒家","以与中央集权和半法家的国家相适应"。在他看来,董仲舒辈已将"道家"信仰糅合于儒学之,同时为诸如"准墨子"的"天人感应"留下自由空间。其成功之处即:"众多政治理论即使试图互相摧毁,但每个理论都支持帝国"。以儒、法而论,两者都强调帝国应以农业为基础,都主张帝国应有明确、公正的法律程序。

贝德士对汉武帝兼施儒、法并非一味持肯定评价,同时指出儒、法互用的弊害。他强调,帝国以强力将父权制、天命观等植入朝野,造成"巨大的保守主义",从而导致帝国"缺乏统治的现实活力",乡民"受制于法律文化、官僚的墨守成规"之中。

此外,贝德士还指出汉武帝的另一个"软肋",即帝国所有的工、商、扩张等成就皆建立在剥削佃农、强迫劳动、役使奴隶和战俘的基础之上,加以资源有限、雨量不充沛所决定的人口压力,帝国必然出现"人吃人"的大饥荒。在农业经济有限发展的条件下,汉武帝对劳动力的肆意压榨也必将激起农民起义而社会终难长治久安,其后汉朝综合国力转入"下降通道"即为明证。

三

1930年代初叶,无疑是"中国学"有别于传统"汉学"发展的重要时期,然而有关"中国学"的主张尚未能催生出有份量的作品,遑论既有强烈的现实关怀,又能推本溯源的专题性的系统论述问世。贝德士的学位论文就是在西方学界对"中国学"寄以新的内涵的恰当时机而提交答辩,若能及时修订传布,必将对西方学界产生"即时性"的影响。学位论文评审委员杜文达克(Duyvendak),中国语言和文学教授、荷兰莱顿大学汉学研究院首任院长,曾对贝氏论文表现出浓厚兴趣。① 贝德士论文《中华帝国的形成》打印稿计有536页,贝氏原拟将论文缩写后出版;很可惜,日本侵华战争中辍了贝氏的计划。加之,战后赴远东军事法庭指证日军暴行,服务于中华全国基督教协进会,花费大量时间讲授日本史、俄国史,以及工作重心的调整(1950年至1965年在纽约神学院担任宣教学、教会史和世界宗教课程;退休后致力于撰写《中国新教徒奋进史》及清末20年间的社会形势及发展趋向的研究),日渐苍老的贝德士再无时间和精力继续中国古代史的研究,再行"打磨"这篇论文。他的论

---

① 章开沅:《传播与植根:基督教与中西文化交流论集》,广东人民出版社2005年版,第283页。

文因此不为学界所知,他有关秦汉史研究的学术旨趣也湮没无闻。

西方有关"中国学"的专题性研究,真正始于1930年代末,但直到1980年代才逐渐成为西方学界的"重镇"。其集大成者为费正清、杜希德自1966年开始主编的"剑桥中国史"系列丛书,具体包括:《剑桥中国晚清史》上卷(1978年)、《剑桥中国隋唐史》上卷(1979年)、《剑桥中国晚清史》下卷(1980年)、《剑桥中华民国史》上卷(1983年)、《剑桥中国秦汉史》(1986年)、《剑桥中华民国史》下卷(1986年)、《剑桥中华人民共和国史》上卷(1987年)。其中,《剑桥中国秦汉史》系集各学者富于代表性的"专题"研究而成,各专家均已有较丰厚的前期成果。内中一些学者的成果,基本能反映秦汉史的学术进路。例如,卜德《中国第一个统一者:从李斯的一生研究秦朝》(莱顿,1938年)、韦慕庭《西汉的奴隶制》(芝加哥,1943年)、毕汉斯《汉代的官僚制度》(剑桥,1980年)与《汉代的中兴》4卷本(《远东古文物博物馆通报》,1954年)、鲁惟一《汉代的行政记录》(剑桥,1967年)与《汉代中国的危机和冲突》(伦敦,1974年);以及华裔张春树《汉武帝北征和西北战役的军事研究》(1966年)、李幼宁《秦始皇:历史编年的政治》(纽约,1975年)与其编辑《商鞅变法和中国的国家控制》(怀特普莱恩斯,1977年)。

《剑桥中国秦汉史》虽为多人撰写,但经主编编排,该书在总体上却内蕴主旨。"现实关怀"是中国学有别于汉学的核心要素。较之贝德士的论文,《剑桥中国秦汉史》同样"内省"中国古代历史对现实的政治的"滞后"影响。该书主编鲁惟一在第2章"政治史的模式"一节中,明确指出:"汉代把一个长达两千年基本上保持原状的帝国理想和概念传给了中国。"①在某种程度上,贝德士论文与《剑桥中国秦汉史》不仅具有相同的理论预设,而且有着相似的论述框架。两者均关注政治制度、社会结构和文化特性的论述和总结。

顾钧曾总结美国、西方汉学史,将有关"中国历史发展"大致分为4种模式:帝国模式、朝代循环模式、农业文明和游牧文明斗争模式、城市化和商业化模式。② 从这个视角而论,贝氏博士论文和《剑桥中国秦汉史》,都属于"帝国模式"之作,共同探讨秦汉帝国政治架构的形成、演变及其精神内核。其实,"剑桥中国史"整个系列基本贯穿着"帝国模式"的架构。这当然体现着全系列总主编之一费正清的研究主旨。

论学缘,费正清与贝德士曾经有过"交集";但却缺少应有的"交流"。1973年初,费正清正组织、指导"剑桥中国史"的编纂,特向贝德士求证:1932年他们俩人在金陵大学会面时,贝德士是否正研究汉朝历史。1932年初,比贝德士小10岁的费正清作为研究生来华进修汉语,并师从清华大学蒋廷黻,直到1936年1月回到牛津大学继续完成博士学位论文《中国海关的起源》。贝德士与费正清晤谈时,应该谈到自己的研究构想。贝德士在回函中,建议费正清"看看"自己论文的"序和跋",便于了解当时贝氏"研究所处的阶段"。③ 我们现在可以肯定的,是费氏一定没有找到贝德士的学位

---

① [英]崔瑞德、鲁惟一:《剑桥中国秦汉史》,杨品泉等译,中国社会科学出版社1992年版,第98页。
② 顾钧:《美国汉学家卜德的秦汉史研究》,《江苏大学学报》2013年第5期。
③ 章开沅:《传播与植根:基督教与中西文化交流论集》,广东人民出版社2005年,第283页。

论文;否则《剑桥中国秦汉史》一定会把该文列入参考文献。假如贝氏论文可以应时出版,我们有理由相信,《剑桥中国秦汉史》一定会与费氏学术观点产生共鸣,并展开某种程度的对话。

1947年,50岁的贝德士给远在美国的儿子的家书中,这样回顾自己的学术理路和学术积累:"历史学,我的主要训练是近世欧洲史与英国史,通过自学与研究生攻读,扩大到古代和中世纪的中国、日本、印度、俄国,还有若干美国史——几乎是除了拉丁美洲以外的所有地区的历史。与史学研究相关联,还有政治学、社会学方面的兴趣,包括在牛津的攻读与早先在金大讲授政治学,接着是经济史、国际关系和当代事务,特别是远东地区。"①实际上,我们也可将贝德士的自述,视为其秦汉史研究的总体特点,即以实证史学的传统、世界史的视野、多学科交叉的方法,聚焦于中国的问题。"中国问题"是贝德士难解的"心结"。直到晚年,他撰述《中国新教徒奋进史》书稿时,仍然"刻意发掘并诠释'中国因素',力求更为全面真实地贴近历史";并仍热心参加哥伦比亚大学东亚研究中心有关中国的各种学术活动。②

如果我们将历史研究厘分为"事件史"、"问题史",贝德士论文显然属于"问题史"。如果我们将史学划分为"类型史"与"综合史",贝氏的秦汉史研究无疑属于"综合史"。贝德士从政治、社会、文化及意识形态等多层面,"推演"秦汉嬗变的历史过程及其内在机制,不仅首开西方学者的秦汉史研究,而且开辟西方"中国学"的新路径。因贝德士博士学位论文未曾出版,妨碍学界对"中国学"的学术史检讨;以致于有学者误认为:卜德1938年向莱顿大学提交的博士学位论文《中国第一个统一者:从李斯的一生研究秦代》,"开启了西方学者的秦研究",也是帝国模式研究"最早的成果"。③ 我们希望通过贝德士先生博士学位论文的出版,能够促进"中国学"系谱的重新书写。

(文中贝德士有关秦汉史论述均见其博士论文概要《中华帝国的形成:公元前第二世纪的阐释》)

原刊于《齐鲁学刊》2018年第1期

---

① 章开沅:《传播与植根:基督教与中西文化交流论集》,广东人民出版社2005年,第156页。
② 同上,第319、162页。
③ 顾钧:《美国汉学家卜德的秦汉史研究》,《江苏大学学报》2013年第5期。